DAS GROSSE RAVENSBURGER KINDERLEXIKON VON A BIS Z

ÜBER 1000 STICHWÖRTER

DAS GROSSE RAVENSBURGER KINDER LEXIKON

VON A BIS Z

Ravensburger Buchverlag

So funktioniert das Lexikon

Dieses Kinderlexikon bietet dir spannende Informationen zu über 100 Themengebieten. Die Themen sind alphabetisch geordnet, sodass du sie leicht findest.

Buchstaben in Farbe

Die Einträge in diesem Buch sind nach dem Alphabet geordnet, von A wie Arzt bis Z wie Zoo. Jeweils auf der ersten Seite eines neuen Buchstabens findest du eine große Abbildung desselben. Die kleinen Bildchen darin zeigen Dinge, die mit diesem Buchstaben beginnen.

Kurze Einleitung

Jede Doppelseite bietet dir einen kurzen Einleitungstext, der dich an das Thema heranführt. Die Stichwörter auf der Seite verschaffen dir einen genauen Einblick und beleuchten das Themengebiet von verschiedenen Seiten.

Zum Weiterlesen

Ganz unten auf jeder Seite findest du Hinweise auf verwandte Themengebiete mit der entsprechenden Seitenzahl in diesem Lexikon. Dort findest du weitere spannende Artikel, die dich interessieren.

der Arzt

Ein Arzt kümmert sich um unsere Gesundheit und weiß, wie man Krankheiten heilt. Da ein Arzt nicht über alle Krankheiten Bescheid wissen kann, gibt es Spezialisten, die sogenannten Fachärzte. Das sind z. B. Kinderärzte, Augen- oder Zahnärzte.

das Stethoskop Mit dem Stethoskop kann der Arzt Geräusche im Körper hören und entscheiden, ob die Organe gesund sind. An dem einen Ende befindet sich eine Art Kopfhörer, die steckt sich der Arzt in die Ohren. Den Knopf am anderen Ende legt der Arzt dem Patienten auf den Bauch.

die Impfung Eine Impfung schützt den Körper vor bestimmten Krankheiten, z. B. Masern, Grippe oder Wundstarrkrampf (Tetanus). Dafür erhält man vom Arzt eine Spritze mit dem Impfstoff. Der Körper baut eine Abwehr gegen die Erreger der Krankheiten auf und ist so geschützt.

die Brille Eine Brille bekommt man vom Arzt verschrieben, wenn man einen Sehfehler hat und Gegenstände in einer bestimmten Entfernung nicht mehr klar sehen kann. Die Brillengläser gleichen diesen Sehfehler aus.

der Kinderarzt Ein Kinderarzt hilft Kindern und Jugendlichen, wenn sie krank sind. Er führt auch die sogenannten Vorsorgeuntersuchungen durch. Bis zum 6. Geburtstag hat ein Kind zehn festgelegte Termine, an denen der Arzt die Gesundheit und Entwicklung des Kindes untersucht.

6

→ Gesundheit **88** Krankenhaus **114**

Viel Platz für ein Thema

Die meisten Themen werden auf einer Doppelseite, manche sogar auf zwei, erklärt. Hier findest du viele Stichworte, Fotos und Bilder, die dir alles Wichtige zeigen, erklären und vermitteln.

Das Alphabet auf einen Blick

Auf jeder Doppelseite findest du das gesamte Alphabet im Überblick. Der Anfangsbuchstabe des Themas ist farbig hinterlegt. So weißt du immer, wo genau du dich im Alphabet befindest.

die Medizin Wenn der Körper nicht von allein gesund werden kann oder wenn man Schmerzen hat, verschreibt der Arzt Medikamente. Das sind Salben, Tabletten oder Säfte, die dem Körper helfen, die Krankheit zu besiegen.

das Fieberthermometer Mit einem Fieberthermometer wird die Körpertemperatur gemessen. Dafür steckt man es unter den Arm, in den Mund oder ins Ohr. Die Normaltemperatur liegt zwischen 36 und 37,4 Grad Celsius. Bei Fieber steigt die Temperatur an.

der Verband Ein Verband schützt offene Wunden vor Schmutz und Bakterien, z. B. ein aufgeschlagenes Knie. Bei einem umgeknickten Knöchel stützt der Verband das verletzte Gelenk.

das Pflaster Ein Pflaster deckt kleine Schnitte und Verletzungen ab, damit kein Dreck hinein kommt. Es hat in der Mitte eine kleine Verbandsstelle, außen herum klebt es.

das Otoskop Mit einem Otoskop untersucht der Arzt die Ohren und das Trommelfell. Das Gerät sieht wie eine kleine Taschenlampe aus, auf die ein Trichter gesteckt wurde. Der Trichter wird in das Ohr gesteckt. Die Lampe beleuchtet das Innere des Ohrs, damit der Arzt alles erkennen kann.

der Augenarzt Der Augenarzt überprüft mit einem Sehtest, ob mit den Augen alles in Ordnung ist. Kann man bestimmte Buchstaben oder Symbole nur noch schwer erkennen, verschreibt der Augenarzt eine Brille oder Kontaktlinsen. Auch bei Entzündungen oder kleinen Verletzungen im Auge hilft der Augenarzt.

der Arzthelfer Der Arzthelfer organisiert in der Arztpraxis die Termine und hilft dem Arzt bei seiner täglichen Arbeit.

Warst du schon einmal beim Zahnarzt?

der Zahnarzt Bei Zahnschmerzen hilft der Zahnarzt. Der Zahnarzt erkennt schnell, was mit den Zähnen nicht in Ordnung ist. Oft ist es ein kleines Loch im Zahn, das für Schmerzen sorgt. Der Zahnarzt behandelt dieses Loch dann und verschließt es wieder. Am besten lässt man seine Zähne ein- bis zweimal im Jahr beim Zahnarzt kontrollieren.

Register

Am Ende des Buches findest du eine Übersicht aller Stichworte im Lexikon mit der Angabe, auf welchen Seiten im Lexikon du Informationen dazu findest. So kannst du alle Wörter schnell und gezielt nachschlagen. Die dick gedruckte Seitenzahl zeigt einen eigenen Eintrag zu dem Stichwort an. Die anderen Zahlen geben an, auf welchen Seiten das Stichwort noch auftaucht.

Fragen

Such doch mal die kleinen Figuren auf den Seiten. Sie stellen dir kurze Fragen. Kannst du sie beantworten?

der Arzt

Ein Arzt kümmert sich um unsere Gesundheit und weiß, wie man Krankheiten heilt. Da ein Arzt nicht über alle Krankheiten Bescheid wissen kann, gibt es Spezialisten, die sogenannten Fachärzte. Das sind z. B. Kinderärzte, Augen- oder Zahnärzte.

das Stethoskop Mit dem Stethoskop kann der Arzt Geräusche im Körper hören und entscheiden, ob die Organe gesund sind. An dem einen Ende befindet sich eine Art Kopfhörer, die steckt sich der Arzt in die Ohren. Den Knopf am anderen Ende legt der Arzt dem Patienten auf den Bauch.

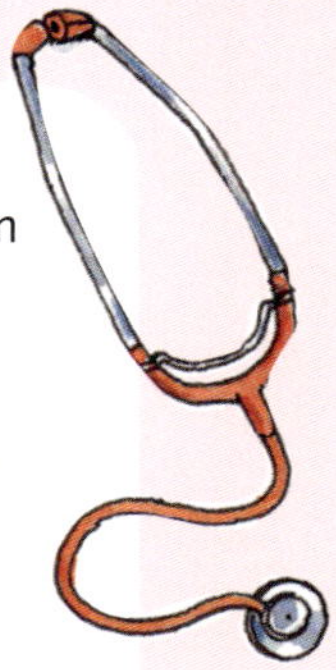

die Impfung Eine Impfung schützt den Körper vor bestimmten Krankheiten, z. B. Masern, Grippe oder Wundstarrkrampf (Tetanus). Dafür erhält man vom Arzt eine Spritze mit dem Impfstoff. Der Körper baut eine Abwehr gegen die Erreger der Krankheiten auf und ist so geschützt.

die Brille Eine Brille bekommt man vom Arzt verschrieben, wenn man einen Sehfehler hat und Gegenstände in einer bestimmten Entfernung nicht mehr klar sehen kann. Die Brillengläser gleichen diesen Sehfehler aus.

der Kinderarzt Ein Kinderarzt hilft Kindern und Jugendlichen, wenn sie krank sind. Er führt auch die sogenannten Vorsorgeuntersuchungen durch. Bis zum 6. Geburtstag hat ein Kind zehn festgelegte Termine, an denen der Arzt die Gesundheit und Entwicklung des Kindes untersucht.

Gesundheit **88** Krankenhaus **114**

die Medizin Wenn der Körper nicht von allein gesund werden kann oder wenn man Schmerzen hat, verschreibt der Arzt Medikamente. Das sind Salben, Tabletten oder Säfte, die dem Körper helfen, die Krankheit zu besiegen.

das Fieberthermometer Mit einem Fieberthermometer wird die Körpertemperatur gemessen. Dafür steckt man es unter den Arm, in den Mund oder ins Ohr. Die Normaltemperatur liegt zwischen 36 und 37,4 Grad Celsius. Bei Fieber steigt die Temperatur an.

der Verband
Ein Verband schützt offene Wunden vor Schmutz und Bakterien, z. B. ein aufgeschlagenes Knie. Bei einem umgeknickten Knöchel stützt der Verband das verletzte Gelenk.

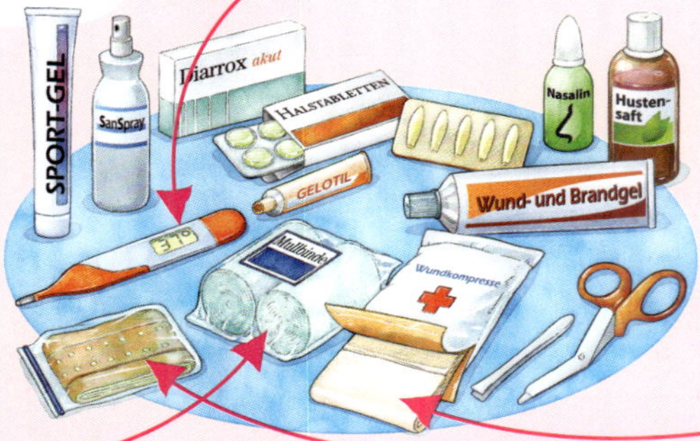

das Pflaster
Ein Pflaster deckt kleine Schnitte und Verletzungen ab, damit kein Dreck hinein kommt. Es hat in der Mitte eine kleine Verbandsstelle, außen herum klebt es.

das Otoskop Mit einem Otoskop untersucht der Arzt die Ohren und das Trommelfell. Das Gerät sieht wie eine kleine Taschenlampe aus, auf die ein Trichter gesteckt wurde. Der Trichter wird in das Ohr gesteckt. Die Lampe beleuchtet das Innere des Ohrs, damit der Arzt alles erkennen kann.

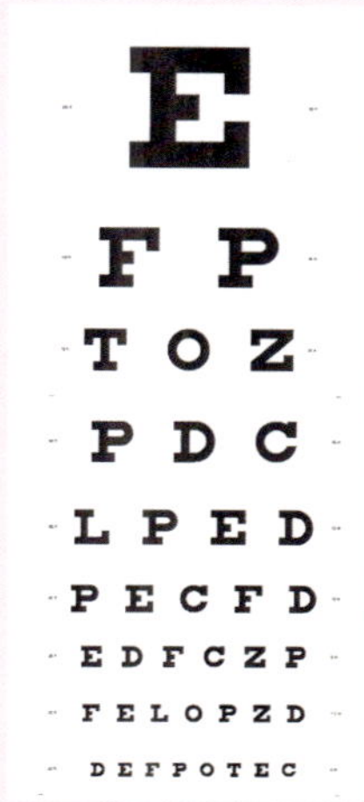

der Augenarzt
Der Augenarzt überprüft mit einem Sehtest, ob mit den Augen alles in Ordnung ist. Kann man bestimmte Buchstaben oder Symbole nur noch schwer erkennen, verschreibt der Augenarzt eine Brille oder Kontaktlinsen. Auch bei Entzündungen oder kleinen Verletzungen im Auge hilft der Augenarzt.

der Arzthelfer
Der Arzthelfer organisiert in der Arztpraxis die Termine und hilft dem Arzt bei seiner täglichen Arbeit.

der Zahnarzt Bei Zahnschmerzen hilft der Zahnarzt. Der Zahnarzt erkennt schnell, was mit den Zähnen nicht in Ordnung ist. Oft ist es ein kleines Loch im Zahn, das für Schmerzen sorgt. Der Zahnarzt behandelt dieses Loch dann und verschließt es wieder. Am besten lässt man seine Zähne ein- bis zweimal im Jahr beim Zahnarzt kontrollieren.

das Auto

Fast jede Familie hat ein Auto und bestimmt bist du schon einmal in einem gefahren. Auch wenn jedes Auto nach Typ und Marke von außen ganz unterschiedlich aussieht, sind die Einzelteile doch meistens gleich.

der Sicherheitsgurt Sicherheitsgurte sind in einem Auto wichtig. Sie schützen den Fahrer und alle Beifahrer bei einem Unfall und halten sie fest an ihren Plätzen. Den Sicherheitsgurt anzulegen ist beim Autofahren Pflicht.

das Lenkrad Das Lenkrad ist vorne im Auto angebracht. Damit kann der Fahrer die Räder des Autos bewegen und bestimmen, in welche Richtung das Auto fährt.

der Rückspiegel Damit ein Fahrer sehen kann, was neben oder hinter ihm im Verkehr passiert, gibt es den Rückspiegel. So muss er sich nicht immer umdrehen, sondern kann einfach einen Blick in den Spiegel werfen.

das Licht Damit das Auto im Dunkeln gut zu sehen ist und auch der Autofahrer gut sieht, gibt es vorne und hinten Scheinwerfer. Wenn ein Autofahrer bremst, leuchten hinten am Wagen zwei rote Bremslichter auf.

der Auspuff Der Auspuff ist an der Unterseite des Autos angebracht. Seine Öffnung zeigt nach hinten. Hier strömen die Abgase heraus. Abgase sind die Abfallstoffe, die beim Verbrennen des Benzins im Motor entstehen. Sie sehen wie schmutziger Rauch aus.

der Kindersitz Damit Kinder im Auto gut geschützt sind, sitzen sie in einem Kindersitz. Je nach Alter, Gewicht und Größe gibt es unterschiedliche Sitze. Erst mit 12 Jahren dürfen Kinder ohne zusätzlichen Sitz im Auto mitfahren.

Auto 10 Straßenverkehr 184 Verkehrsschild 198

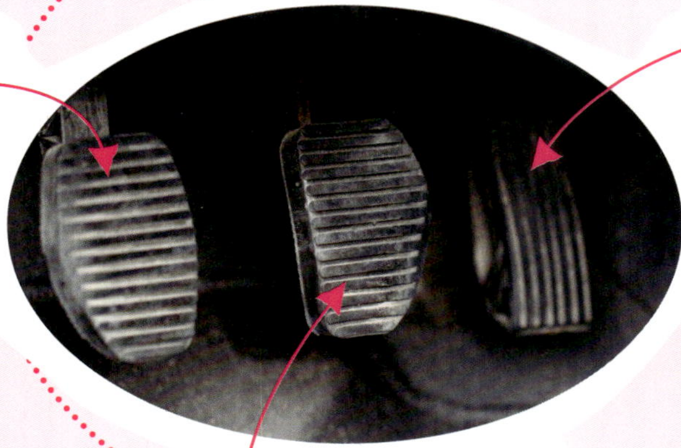

die Kupplung Autos haben vier bis sechs Gänge und einen Rückwärtsgang. Um einen Gang einzulegen, tritt der Fahrer die Kupplung. Je schneller das Auto fährt, desto höher ist der Gang, den der Fahrer wählt.

das Gaspedal Tritt der Fahrer auf das Gaspedal, fährt das Auto schneller.

die Bremse Mit einer Bremse kann man die Geschwindigkeit des Autos verlangsamen. Dafür besitzt das Auto ein Pedal. Dieses kann der Fahrer treten, wenn er langsamer fahren oder anhalten möchte.

der Reifen Autos haben vier Reifen. Diese sind aus festem Gummi und mit Luft gefüllt. Sie sorgen dafür, dass das Auto auf holprigen Straßen nicht so stark ruckelt. Die ersten Räder an Kutschen waren früher nur aus Holz. Das war unbequem.

der Motor Jedes Auto wird von einem Motor angetrieben. Er sorgt dafür, dass sich die Räder drehen und das Auto fährt. Dafür verbrennt er Kraftstoff aus seinem Tank, wie z. B. Benzin.

Was habt ihr für ein **Auto?**

der Blinker Beim Abbiegen schaltet der Fahrer den Blinker ein. So wissen die Fahrzeuge um ihn herum, wohin er fahren möchte.

der Führerschein Nur wer einen Führerschein besitzt, darf Auto fahren. Man bekommt ihn in Deutschland frühestens mit 17 Jahren. In einer Fahrschule nimmt man Unterricht. In den Theorie-Stunden lernt man die Verkehrsregeln, im praktischen Unterricht fährt man selbst Auto – aber nur in Begleitung eines Fahrlehrers. Erst nach zwei Prüfungen darf ein Fahranfänger alleine mit dem Auto auf die Straße.

A B C D E F G H I J K L M N O P Q R S T U V W X Y Z

das Auto

der Kombi Ein Kombi ist länger als normale Autos. Daher ist mehr Platz im Kofferraum. Das ist zum Beispiel für Urlaubsfahrten mit der Familie richtig praktisch.

der Sportwagen Sportwagen sind meist leicht, flach und liegen tief über der Straße. Sie haben nur zwei Sitzplätze, aber einen besonders starken Motor. Sie sind extra so gebaut, damit sie richtig schnell fahren können: 250 km/h oder sogar noch schneller.

das Stadtauto In der Stadt ist nicht viel Raum für Parkplätze. Außerdem sind die Menschen hier öfter allein im Auto unterwegs. Deswegen ist es praktisch, wenn das Stadtauto klein und leicht ist: Es verbraucht wenig Benzin und passt in jede Parklücke.

Der Geländewagen Wenn man abseits befestigter Straßen unterwegs sein muss, dann ist ein Geländewagen die richtige Wahl. Er hat einen starken Motor und Platz unter den Rädern, damit er Hindernisse besser überwinden und sogar durchs Wasser rollen kann.

der Allradantrieb
Bei normalen Autos wirkt die Kraft des Motors nur auf die Vorder- oder die Hinterräder. Beim Allradantrieb werden dagegen alle vier Räder angetrieben. So kommt das Fahrzeug nicht so leicht ins Rutschen oder Schleudern. Das ist abseits von Straßen, in engen Kurven oder an Steigungen besonders wichtig. Wenn du an einem Auto 4x4 oder 4WD liest, ist der Allradantrieb gemeint.

Auto **8** Straßenverkehr **184**

der Familienvan

Ähnlich wie ein Kombi ist der Familienvan (sprich: wän) sehr geräumig: nicht nur im Kofferraum, sondern besonders bei den Sitzplätzen. Hier hat die ganze Familie Platz, auch wenn es drei, vier oder fünf Geschwister gibt.

das Cabrio Das Dach des Cabrios lässt sich zurückklappen. Das funktioniert entweder mit der Hand oder auf Knopfdruck. Bei schönem Wetter kann der Fahrer dann Wind und Sonne genießen. Bei Regen hat er trotzdem ein Dach über dem Kopf.

das Elektroauto Die Motoren der meisten Autos verbrennen Benzin- oder Dieselkraftstoff. Dabei treten giftige Abgase aus. Ganz anders Elektroautos: Ihr Motor fährt mit Strom, arbeitet sehr leise und umweltfreundlich.

Hast du schon ein **Elektroauto** gesehen?

das SUV SUV (sprich: es-ju-wi) ist eine englische Abkürzung für Autos, die gleichzeitig praktisch und komfortabel sind: Sie können auf Feld- und Waldwegen genauso gut fahren wie in der Stadt. Auf Deutsch nennt man solche Autos auch Geländelimousinen.

das Ballett

Spitzentanz, duftiges Röckchen, Schläppchen und Musik: All das gehört zum Ballett. Nicht nur Frauen werden Ballerinas, wie die Tänzerinnen heißen, auch Männer schlüpfen in die Spitzenschuhe.

die Choreografie Was Balletttänzer zu einem bestimmten Stück auf der Bühne aufführen, ist kein Zufall. Die Bewegungen folgen einem festen Plan: der Choreografie. Sie muss genau zur Musik passen und ist ein Kunstwerk wie ein Bild, ein Musikstück oder der Tanz selbst.

die Pirouette Eine Drehung nennt man im Ballett Pirouette. Dabei stehen Tänzer oder Tänzerin oft auf einem Bein, das andere ist angewinkelt. Die Arme können in verschiedene Positionen gehoben werden. Pirouette ist übrigens genau wie viele andere Ballettbegriffe ein französisches Wort, weil das klassische Ballett sich hauptsächlich in Frankreich entwickelt hat.

die Hebefigur
Wenn ein Tänzer einen anderen Tänzer oder eine Ballerina hochhebt, nennt man das Hebefigur.

der Sprung Bei einem Sprung werden Tänzer oder Tänzerin nicht von jemand anderem hochgehoben. Allein durch ihre Sprungkraft schweben sie durch die Lüfte.

Kunst **116** Musik **134** Theater **190**

die Ballettstange Ballett ist sehr schwierig. Arme, Beine, Körper und Kopf müssen ganz exakt bewegt werden. Wer ein guter Tänzer werden will, trainiert jahrelang, zum Beispiel an der Ballettstange. An ihr kann man sich festhalten, während man die schwierigen Positionen und Haltungen übt.

das Studio Eine Tanzschule für Ballett wird oft Studio genannt. Hier gibt es: einen großen Saal, in dem viele Tänzer Platz haben; Spiegel, um die Körperhaltung zu kontrollieren; Ballettstangen zum Festhalten beim Training. Außerdem findet man natürlich Umkleideräume und gute Tanzlehrer.

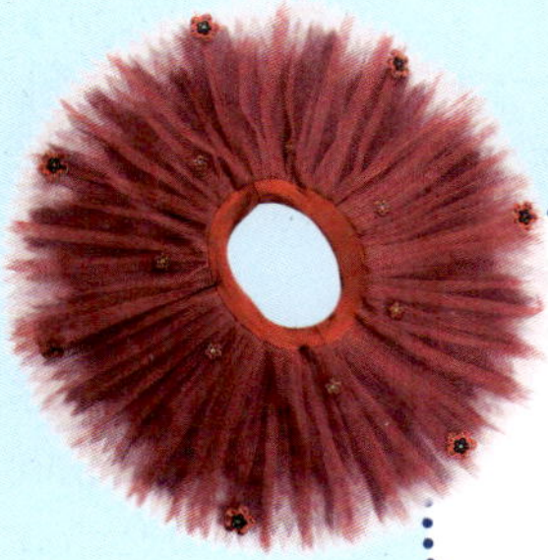

das Tutu Der duftige Ballettrock heißt Tutu (sprich: tütü) und besteht aus mehreren Schichten halb durchsichtigem Tüll. Er ist so kurz, damit er nicht beim Tanzen stört.

Warst du schon in einem Ballett?

die Schläppchen
Kinder sollten mindestens 10 Jahre sein und schon lange trainieren, bevor sie mit dem Spitzentanz beginnen. Vorher tragen sie beim Ballett dünne Gymnastikschläppchen mit rutschfester Sohle.

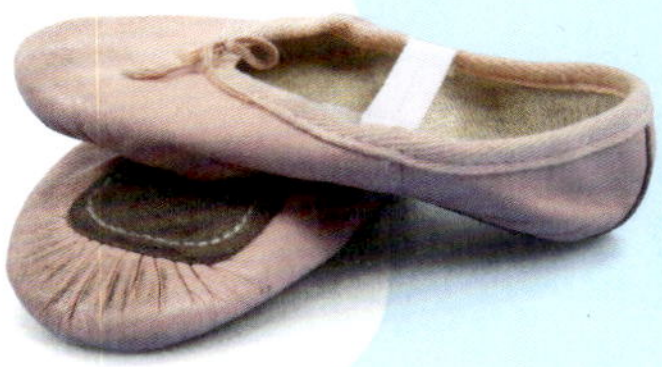

der Spitzentanz Das hast du bestimmt schon gesehen: Balletttänzer stellen sich so richtig auf die Fußspitzen. Das tun sie erst nach jahrelangem Training, denn der Spitzentanz ist schwierig und nicht ungefährlich. Außerdem tragen sie spezielle Spitzenschuhe, in denen die Füße gut gestützt werden. Wie elegant das aussieht!

der Bauernhof

Auf einem Bauernhof lebt die Bauernfamilie. Gemeinsam bewirtschaften sie die Felder und bauen verschiedene Getreide- und Gemüsesorten an. Manche Bauern haben sich auf die Milchwirtschaft spezialisiert. Andere Bauern haben Schweine, Schafe und Hühner auf ihrem Hof.

der Traktor Der Traktor ist eine der wichtigsten Maschinen auf dem Bauernhof. Durch die großen, dicken Reifen sinkt der Traktor auch auf matschigen Feldern nicht ein. Gleichzeitig kann er verschiedene Anhänger ziehen: Die Ballenpresse, die Sämaschine und der Heuwender funktionieren mithilfe des Traktormotors.

die Sämaschine

der Heuwender

die Ballenpresse

der Pflug Mit dem Pflug lockert der Bauer das Feld. Dafür hängt er den Pflug an den Traktor und zieht ihn übers Feld. Der Pflug besteht aus mehreren Schaufeln. Die gebogenen Bleche der Schaufeln haben unten eine Schneide wie ein Messer. Sie schneidet den Boden auf und kann sogar feste Erde bearbeiten.

der Hofladen Einige Bauern haben auf ihrem Hof einen kleinen Laden. Dort verkaufen sie Obst und Gemüse, manchmal auch Fleisch und Milch. Die Kunden wissen genau, woher ihr Gemüse und das Fleisch stammen und wer es produziert hat.

Brot **28** Gemüse **82** Käse **100** Obst **138**

der Mähdrescher Mit einem Mähdrescher erntet der Bauer Getreide, Mais oder Raps. Am Vorderteil der Maschine befinden sich feine Messer, die das Korn abschneiden und in die Maschine befördern. Dort wird das Korn vom Rest der Pflanze getrennt. Das Korn wird in einem Tank gesammelt und später auf einen Anhänger geladen. Das übrig gebliebene Stroh fällt kleingehäckselt hinten aus der Maschine heraus.

der Roggen

der Weizen

die Gerste

das Getreide Zu den wichtigsten Getreidesorten bei uns zählen Weizen, Mais, Roggen, Hafer und Gerste – aber auch Reis ist eine Getreidesorte. Nach der Ernte werden viele Getreidesorten in eine Mühle gebracht und z. B. zu Mehl oder Flocken verarbeitet. Aus Weizenmehl werden Brot, Brötchen und auch Nudeln hergestellt.

der Hafer

der Mais

das Schwein Schweine können nicht schwitzen und kühlen sich mit einem Schlammbad ab. Manche Bauern züchten Schweine: Die Säue (die weiblichen Schweine) bekommen in regelmäßigen Abständen Junge, die Ferkel. Das Fleisch der Schweine verkauft der Bauer.

das Huhn Zu einer Hühnerfamilie gehören der Hahn, die Henne und das Küken. Wenn sich Hahn und Henne paaren, werden die Eier befruchtet. Nur aus befruchteten Eiern wächst ein Küken heran. Eier legen kann nur die Henne. Ob das Ei eine weiße oder braune Schale hat, hängt von der Hühnerrasse ab.

Warst du schon einmal auf einem Bauernhof?

die Kuh Eine Kuh wird auf einem Bauernhof zur Milch- und Fleischgewinnung gehalten. Milchkühe können pro Tag bis zu 50 Liter Milch geben.

die Melkmaschine Auf Bauernhöfen, die viele Milchkühe halten, werden die Tiere von der Melkmaschine gemolken. Dafür werden kleine Sauger über die Zitzen am Euter gestülpt. Die gemolkene Milch wird gekühlt. Ein Tankwagen sammelt die Milch einmal am Tag ein und bringt sie zu einer Molkerei. Diese verarbeitet die Milch zu Käse, Butter, Quark oder Joghurt.

der Baum

Überall auf der Welt wachsen Bäume hoch und grün in den Himmel – sie sehen alle sehr unterschiedlich aus. Die Rinde, die Form der Blätter oder Nadeln, die Früchte und die Baumform zeigen je nach Art typische Merkmale. Bäume unterscheidet man in Nadel- und Laubbäume, je nachdem ob sie Nadeln oder Blätter an den Ästen tragen.

der Ast Äste sind Verzweigungen des Baumes, die vom Stamm abgehen. An ihnen wachsen Blätter, aber auch Früchte oder Zapfen.

das Holz Das Holz der Bäume ist für die Menschen sehr nützlich. Es werden z. B. Möbel daraus hergestellt. Auch zum Heizen wird Holz verwendet.

der Stamm Im Laufe der Jahre wächst der Baum und der Stamm wird dicker. Das sieht man an der Baumscheibe eines gefällten Baumstamms: Für jedes Jahr ist im Holz ein neuer Ring erkennbar. Das ist der sogenannte Jahresring.

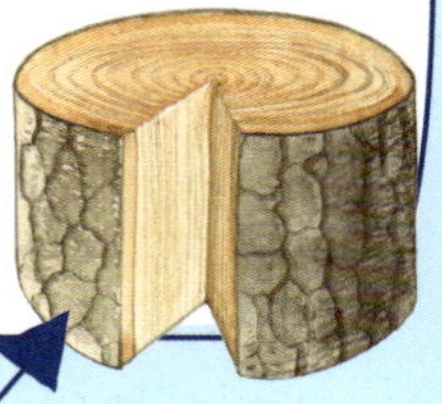

die Rinde Der Stamm wird von der Rinde geschützt. Sie hält Schädlinge und Krankheiten ab. Junge Bäume haben eine glatte, dünne Rinde, mit der Zeit bilden einige Arten eine sogenannte Borke.

die Wurzel Die Wurzeln eines Baumes kann man nicht sehen, sie stecken tief im Boden. Sie halten den Baum im Boden fest. Außerdem versorgen die Wurzeln den Baum und die Blätter mit Wasser und Nährstoffen aus dem Boden.

→ Pflanze **146** Wald **206**

die Buche

die Kastanie

der Laubbaum Zu den Laubbäumen zählen z. B. Ahorn, Kastanie, Buche, Eiche und Birke. Im Herbst färben sich die grünen Blätter rot und gelb und fallen von den Ästen. So schützt sich der Baum. Denn in den Blättern ist viel Wasser enthalten, das im Winter gefrieren und den Baum zerstören würde.

der Ahorn

die Eiche

die Birke

das Blatt An dem Aussehen der Blätter kann man Bäume gut unterscheiden. Laubblätter haben z. B. Einbuchtungen (Eiche), sehen wie eine Hand aus (Ahorn) oder bestehen aus mehreren Blättern (Kastanie). Sie können auch gezackt (Birke) oder rund (Buche) sein. Es gibt spitze Nadeln (Fichte) oder stumpfe (Tanne). Die Nadeln der Kiefer sitzen paarweise am Ast.

die Frucht An Laubbäumen wachsen Früchte. Die Früchte enthalten Samen, aus denen neue Bäume entstehen können, z. B. Kastanien, Bucheckern oder Eicheln. Manche Früchte, wie Äpfel oder Birnen, kann man essen.

die Fichte

die Tanne

die Kiefer

der Zapfen Nadelbäume haben keine Früchte, bei ihnen liegen die Samen in Zapfen. Die Zapfen haben ein charakteristisches Aussehen: Tannenzapfen stehen z. B. immer auf den Zweigen, während Fichtenzapfen hängen.

der Nadelbaum Die meisten Nadelbäume behalten auch im Winter ihre Nadeln. Die Nadeln sind viel dicker und besser vor Frost geschützt. Tanne, Fichte und Kiefer sind typische Nadelbäume.

die Baustelle

Auf einer Baustelle wird fleißig gearbeitet: Es werden Wohnhäuser, Brücken oder gar eine neue unterirdische Röhre für die U-Bahn gebaut. Je nach Größe der Baustelle arbeiten hier unterschiedliche Handwerker und Fahrzeuge. Diese transportieren Baustoffe, graben neue Löcher oder stellen einen Dachstuhl auf das neue Einfamilienhaus.

die Baustelle Wenn ein Haus gebaut werden soll, zeichnet ein Architekt zunächst einen Plan. Dann wird die Baugrube ausgehoben und das Fundament gegossen. Das ist der Boden für das Gebäude. Darauf werden nun der Keller und die oberen Etagen gesetzt. Mit Stahlträgern, Beton und Matten aus Stahlgeflecht erbauen die Bauarbeiter ein mehrstöckiges Haus.

der Betonmischer
In einem Betonmischer werden Zement, Sand oder Kies und Wasser miteinander zu Beton vermischt. Für kleine Baustellen zu Hause gibt es einen stehenden Trommelmischer. Auf großen Baustellen kommen Betonmischfahrzeuge zum Einsatz. Das sind Lkws, die eine große Trommel auf der Ladefläche haben, die sich dreht, damit der Beton nicht hart wird.

der Kipplaster Kipplaster transportieren schüttbare Waren. Das können Kies, Sand oder auch Erde sein. Wenn der Fahrer die Ladefläche hinter dem Führerhaus aufstellt, rutscht die Ladung von alleine aus dem Laster.

die Planierraupe Planierraupen ebnen das Erdreich. Diese Maschinen fahren mühelos über unebenes Gelände. Mit dem großen Stahlschild vorne schiebt die Raupe die Erde, Steine oder Baumstämme beiseite.

der Bagger Der Bagger löst mit seiner Schaufel die Erde und baggert z. B. ein Loch für die Baugrube aus. Auch Steine oder Felsen kann der Bagger bewegen. Es gibt verschiedene Arten von Baggern, manche haben anstelle von Rädern Raupenketten. Damit sinkt ein Bagger in der Erde nicht ein. Das Führerhäuschen lässt sich in verschiedene Richtungen drehen.

Werkzeug 214

der Maurer Die Maurer sind vor allem für das Errichten neuer Mauern und Wände zuständig. Aus Steinen und Mörtel bauen sie die geplanten Wände.

der Radlader
Der Radlader wird zum Transportieren und Laden von Gütern eingesetzt. Dafür ist er vorne mit einer großen Schaufel ausgerüstet.

die Schubkarre Kleinere Mengen Sand oder Kies transportieren Bauarbeiter mit einer Schubkarre. Eine Schubkarre hat vorne ein Rad und wird an den beiden Griffen geschoben.

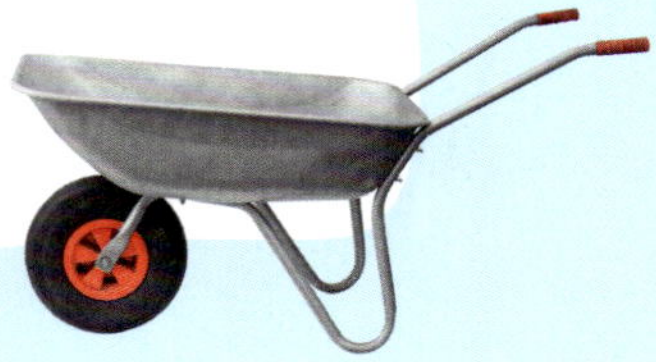

der Kran Kräne transportieren Baustoffe leicht an jeden Ort der Baustelle. Die Last wird hochgezogen, der Arm des Krans dreht sich in die entsprechende Richtung und lässt die Ladung dort wieder hinunter. Damit der Kran nicht umkippt, sorgen Betonplatten hinter dem Führerhaus für Stabilität.

die Absperrung
Eine Baustelle ist stets mit Bauzäunen oder rot-weißem Absperrband abgesichert. Denn eine Baustelle ist sehr gefährlich: Hier fahren große Fahrzeuge und es können Gegenstände herabfallen.

Was macht der **Maurer** auf der Baustelle?

der Bauarbeiter Die Bauarbeiter auf der Baustelle fahren die Bagger, lenken die Kräne, transportieren die Materialien an die richtigen Stellen, verlegen Rohre oder bauen Straßen. Die Bauarbeiter müssen auf der Baustelle immer einen Helm tragen. Außerdem schützen Sicherheitsschuhe ihre Füße.

der Berg

Ein Berg ist eine Erhöhung der Erdoberfläche. Stehen mehrere Berge beieinander, nennt man das Gebirge. Ein bekanntes Gebirge in Europa sind die Alpen. Da Berge hoch und steil sind, können nicht alle Tiere und Pflanzen hier leben. Für den Menschen ist ein Ausflug in die Berge eine willkommene Freizeitgestaltung.

der Gipfel Die höchste Stelle eines Berges ist der Gipfel. Damit der Wanderer ihn gut erkennen kann, steht dort oft ein Gipfelkreuz. Die flache Stelle zwischen zwei Bergen heißt Tal.

der Tunnel Tunnel sind eine Erfindung des Menschen. Ohne Tunnel müsste man auf jeden Berg hinauf- und auf der anderen Seite wieder hinunterfahren. So kann man einfach durch den Tunnel fahren. Der Bau eines Tunnels erfordert viel Anstrengung. Riesige Bohrer müssen sich durch das Gestein bohren.

der Adler Adler gehören zu den Greifvögeln. Der Steinadler z. B. brütet in den Alpen. Mit seiner Flügelspannweite von über 2 Metern segelt er auf der Suche nach Beute durch die Luft.

Warst du schon einmal in einer **Höhle?**

die Seilbahn Eine Seilbahn bringt Ausflügler und Skifahrer auf den Berg hinauf. An den straff gespannten Seilen werden die einzelnen Gondeln von einer Maschine nach oben gezogen. Die Gondeln schweben hoch oben über dem Boden und man kann den Berg und die Landschaft von oben betrachten.

das Murmeltier Murmeltiere sind Nagetiere. Sie leben in einem System aus Gängen, welches sie selbst in den Boden graben. Dabei können die Tunnel bis zu 70 Meter lang werden.

→ Erde 52

der **Bergsteiger**
Während Wanderer gemütlich den vorgezeichneten Wegen folgen, benötigen Bergsteiger eine besondere Ausrüstung. Sie klettern an den Felsen und Steinen den Berg empor. Dafür benötigen sie Seile und Haken.

die **Bergrettung** Die Bergretter helfen, wenn sich Bergsteiger verletzt oder Wanderer verirrt haben. Sie können besonders gut klettern und kennen sich in den Bergen gut aus. Meist ist auch ein Arzt dabei, der den Verletzten sofort helfen kann. Die Bergrettung kommt mit einem Hubschrauber angeflogen. Mit ihm kann sie fast jeden Ort in den Bergen gut erreichen.

das **Edelweiß** Das Edelweiß ist eine Blume, die vor allem in den Alpen vorkommt. Sie steht unter Naturschutz, weil viele Wanderer sie früher als Souvenir gepflückt haben und sie dadurch sehr selten geworden ist.

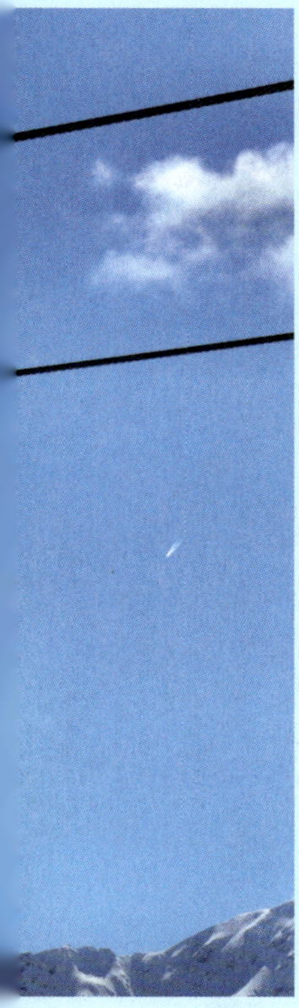

die **Höhle** Höhlen sind Hohlräume, z. B. in einem Berg. Bis eine Höhle entsteht, dauert es Millionen von Jahren. Denn einzelne Tropfen Wasser spülen das Gestein aus. Manche dieser Höhlen kann man heute besichtigen.

der **Gletscher** Gletscher bestehen aus Schnee und Eis und wandern ganz langsam ins Tal. Für die Menschen sind Gletscher sehr wichtig, da das gefrorene Wasser oft als Trinkwasser dient.

der Beruf

Nach der Schule erlernt man einen Beruf. Es gibt ganz unterschiedliche Berufe: Bauern, Bäcker oder Fabrikarbeiter stellen etwas her. Andere Menschen bieten eine Dienstleistung an, fahren Kunden mit dem Taxi oder verkaufen neue Kleidung im Geschäft. Für ihre Arbeit bekommen die Menschen Geld. Da man einen Beruf meist sein Leben lang betreibt, sollte er Spaß machen und den eigenen Fähigkeiten entsprechen.

Das sind die beliebtesten **Kinderberufe**:

der Polizist
Ein Polizist klärt Verbrechen auf oder regelt den Straßenverkehr.

der Lehrer
Ein Lehrer bringt anderen Menschen etwas bei.

der Feuerwehrmann
Ein Feuerwehrmann löscht Brände oder hilft bei Unfällen.

der Arzt
Ein Arzt hilft kranken Menschen.

der Bauarbeiter
Ein Bauarbeiter arbeitet auf einer Baustelle.

der Sänger
Ein Sänger singt allein oder in einer Band.

der Tierarzt
Ein Tierarzt kümmert sich um kranke Tiere.

der Gärtner
Ein Gärtner kümmert sich um Pflanzen und Bäume.

der Maler
Der Maler streicht Häuser oder tapeziert Wände.

der Bauer
Ein Bauer bewirtschaftet einen Bauernhof.

der Fußballer
Ein Fußballer schießt für seinen Verein Tore.

der Astronaut
Ein Astronaut erforscht den Weltraum.

die Lehre Um bestimmte Berufe zu erlernen, macht man nach der Schule eine Lehre. Während dieser Zeit bekommt der Lehrling alles beigebracht, was für den späteren Beruf wichtig ist. Am Ende der Lehrzeit legt er eine Prüfung ab. Für diese Berufe muss man eine Lehre machen: Maler, Verkäufer, Gärtner, Schreiner oder Klempner.

die Werkstatt Handwerker benötigen einen eigenen Raum, in dem alle ihre Werkzeuge gelagert sind und in dem sie arbeiten können. Schreiner, Automechaniker, Klempner und auch Künstler besitzen eine eigene Werkstatt, in der sie arbeiten.

der Erzieher
Erzieher passen im Kindergarten auf die Kinder auf, spielen mit ihnen und bringen ihnen unterschiedliche Dinge bei: die ersten Zahlen und Buchstaben, Basteln, Malen, Schneiden und verschiedene Lieder.

das Studium Bestimmte Berufe setzen ein Studium an einer Universität voraus, z. B. Arzt oder Lehrer. Dieses Studium dauert mehrere Jahre. Während dieser Zeit erfährt der Student ganz viel Wissen in seinem Fach.

das Büro Ein Büro ist ein Zimmer mit Schreibtisch in einem größeren Gebäude. In Banken, Ämtern, Verlagen und Kanzleien arbeiten die Menschen in einem Büro. Meist arbeiten sie an einem Computer. Architekten entwerfen neue Häuser, Versicherungen verwalten ihre Daten und auch Sekretärinnen schreiben alle ihre Briefe mit einem Computer.

die Biene

„Summ, summ, summ, Bienchen summ herum!" In diesem Kinderlied steckt viel Wahrheit, denn Bienen summen wirklich und sie sollen das auch tun. Die Insekten liefern uns nicht nur süßen Honig, sondern sorgen auch dafür, dass essbare Früchte und Samen wachsen.

die Honigbiene Honigbienen sind gelbbraun und haben einen pelzigen Körper, Flügel, riesige Augen und sechs Beine. Kommst du ihnen zu nah, können sie mit ihrem Stachel zustechen. Au, das tut weh! Die kleinen Flieger leben in riesigen Bienenvölkern.

der Honig Im Sommer saugen Bienen Pflanzensaft (er heißt Nektar) aus den Blüten. Zu Hause im Bienenstock lagern sie ihn als Winterfutter in den Waben ein. Das ist der süße Honig, lecker! Beim Umherfliegen verteilen Bienen den Blütenstaub und sorgen so dafür, dass Samen und Früchte wachsen, die wir essen können.

der Bienenstock Ein Volk von Honigbienen in einem künstlichen Bienenkorb nennt man Bienenstock. Ihre Behausung sind meist Kästen aus Holz oder Kunststoff.

der Imker Der Bienenzüchter oder Imker sucht die besten Plätze für seine Bienenstöcke aus, denn in der Nähe muss es ausreichend Nahrung geben. Später holt er den Honig aus den Waben, füllt ihn ab und verkauft ihn. Im Winter füttert er die Honigbienen und päppelt sie auf, wenn sie krank sind.

→ Blume **26** Insekten **96** Obst **138**

die Königin
In einem Honigbienenvolk gibt es eine besonders große Biene: die Königin. Ihre einzige Aufgabe ist es, Eier zu legen. Dafür wird sie von den Arbeiterinnen mit Nektar gefüttert.

die Wabe Waben sind aus Wachs geformte Hohlräume. Zähl mal nach: Sie sind immer sechseckig! Die Bienenkönigin legt ihre Eier hinein und die Arbeiterinnen lagern in anderen Waben den Honig.

die Arbeiterin Fast alle Honigbienen im Bienenstock sind Arbeiterinnen. Sie schuften richtig schwer: Sie sammeln Blütennektar und Wasser, stellen Wachs für die Waben her, füttern die Bienenkinder (die Larven) und bewachen den Bienenstock.

der Bienentanz
Wenn eine Arbeiterin Futter entdeckt hat, zum Beispiel blühende Lindenbäume, will sie ihren Bienenschwestern erzählen, wo die Leckerei zu finden ist. Dazu führt sie einen Tanz auf. Die Bewegungen verraten genau, wohin die Kolleginnen fliegen müssen.

die Drohne Eine männliche Biene heißt Drohne. Sie begattet die Königin, damit diese Eier legen kann. Drohnen arbeiten nicht und sammeln nicht mal selbst Futter: Wenn die Arbeiterinnen die Drohnen nicht fütterten, würden diese bald verhungern.

die Einsiedlerbiene
Während Honigbienen in einem riesigen Volk aus Zehntausenden Tieren leben, sind Wildbienen lieber allein. Experten nennen sie daher Einsiedler- oder Solitärbienen.

die Hummel
Hummeln gehören ebenfalls zu den Bienen, sie sind aber etwas größer und dicker als Honigbienen. Sie leben wie ihre Verwandten in einem Volk mit Arbeiterinnen, Drohnen und einer Königin.

die Blume

Überall auf der Erde wachsen und blühen Blumen in unterschiedlichen Farben und Größen – und doch sind alle gleich aufgebaut. Blumen sind nicht nur hübsch anzusehen, sondern dienen auch vielen Insekten zur Nahrung.

die Blütenblätter Je nach Blumenart sind die Blütenblätter unterschiedlich geformt oder angeordnet und haben verschiedene Farben.

die Staubgefäße An den Staubgefäßen befindet sich der Blütenstaub. Mit ihrem Geruch und ihrer Farbe locken die Blumen Insekten an. Die Insekten krabbeln in die Blüte und streifen an den Staubgefäßen vorbei. Der Blütenstaub oder Pollen klebt nun an dem Insekt. Fliegt dieses zur nächsten Blüte, streift es hier den Pollen an der Narbe ab. Dadurch wird die Blüte befruchtet und neue Samen entstehen.

der Stängel Der Stängel sorgt für genügend Stabilität und Halt. Er trägt die Blüte. Im Stängel verlaufen die Leitungsbahnen, die das Wasser und die Nährstoffe aus der Wurzel nach oben in die Blüte leiten.

das Blatt Die Blätter einer Blume sind grün. Sie enthalten das wichtige Blattgrün (auch Chlorophyll genannt), mit dessen Hilfe sie die Pflanze ernähren.

die Wurzel Mit den Wurzeln ist die Blume in der Erde fest verankert. So kann sie starkem Wind standhalten. Außerdem ziehen die Wurzeln Wasser und Nährstoffe aus dem Boden, um die Pflanze zu versorgen.

die Biene Bienen fliegen auf der Suche nach Nektar umher. Diesen sammeln sie in den Blüten und verarbeiten ihn im Bienenstock zu Honig. Den Pollen aus den Blüten verwenden sie für die Aufzucht ihrer Jungen.

Biene **24** Insekten **96** Pflanze **146**

der Wiesenklee

der Mohn

die Wiesenblume Zu den Wiesen- oder Wildblumen werden die Pflanzen gezählt, die wild in der Natur wachsen, ohne dass sie jemand angesät hat. Dazu gehören Blumen wie z. B. der Löwenzahn, der Mohn, die Margerite, die Kornblume, die Wegwarte und die Butterblume.

die Wegwarte

der Hahnenfuß

der Löwenzahn

die Margerite

der Pollen Den Pollen findet man in den Blüten. Mit ihm werden die Blumen befruchtet, sodass neue Früchte mit Samen darin entstehen können. Um den Pollen von einer Blüte zur nächsten zu transportieren, wenden die Pflanzen verschiedene Strategien an: Manche schicken die Pollen mit Insekten zur nächsten Pflanze, andere hoffen darauf, dass der Wind die Pollen zur nächsten Blüte weht.

der Samen Die Blume wächst aus einem kleinen Samenkorn heran. Gelangt ein Samen in feuchte Erde, platzt er auf und beginnt zu keimen. Man kann die Blume erst sehen, wenn sie aus der Erde herausschaut. Die erwachsene Blume produziert wiederum selbst Samen, um sich weiterzuverbreiten.

die Tulpe

die Kulturpflanze Neben den Wiesenblumen gibt es noch die Kulturpflanzen. Sie entstehen durch Züchtungen und werden vom Menschen angesät oder gepflanzt. Zu den Kulturpflanzen gehören Blumen wie z. B. die Rose oder die Tulpe.

die Rose

das Brot

Brot ist ein uraltes Lebensmittel, aber immer noch beliebt – besonders bei uns. Nirgendwo sonst auf der Welt gibt es so viele Brotsorten.

das Korn Mit Korn sind die Samen der Getreidepflanzen gemeint, die wir essen. Meist wachsen auf unseren Feldern Weizen, Roggen, Gerste, Dinkel oder Hafer. Weizen und Roggen werden am häufigsten zu Brot und Brötchen verarbeitet.

die historische Mühle

die moderne Mühle

die Mühle In der Mühle wird Korn zu feinem Mehl gemahlen. Früher wurden die schweren Mühlsteine durch Wasser- oder Windkraft bewegt. Heute ist die Mühle eine richtige Fabrik. Hier treiben starke Motoren Walzen an, die das Korn zerkleinern.

das Mehl An den langen Stängeln der Getreidepflanzen reifen viele Körner. Sie werden geerntet, geschält und gemahlen. Fertig ist das Mehl! Daraus backen die Bäcker Brot, Brötchen, Kuchen, Kekse und viele andere Leckereien.

Magst du es lieber **süß** oder **salzig**?

die Bäckerei Aus Mehl, Wasser und einigen anderen Zutaten kneten die Bäcker in der Bäckerei einen Teig. Salziger Teig wird anschließend zu Brot, Brötchen oder auch Brezeln geformt. Aus süßem Teig entstehen Kuchen und Kekse. Anschließend wird der Teig in einem Ofen gebacken. Sind die Backwaren fertig, kommen sie in den Verkaufsraum, wo du sie einkaufen kannst.

Bauernhof **14** Einkaufen **42** Nahrung **136**

das Weißbrot

Weißbrot wird aus Weizenmehl gebacken. Es ist so weiß, weil vor dem Mahlen auch die Kleie vom Korn entfernt wird. Weißbrot ist daher ganz weich und luftig. Es ist leicht verdaulich und sehr lecker, aber leider nicht sonderlich gesund.

das Vollkornbrot

Jedes Getreidekorn hat eine äußere Schale, den Spelz, und eine innere Haut, die Kleie. Der harte Spelz wird vor dem Mahlen immer entfernt. Mahlt man die Kleie mit, entsteht Vollkornmehl. Es ist dunkler und schmeckt kräftiger als das weiße Mehl ohne Kleie. Und gesünder ist es auch!

das Fladenbrot

Ein Fladen ist ein Brot aus ganz wenigen Zutaten, meist nur Mehl und Wasser. Der Teig geht nicht auf und der Fladen bleibt flach. Fladenbrote isst man traditionell in vielen Ländern der Welt, zum Beispiel in der Türkei (Yufka, Pide), in Indien (Nan, Chapati) und in Syrien (Chubz).

das Roggenmischbrot

Im Teig für dieses Brot mischt der Bäcker Roggenmehl mit etwas Weizenmehl. Der Großteil aller Brote bei uns sind Roggenmischbrote, auch Graubrote genannt.

das Knäckebrot

Dünn, trocken und knusprig sind die Scheiben vom Knäckebrot. Dieses Vollkornbrot wird extra lange gebacken und getrocknet, damit es sich lange hält. Ursprünglich kommt Knäcke aus Schweden.

das Toastbrot

Toastbrot ist zunächst weich. Aber hat man es im Toaster geröstet, ist es knusprig und warm. Lecker!

das Buch

Kannst du dir ein Leben ohne Bücher vorstellen? Keiner weiß, wie wir dann in der Schule lernen würden, wie wir in spannende Geschichten eintauchen oder neues Wissen erfahren würden. Hast du ein Lieblingsbuch?

der Verlag

In dieser Firma werden Bücher gemacht. Die Leute im Verlag überlegen sich Ideen für neue Bücher, suchen Autor und Illustrator aus, kümmern sich um den Druck und sorgen dafür, dass das fertige Buch in der Buchhandlung steht.

der Autor

Der Autor oder Schriftsteller überlegt sich eine Geschichte oder die Themen für ein Sachbuch. Dann schreibt er alles auf.

der Illustrator

Ein Buch ohne bunte Bilder ist langweilig, oder? Deshalb gibt es Illustratoren. Sie können wunderschön zeichnen und malen Bilder, die genau zur Geschichte passen.

der Buchdruck

Für ein neues Buch wird jede Seite viele Tausend Male auf einen großen Papierbogen gedruckt. Dann werden die Seiten in die richtige Reihenfolge sortiert und am Rücken verklebt oder gebunden: Fertig sind viele neue Bücher!

Vor gut 550 Jahren druckte Johannes Gutenberg aus Mainz die ersten Bücher. Das war eine ganz wichtige Erfindung! Denn vorher mussten Bücher per Hand abgeschrieben werden. Das war mühsam und dauerte lange. Erst seit man schnell viele Bücher drucken kann, können viele Menschen lesen lernen, Geschichten erleben und Wissen sammeln.

Buchstabe **32** Medien **128**

Der Umschlag Auf der Vorderseite des Umschlages siehst du den Titel, den Namen des Autors und ein oder mehrere Bilder. So kannst du mit einem Blick entscheiden, ob das Buch für dich interessant ist. Auf der Rückseite steht meist eine kurze Zusammenfassung des Inhalts.

der Titel Das ist der Name des Buches. Er steht auf dem Umschlag vorne, auf dem Buchrücken und am Anfang des Buches. Das Buch, das du gerade liest, trägt beispielweise den Titel „Das große Ravensburger Kinderlexikon von A bis Z“.

Der Buchrücken Auf der Innenseite des Buchrückens werden die Seiten zusammengehalten. Außen steht der Titel, damit du das Buch auch findest, wenn es geschlossen im Regal steht.

der Roman Ein Roman ist ein Buch, das eine Geschichte erzählt.

das Sachbuch In einem Sachbuch steht keine Geschichte, hier werden Tatsachen beschrieben. Es gibt zum Beispiel Sachbücher über Tiere, Autos, Länder oder alle möglichen anderen Themen. Dieses Lexikon ist auch ein Sachbuch!

das Taschenbuch Ein Buch mit weichem, dünnem Einband ist ein Taschenbuch. Das heißt so, weil es leicht und handlich ist und gut in die Tasche gesteckt werden kann.

das Hardcover Ein Buch mit einem festen Einband aus dicker Pappe heißt Hardcover (sprich: had-kawer).

der Buchstabe

Unser Alphabet besteht aus 26 Buchstaben. Mit diesen Buchstaben lassen sich die Wörter unseres Alphabets bilden. Kennst du alle Buchstaben mit Namen?

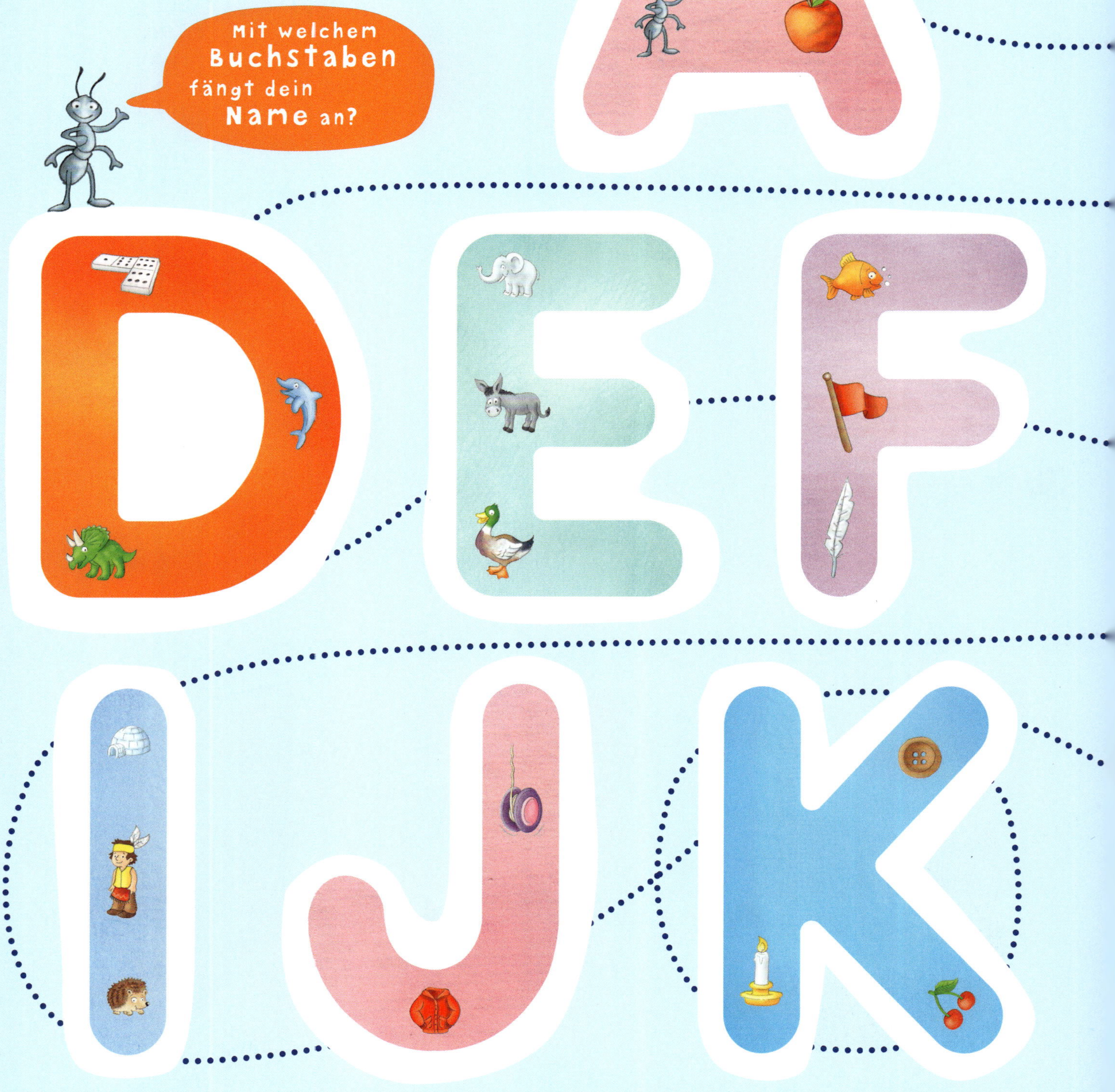

B
C
G
H
L
M

Form 74

Zusätzlich zu den **26 Buchstaben** besitzt das deutsche Alphabet noch die **drei Umlaute Ä, Ö** und **Ü** und das **ß.**

der Computer

Computer sind aus unserem Alltag nicht mehr wegzudenken. Egal ob wir eine Fahrkarte kaufen, ein Spiel auf dem Smartphone spielen oder Geld aus dem Automaten holen – immer steckt ein großer oder sehr kleiner Computer dahinter.

das Computerspiel

Es gibt viele Computerspiele für Kinder und für Erwachsene. Die Spiele werden auf der Festplatte gespeichert und schon kann es losgehen. Mit der Maus und der Tastatur lenkt man seine Figur z. B. durch ein Labyrinth oder beantwortet Quizfragen.

die Festplatte

Die Festplatte zählt zur Hardware eines Computers. Sie ist fest in den Computer eingebaut. Ohne die Festplatte kann man im Computer nichts speichern und es laufen keine Programme. Die Festplatte ist sozusagen das Gehirn des Computers.

der Laptop

Einen Laptop bezeichnet man auch als Klappcomputer. Er arbeitet genauso gut wie ein großer Computer, kann aber einfacher mitgenommen werden, z. B. auf Reisen. Dafür wurden der Bildschirm und die Tastatur in den Computer integriert. Statt einer Maus gibt es ein Touchpad. Das ist ein kleines Feld, durch das man den Pfeil auf dem Bildschirm mit den Fingern steuern kann.

das Tablet

Das Tablet oder der Tablet-Computer ist eine Weiterentwicklung des Laptops. Hier benötigt man nur noch den Bildschirm. Die Festplatte liegt schmal und klein darunter. Anstatt mit einer Tastatur kann man den Computer mit seinen Fingern steuern: Das Feld des Bildschirms ist berührungsempfindlich. Mit einer Berührung auf dem Bildschirm kann man ein Programm starten, Bilder bewegen und sogar auf einer Tastatur im Bildschirm schreiben.

Medien **128** Technik **186**

die Software Als Software bezeichnet man die Programme eines Computers. Sie müssen auf der Festplatte des Rechners installiert werden, bevor man sie anwenden kann. Möchte man ins Internet, benötigt man ein Programm, genauso wie fürs E-Mail-Schreiben, Malen oder Schreiben.

die E-Mail Eine E-Mail ist ein elektronischer Brief. Um eine E-Mail zu schreiben, benötigt man ein eigenes Postfach im Internet mit einer eigenen Mail-Adresse. Die E-Mail versieht man dann mit der Mail-Adresse des Empfängers und schickt sie los. Anders als ein Brief ist die Mail innerhalb weniger Sekunden angekommen. Man kann auch Bilder und Dateien mit einer E-Mail mitschicken.

der Bildschirm Auf dem Bildschirm werden alle Vorgänge des Computers gezeigt. Ohne ihn könnte man nicht sehen, welche Programme die Festplatte gerade ausführt. Die Bilder auf dem Bildschirm werden aus winzig kleinen viereckigen Punkten zusammengesetzt. Diese Punkte nennt man Pixel.

der Computer Ein Computer besteht aus mehreren Teilen: dem Rechner, dem Bildschirm (oder Monitor), einer Tastatur und einer Maus. Der Rechner ist eine Maschine, die aus vielen kleinen Teilen besteht. Damit man mit dem Computer schreiben, malen oder E-Mails verschicken kann, benötigt man Programme.

die Tastatur Die Tastatur ist an den Computer angeschlossen. Mit ihr kann man Befehle in den Rechner eingeben, Texte schreiben oder Figuren in einem Spiel steuern.

die Maus Die Maus ist mit dem Computer verbunden. Mit ihr steuert man den Rechner. Die Maus erscheint als Pfeil auf dem Bildschirm. Durch kleine Bewegungen mit der Maus lässt sich der Pfeil über den Bildschirm bewegen und man kann jede Stelle anklicken, die man möchte.

das Internet
Im Internet kann jeder Mensch etwas anbieten oder zeigen. Dies steht dann auf einer eigenen Homepage. Man kann in Geschäften im Internet einkaufen, Nachrichten lesen und Filme schauen. Um ins Internet zu kommen, braucht man einen Computer und einen Internetzugang.

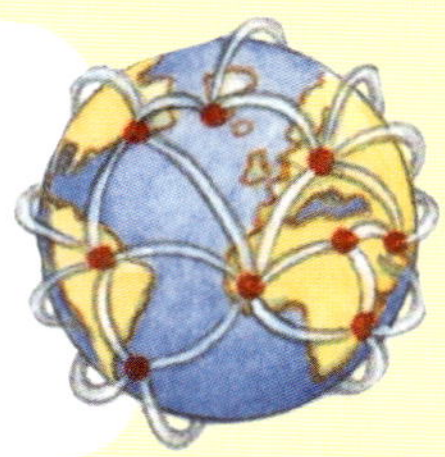

Deutschland

Deutschland reicht vom Meer im Norden bis zu den Alpen im Süden. Hier leben 82 Millionen Menschen in großen Städten und kleinsten Dörfern.

die Hauptstadt Berlin ist die deutsche Hauptstadt, hier arbeitet die Bundesregierung. Dazu gehören: die Bundeskanzlerin (die Chefin der Regierung) und der Bundespräsident (das Staatsoberhaupt), Bundestag und Bundesrat (Versammlungen von Menschen aus allen Bundesländern) sowie die Ministerien (Büros, die Regeln und Gesetze umsetzen).

die Grenze Eine Grenze gibt es dort, wo ein Land aufhört und ein anderes beginnt. Es gibt innerhalb von Deutschland Grenzen zwischen den Bundesländern. Außen herum liegen die Grenzen zu den Nachbarländern wie Schweiz, Österreich, Frankreich und Polen.

das Bundesland
Deutschland ist wie ein Fußballteam mit 16 Spielern. Alle kicken gemeinsam für den Erfolg der Mannschaft, aber manchmal haben sie auch ihren eigenen Kopf. Die Spieler heißen Bundesländer, ihr Team Bundesrepublik. Die Bundesländer heißen: Baden-Württemberg, Bayern, Berlin, Brandenburg, Bremen, Hamburg, Hessen, Mecklenburg-Vorpommern, Niedersachsen, Nordrhein-Westfalen, Rheinland-Pfalz, Saarland, Sachsen, Sachsen-Anhalt, Schleswig-Holstein und Thüringen.

→ Österreich 140 Politik 150 Schweiz 174

die Europäische Union Auch die Europäische Union (EU) kann man sich wie ein Fußballteam vorstellen. Die einzelnen Sportler sind Länder aus Europa wie Deutschland, Frankreich, Polen, Belgien oder Spanien. Weil die Länder der EU eng zusammenarbeiten, kann man heute zum Beispiel problemlos in einem anderen Land Urlaub machen, wohnen und arbeiten.

die See Im Nordwesten schwappt die Nordsee an Deutschlands Küste. Hier gibt es das Wattenmeer, das zweimal täglich bei Ebbe trocken liegt. Im Nordosten kannst du in der Ostsee baden.

die Tiefebene Im Norden nahe der Nord- und Ostsee ist Deutschland flach. Die Gegend heißt Norddeutsche Tiefebene.

der Rhein Der Rhein ist einer der längsten Flüsse Deutschlands. Er fließt im Süden durch den Bodensee, um den Schwarzwald herum und nach Nordwesten. In den Niederlanden mündet er ins Meer. Auf ihm transportieren Schiffe Waren aus vielen Städten bis ans Meer.

die Mittelgebirge In der Mitte Deutschlands gibt es mehrere Mittelgebirge, deren Berge etwa zwischen 500 und 1.500 Metern hoch sind. Harz, Thüringer Wald, Hunsrück und Schwarzwald gehören unter anderem dazu.

In welchen Bundesland wohnst du?

Der Süden Im Süden Deutschlands findest du das hügelige Alpenvorland und ein hohes, schroffes Gebirge: die Alpen. In diesem Gebirge liegt auch der höchste deutsche Berg, die Zugspitze. Sie ist 2.962 Meter hoch.

der Dinosaurier

Die Saurier lebten vor vielen Millionen Jahren. Zu den Sauriern zählen die Meeressaurier, die Flugsaurier und die Dinosaurier. Spricht man also von den Dinosauriern, sind nur die an Land lebenden Saurier gemeint.

die Erdzeitalter

Unsere Erde entstand vor etwa 5 Milliarden Jahren, die Tiere und Pflanzen danach. Forscher haben diese Zeit in Abschnitte unterteilt, die Erdzeitalter. Dinosaurier lebten im Erdmittelalter, vor etwa 70 bis 210 Millionen Jahren.

der Pterodaktylus

Der Pterodaktylus war ein Flugsaurier. Mit seinem spitzen Schnabel konnte er sich Fische aus dem Wasser fangen.

der Flugsaurier

Flugsaurier hatten große Flügel aus einer ledrigen Haut. Mit diesen konnten sie fliegen. Federn hatten sie vermutlich nicht.

der Ornithocheirus

Der Ornithocheirus hatte eine Flügelspannweite von bis zu 7 Metern.

die Versteinerung

Versteinerungen (auch Fossilien genannt) sind Abdrücke von Pflanzen oder Tieren im Stein. Forscher können durch diese Versteinerungen viel über die Tiere und Pflanzen lernen die damals gelebt haben.

der Ichthyosaurus

Der Ichthyosaurus sah aus wie ein Delfin und musste zum Luftholen immer an die Wasseroberfläche kommen.

der Meeressaurier

Meeressaurier lebten im Wasser und wurden daher auch Fischsaurier genannt. An das Leben im Wasser waren sie sehr gut angepasst. Sie hatten Flossen, mit denen sie schwimmen konnten.

der Mosasaurus

Der Mosasaurus bewegte sich mit seinem Ruderschwanz schlängelnd vorwärts. Er konnte bis zu 12 Meter lang werden.

Reptilien **162** Tiere **192**

der Brachiosaurus Der Brachiosaurus gehört zu den größten Landtieren der Erdgeschichte. Er war ungefähr 23 Meter lang und 13 Meter hoch. Das Gewicht des Pflanzenfressers wird auf 35 Tonnen geschätzt. Zu seiner Verteidigung schwang er seinen Schwanz wie eine Peitsche.

der Tyrannosaurus Rex
Der Tyrannosaurus Rex gehörte zu den gefährlichsten Fleischfressern seiner Zeit. Er war etwa 15 Meter lang und 6 Meter hoch. Beeindruckend sind vor allem die dolchartigen Zähne, die mindestens 15 Zentimeter lang waren.

der Iguanodon Der Iguanodon war einer der ersten entdeckten Dinosaurier überhaupt. Der Iguanodon ist ein Pflanzenfresser und hat sich eher langsam fortbewegt. An den Vorderarmen hatte er fünf Finger, während die Hinterbeine nur drei Zehen aufwiesen.

der Dinosaurier Dinosaurier gehören zur Familie der Reptilien. Sie waren riesige Tiere, deren Junge aus Eiern schlüpften. Die Dinosaurier sind seit langer Zeit ausgestorben. Doch Versteinerungen und Knochenfunde verraten eine Menge über ihr Aussehen und ihre Lebensweise.

der Triceratops Das Maul des Dinosauriers mit den drei Hörnern sieht aus wie ein Papageienschnabel. Der Pflanzenfresser trägt an seinem Hinterkopf einen Knochenschild. Mit einem Gewicht von bis zu 50 Tonnen bei einer Körperlänge von etwa 9 Metern war er ein sehr schwerer Zeitgenosse.

der Allosaurus Der Allosaurus war ein Fleischfresser und lief auf den beiden Hinterbeinen. Die Vorderarme waren kurz und mit scharfen Krallen versehen.

A B C D E F G H I J K L M N O P Q R S T U V W X Y Z

das Einkaufen

Bunte Werbungen in Prospekten, auf Plakaten und in Zeitungen machen uns täglich auf die vielen Angebote der unterschiedlichen Geschäfte aufmerksam. Damit soll der Kunde auf Lebensmittel, Kleidung, Bücher, Spielwaren oder Baumaterialien hingewiesen werden.

der Geldbeutel Ohne Geld kann man nicht zum Einkaufen gehen. Das Geld steckt meist im Geldbeutel. An der Kasse müssen die Waren bezahlt werden. So kauft man dem Geschäft die Waren ab. Sie gehören dann dem Kunden.

der Korb Zum Einkaufen nimmt man einen Korb oder eine Einkaufstasche mit. In diese legt man die eingekauften Sachen und bringt sie dann nach Hause. Ältere Menschen nutzen oft einen Rollwagen. Dieser lässt sich auf zwei Rädern ziehen.

der Einkaufszettel Bevor man zum Einkaufen geht, sollte man sich einen Einkaufszettel schreiben. Auf diesem notiert man all die Dinge, die man einkaufen möchte. So vergisst man nichts.

der Supermarkt
In einem Supermarkt gibt es ein breites Angebot an Lebensmitteln, Getränken und sogar Zeitschriften und Drogerieartikeln wie Zahnpasta, Waschmittel oder Creme. Die Waren nimmt man sich selbst aus den Regalen und zahlt an der Kasse.

der Markt Auf dem Markt stehen viele Stände nebeneinander. Dort werden frisches Obst und Gemüse, Fisch, Fleisch und auch Käse angeboten. Oftmals kommen die Verkäufer aus der näheren Umgebung. Damit kommen die Waren ganz frisch zum Kunden.

Geld 81 Stadt 182

das Einkaufszentrum

In einem Einkaufszentrum gibt es viele verschiedene Geschäfte unter einem Dach. Kleidung und Lebensmittel können dort ebenso gekauft werden wie Schreibwaren, Spielzeug, Blumen und Schuhe. Viele Menschen finden es praktisch, in einem Gebäude alle Geschäfte zu finden, die sie brauchen. Dort sind sie vor Regen geschützt und können alle Besorgungen erledigen, ohne weit zu laufen.

der Einkaufswagen

Damit der Kunde seine Einkäufe nicht durch den ganzen Laden tragen muss, kann er sich einen Einkaufswagen ausleihen. Mit einer Münze löst er den Wagen von der Kette und schiebt ihn durch die Gänge.

die Bäckerei

In einer Bäckerei bietet der Bäcker verschiedene Backwaren zum Verkauf an. Dort kann man verschiedene Brötchen- und Brotsorten, Kuchen und Torten, Plunderteilchen und sogar Plätzchen kaufen.

die Metzgerei

Der Metzgermeister bereitet in einer Metzgerei Wurst- und Fleischprodukte zu. Dort kann man z. B. Salami, Schinken, Würstchen, Braten oder Steaks kaufen. Auch warme Speisen bieten Metzgereien an.

der Baumarkt

Heimwerker und Handwerker kaufen in einem Baumarkt alles, was sie benötigen: Nägel, Schrauben, Holz, Farbe, Rohre und Fliesen. Damit bauen, reparieren und renovieren die Menschen ihre eigenen Wohnungen und Häuser.

die Eisenbahn

Züge fahren jeden Tag durch das Land. Es gibt Schnellzüge, die in ganz Deutschland unterwegs sind, und langsamere S-Bahnen, die kleinere Städte miteinander verbinden. Doch eines ist allen gleich – sie fahren auf Schienen.

der Bahnhof Der Bahnhof ist eine Haltestelle auf einer Zugstrecke. Hier steigen Fahrgäste aus und ein. In einem Bahnhof kann man sich Fahrkarten für den Zug kaufen. Meist gibt es in der Bahnhofshalle kleine Läden, an denen man sich etwas zu essen, zu trinken oder zu lesen kaufen kann.

der ICE

der Zug Ein Zug besteht aus einer Lokomotive (einer Zugmaschine) und Waggons, die gezogen werden. Es gibt ganz unterschiedliche Züge: Möchte man möglichst schnell weite Strecken zurücklegen, gibt es den Schnellzug, z. B. den ICE (= InterCity-Express). Muss man in eine kleinere Stadt, nimmt man den Regionalzug. Waren wie Kohle oder auch Autos werden auf langen Güterzügen transportiert.

die Regionalbahn

der Güterzug

der Lokomotivführer
Der Lokomotivführer (oder Triebfahrzeugführer) sitzt ganz allein vorn in der Fahrerkabine und fährt den Zug. Er reguliert die Geschwindigkeit des Zuges und muss auf die Signale auf dem Weg achten.

Wohin bist du schon einmal mit einem Zug gefahren?

die Fahrkarte Wenn man in einem Zug mitfahren möchte, benötigt man eine Fahrkarte. Diese kann man entweder am Automaten, im Reisezentrum des Bahnhofs, im Internet oder beim Schaffner kaufen. Fährt man ohne eine Fahrkarte Zug, muss man eine Strafe zahlen und aus dem Zug aussteigen.

der Schaffner Der Schaffner betreut den Zug während der Fahrt. Er kontrolliert die Fahrkarten, informiert Passagiere bei Verspätungen oder über die Weiterreise und gibt am Gleis das Signal zur Weiterfahrt. Wenn alle Passagiere eingestiegen sind, hebt er ein *rotes Kreissignal und pfeift.*

→ Reise 158

der Bahnsteig Ein Bahnhof besitzt meist mehrere Bahnsteige. Hier warten die Fahrgäste auf den Zug. Die Bahnsteige liegen meist ein wenig erhöht, damit man leichter in den Zug einsteigen kann. Auf dem Bahnsteig gibt es eine elektronische Anzeige, die den jeweils nächsten Zug ankündigt.

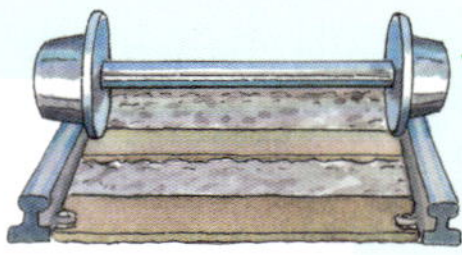

die Schiene Schienen sind die Straßen der Züge. Zwei nebeneinander verlaufende Schienenelemente bilden den Fahrweg für die unterschiedlichen Züge. Damit alle Züge auf den Schienen fahren können, sind die Schienenbreiten und die Abstände zwischen den beiden Schienen überall gleich.

die Schranke Die Schranke versperrt die Straßen an Bahnübergängen, wenn ein Zug vorüberfährt. So kann niemand von einem Zug überfahren werden. Früher wurden diese Sicherheitsvorkehrungen noch mit der Hand betrieben, heute geht das vollautomatisch.

das Rad Jedes Triebfahrzeug und jeder Waggon hat Räder, die speziell zum Fahren auf Schienen geeignet sind. Sie haben keinen luftgefüllten Gummireifen, sondern sind ganz aus Metall. Man sagt dazu auch Vollrad. Die Räder sind im Inneren des Rades größer, damit sie gut auf der Schiene laufen und nicht so leicht entgleisen.

die Lok Die Lokomotive nennt man auch Triebfahrzeug. Sie zieht den Zug. Früher wurde in einem Kessel der Lokomotive Kohle verbrannt. Die entstandene Hitze trieb dann die Lokomotive an, man nannte sie deshalb auch Dampflok. Es gibt auch Lokomotiven, die mit Verbrennungsmotoren betrieben werden, z. B. mit Diesel. Die neuesten Züge fahren mit Strom.

die Energie

Maschinen werden von Energie angetrieben. Doch Energie kann man nicht sehen. Energie entsteht z. B. durch das Verbrennen von Stoffen oder das Erwärmen von Wasser.

das Atomkraftwerk
In Atomkraftwerken wird Energie erzeugt, aus der Strom gewonnen wird. Das passiert durch die Spaltung von Atomkernen. Atomkerne sind winzig kleine Teilchen. Als Abfallprodukt entsteht in Atomkraftwerken radioaktives Material. Das ist für den Menschen sehr gefährlich. Daher ist diese Form der Energiegewinnung mittlerweile umstritten.

der Dynamo Ein einfaches Beispiel, wie Energie erzeugt und umgewandelt wird, findet man am Fahrrad: den Dynamo. Die Drehbewegung, die beim Fahren entsteht, wird in Energie umgewandelt und bringt damit die Fahrradlampe zum Leuchten.

das Kraftwerk Aus Kohle, Erdöl oder Erdgas wird in Kraftwerken Energie gewonnen, die in Elektrizität umgewandelt wird. Das geschieht in riesigen Verbrennungsöfen. Über Leitungen und Masten gelangt die neu gewonnene Energie dann als Strom zu den Menschen nach Hause. Heute gibt es auch Kraftwerke, die aus Sonne, Wind oder Wasser Strom erzeugen.

der Strom Der Strom treibt alle wichtigen Geräte im Haus an: Licht, Fernseher, Waschmaschine, Backofen und Kühlschrank – ohne Strom funktioniert nichts. Der Strom wird vom Strombetreiber direkt in unsere Leitungen gespeist. Wenn man den Stecker des Geräts in die Steckdose steckt, verbindet man es mit dem Stromkreis und kann es anschalten.

Technik **186** Umwelt **196**

die Windenergie

Riesige Windräder stehen an verschiedenen windigen Stellen des Landes, auch direkt im Meer oder auf einem Berg. Wenn sich die Windräder drehen, entsteht Energie, die wiederum in Elektrizität umgewandelt werden kann. Der daraus entstehende Strom gelangt über das Stromnetz zu den Menschen.

die Wasserenergie

Auch aus Wasser kann man Strom gewinnen. Fließendes Wasser besitzt viel Energie. In Wasserkraftwerken treibt das Wasser Turbinen an. Diese wandeln die gewonnene Energie in Elektrizität um. Daraus entsteht Strom, der in das Stromnetz fließt und elektrische Geräte im Haus antreibt.

die Sonnenenergie

Die Sonnenenergie zählt mit der Wind- und der Wasserenergie zu den erneuerbaren Energieformen. Denn Sonne, Wind und Wasser werden niemals ausgehen, im Gegensatz zu Kohle, Erdgas oder Erdöl. Über Solarzellen auf dem Hausdach kann man die Sonnenenergie aufnehmen und in Strom umwandeln.

Hast du Geräte, die mit Batterien betrieben werden?

der Strommast

Strommasten leiten den Strom durch das ganze Land. Die Stromleitungen liegen frei auf dem Mast. Je nachdem wie groß die elektrische Spannung ist, werden unterschiedlich große Masten verwendet. Es gibt aber auch Stromleitungen, die unterhalb der Erde verlegt wurden.

die Batterie

Batterien könnte man auch als Energie in Dosen bezeichnen. Batterien sind kleine Energiespeicher, die z. B. eine Taschenlampe mit Strom versorgen. Steckt man die Batterie in das Gerät und schaltet es ein, fließt Strom und die Lampe leuchtet.

die Elektrizität

Elektrizität ist der Oberbegriff für alles, was mit elektrischer Ladung zu tun hat. Dazu zählt z. B. Strom. Strom besteht aus elektrischen Ladungen, die sich bewegen. Aber auch Gewitterblitze oder Magnetismus gehören zur Elektrizität. Denn auch diese Phänomene entstehen durch elektrische Ladung.

die Steckdose

Steckdosen sind eine Selbstverständlichkeit in modernen Gebäuden. In jedem Raum gibt es mehrere davon, um alle elektrischen Geräte anzuschließen. Durch den Stecker fließt Strom in das Gerät. Strom ist gefährlich, daher darf man nicht mit Steckdosen spielen.

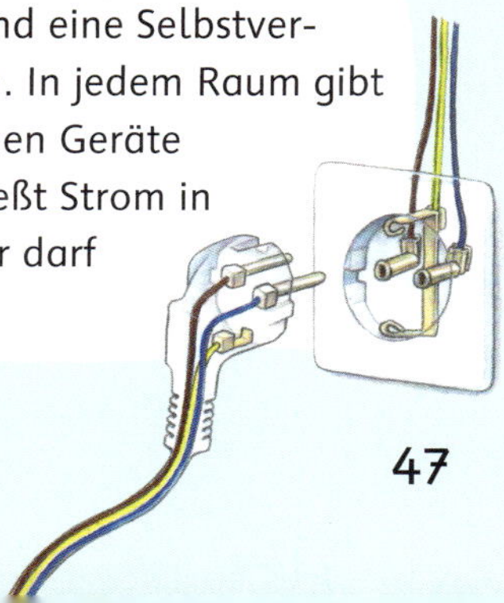

das Englisch

Englisch wird in vielen Ländern der Welt gesprochen. In Großbritannien, den USA, in Kanada, Australien, Südafrika und Indien lernen Kinder von Geburt an diese Sprache. Es ist ihre Muttersprache. Aber auch viele andere Menschen lernen Englisch in der Schule oder in ihrem Beruf. Daher ist Englisch eine Universalsprache und man kann sich beinahe überall auf der Welt mit Englisch verständigen.

die Länder – countries

Deutschland – Germany (sprich: *djemäni*)
Österreich – Austria (sprich: *ostria*)
Schweiz – Switzerland (sprich: *switzerland*)
England – England (sprich: *ingland*)
Italien – Italy (sprich: *itali*)
Frankreich – France (sprich: *frahnz*)
Dänemark – Denmark (sprich: *dennmark*)
Schweden – Sweden (sprich: *swiden*)
Norwegen – Norway (sprich: *norwei*)

die Kleidung – clothes

T-Shirt – T-shirt (sprich: *tischört*)
Hose – trousers (sprich: *trausers*)
Anorak – anorak (sprich: *änorak*)
Rock – skirt (sprich: *skört*)
Socken – socks (sprich: *socks*)
Schuhe – shoes (sprich: *schuhs*)
Pullover – pullover (sprich: *pullover*)
Hut – hat (sprich: *hät*)
Mütze – cap (sprich: *cäp*)

die Kontinente – continents

Amerika – America (sprich: *amärika*)
Asien – Asia (sprich: *eischa*)
Europa – Europe (sprich: *jurop*)
Australien – Australia (sprich: *osträlia*)
Afrika – Africa (sprich: *äfrika*)
Antarktis – Antarctic (sprich: *äntarktik*)

die Zahlen – numbers

zwei – two (sprich: *tu*)
vier – four (sprich: *for*)
sieben – seven (sprich: *sewen*)

drei – three (sprich: *sri*)
eins – one (sprich: *wan*)
fünf – five (sprich: *faif*)
sechs – six (sprich: *siks*)

die Farben – colours

rot – red (sprich: *redd*)
grün – green (sprich: *grien*)
blau – blue (sprich: *blu*)
gelb – yellow (sprich: *jello*)
pink – pink (sprich: *pink*)
schwarz – black (sprich: *bläk*)
braun – brown (sprich: *braun*)
orange – orange (sprich: *orängsch*)
lila – purple (sprich: *pörpel*)

die Körperteile – parts of the body

Hand – hand (sprich: *händ*)
Arm – arm (sprich: *arm*)
Fuß – foot (sprich: *futt*)
Bein – leg (sprich: *läg*)
Gesicht – face (sprich: *fais*)
Auge – eye (sprich: *ei*)
Nase – nose (sprich: *nos*)
Ohr – ear (sprich: *ihr*)
Haare – hair (sprich: *här*)
Kopf – head (sprich: *häd*)
Mund – mouth (sprich: *maus*)

Kannst du auf Englisch bis zehn zählen?

die Sätze – sentences

Hallo. – Hello. (sprich: *hällo*)
Guten Morgen. – Good morning. (sprich: *gud morning*)
Guten Abend. – Good evening. (sprich: *gud iwening*)
Ich heiße ... – My name is ... (sprich: *mai naim is*)
Wie heißt du? – What is your name? (sprich: *wat is jur naim*)
Ich bin ... Jahre alt. – I am ... years old. (sprich: *ai äm ... jiers old*)
Das ist ... – This is ... (sprich: *sis is ...*)
Ja. – Yes. (sprich: *jes*)
Nein. – No. (sprich: *no*)
Auf Wiedersehen. – Good bye. (sprich: *gud bai*)

neun – nine (sprich: *nein*)

zehn – ten (sprich: *tenn*)

acht – eight (sprich: *ait*)

die Tiere - animals

Hund – dog (sprich: *dog*)
Katze – cat (sprich: *kät*)
Pferd – horse (sprich: *hors*)
Schwein – pig (sprich: *pigg*)
Kuh – cow (sprich: *kau*)
Fisch – fish (sprich: *fisch*)
Maus – mouse (sprich: *maus*)
Schaf – sheep (sprich: *schiep*)
Vogel – bird (sprich: *börd*)

die Entdecker

Die Entdecker haben sich aufgemacht, um die entlegensten Winkel der Erde zu erkunden und ihr Wissen über diese Orte bekanntzumachen.

Leif Erikson (um 970–um 1020)

Der Isländer war wie viele Nordmänner ein guter Seefahrer. Auf einer Fahrt von Norwegen nach Grönland erreichte Erikson um das Jahr 1000 Nordamerika im heutigen Kanada. Später kehrte er mehrmals zurück. Die Isländer lebten jedoch nicht länger in Amerika und bald vergaßen die Menschen, dass es im Westen einen Kontinent gab.

Marco Polo (um 1254–1324)

Der Händler aus Venedig in Italien unternahm eine Forschungsreise durch ganz Asien bis nach China und mit Schiffen auf dem Indischen Ozean zurück. Berühmt wurde vor allem sein spannender Reisebericht.

Christoph Kolumbus (um 1451–1506)

Gewürze wie Pfeffer, Nelken und Zimt kamen früher auf dem Landweg aus Asien zu uns. Das war extrem teuer. Die Europäer wollten lieber per Schiff nach Asien reisen und dort selbst Gewürze einkaufen.

Kolumbus stach 1492 in See. Sein Plan: Da die Erde eine Kugel ist, wollte er nach Westen segeln und hintenherum nach Asien gelangen. Nach zwei Monaten erreichte Kolumbus Land und glaubte, schon in Indien zu sein. Deshalb nannte er die Menschen, die ihn begrüßten, auch Indianer. In Wirklichkeit befand er sich auf einer Insel vor Amerika. Er hatte den Kontinent wiederentdeckt.

Ferdinand Magellan (1480–1521)

Er war ebenfalls auf der Suche nach einer Route zu den Gewürzinseln in Asien. Magellan segelte 1519 nach Westen, um die Südspitze Südamerikas herum, quer über den Pazifischen Ozean, durch den Indischen Ozean und um Afrika herum. Seine Flotte kehrte 1522 erfolgreich von der ersten Weltumsegelung zurück. Magellan selbst starb noch unterwegs.

Erfindungen **56** Geschichte **84**

Wohin ging deine weiteste Reise?

Maria Sybilla Merian

(1647–1717) Sie reiste 1699 nach Surinam in Südamerika, das war damals für eine Frau sehr ungewöhnlich. Im Regenwald beobachtete, sammelte und zeichnete sie Insekten. Nach der zweijährigen Reise veröffentlichte sie ein Buch mit sehr genauen Zeichnungen von Tieren und Pflanzen.

James Cook (1728–1779)

Der englische Seefahrer unternahm drei lange Reisen durch den Pazifik. Er entdeckte Inseln, vermaß Entfernungen und verbesserte die Karten seiner Zeit. Außerdem fand er heraus, dass die Matrosen gesund blieben, wenn sie unterwegs Karotten oder Zitronen aßen. Vorher waren unzählige Seefahrer gestorben, weil es auf den Schiffen kaum gesunde Nahrung gab.

Roald Amundsen

(1872–1928)

Dieser Entdecker aus Norwegen erforschte die Arktis und Antarktis. 1911 erreichte er mit seinem Team als erster Mensch den Südpol.

Alexandra David-Néel (1868–1969)

Die französische Forscherin und Autorin riss schon im Alter von 17 Jahren von zu Hause aus, um ihre erste Reise in die Schweiz zu unternehmen. Später studierte sie asiatische Sprachen und reiste durch Japan, China und Korea. Tibet, das sie auf Einladung des Dalai Lama als eine der ersten Europäer bereiste, hatte es ihr besonders angetan und wir verdanken ihr viel Wissen über die tibetische Kultur.

Vasco da Gama

(um 1468–1524)

Auch der Portugiese Vasco da Gama suchte einen Seeweg nach Indien. Er segelte um Afrika herum nach Indien und zurück, ein weiter und gefährlicher Weg. Dafür wurde er in seiner Heimat sehr berühmt.

die Erde

Unsere Erde ist ein blauer Ball im Weltall. Doch sie hat schon allerhand erlebt. Unter der Oberfläche brodelt das Gestein und bei ihrer Entstehung war es auf der Oberfläche so heiß, dass damals alles Wasser verdampfte.

die Kontinente Die Landteile zwischen den Meeren nennt man Kontinente. Kontinente bestehen immer aus Festland. Daher ist die Arktis auch kein Kontinent, da sie nur aus Eis besteht und unter dem Eis kein Festland zu finden ist.

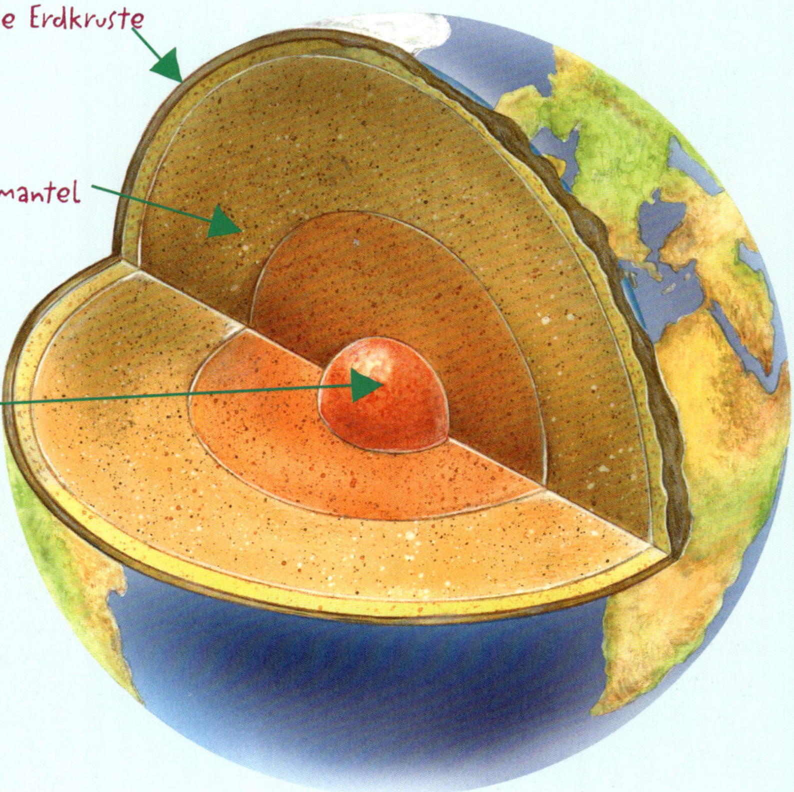

das Erdbeben Bei einem Erdbeben wird die Erdoberfläche erschüttert. Erdbeben können eine sehr große Zerstörung hervorrufen. Erdbeben entstehen, da die Erdkruste keine durchgehende Erdschicht ist, sondern aus mehreren Platten besteht. Diese schwimmen auf dem zähflüssigen Erdmantel. Reiben zwei Platten aneinander oder stoßen sie zusammen, bebt die Erde.

der Erdball Die Erde ist eine Kugel. Sie ist wie eine Zwiebel aufgebaut. Im Inneren besteht sie aus drei Schichten: dem Erdkern, dem Erdmantel und der Erdkruste. Je weiter man ins Erdinnere vordringt, umso heißer wird es. Im Inneren der Erde ist es so heiß, dass ein Teil des Erdkerns flüssig ist.

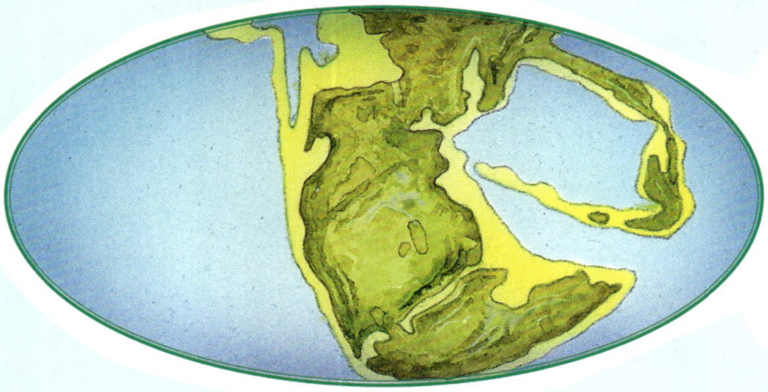

der Urkontinent Vor etwa 300 Millionen Jahren gab es auf der Erde nur einen großen Kontinent, den Urkontinent Pangäa. Dieser Urkontinent brach mit der Zeit an mehreren Stellen auseinander und die Bruchstücke wanderten. Aus den Bruchstücken entstanden unsere heutigen Kontinente. Auch heute noch schwimmen die Kontinente auf dem zähflüssigen Erdmantel.

Erde 54 Weltall 210

die Bodenschätze
Im Erdinneren liegen viele Bodenschätze, z. B. Erdöl, Smaragde und Rubine, Gold und Silber und auch Erze, aus denen Kupfer, Blei und Eisen hergestellt werden. Die meisten sind durch großen Druck in der Tiefe der Erde entstanden. Diamanten bestehen aus Kohle, die sehr lange und unter sehr großem Druck gepresst wurde.

die Atmosphäre
Die Erde ist von einer dünnen Luftschicht umhüllt wie ein Geschenk mit Geschenkpapier. Dank ihr ist es bei uns nicht so kalt wie im Weltall und wir haben Luft zum Atmen.

Warum heißt die Erde auch „Blauer Planet"?

der Urknall Die Erde entstand vor Millionen von Jahren. Forscher können nur vermuten, wie sie entstanden ist. Die meisten Forscher glauben, dass alles mit einer riesigen, aber ganz leisen Explosion begann. Diese Explosion nennen die Forscher Urknall.

der Blaue Planet Die Erde wird oft als „Blauer Planet" bezeichnet. Wenn man vom Weltall aus auf die Erde sieht, ist sie vor allem blau. Denn die Oberfläche besteht zu gut 70 Prozent aus Wasser. Die Erde ist der einzige bekannte Planet, auf dem Leben möglich ist. Sie hat genau den richtigen Abstand zur Sonne, sodass eine Temperatur herrscht, die für Menschen, Tiere und Pflanzen angenehm ist. Das Atmen wird durch eine Lufthülle gesichert, die um die Erde liegt.

der Äquator Wenn du dir vorstellst, dass die Erde der Bauch eines Riesen ist, ist der Äquator sein Gürtel: die Linie, die in der Mitte einmal um den Planeten herumführt. Am Äquator steht die Sonne fast immer hoch am Himmel und es ist meist warm. Jahreszeiten mit ganz unterschiedlichem Wetter so wie bei uns gibt es hier nicht.

die Erde

Auf welchem Kontinent lebst du?

Arktis

Die Arktis (rund um den Nordpol) zählt nicht zu den Kontinenten, da sie nur aus Eismassen besteht und kein Festland besitzt. Dennoch leben hier etwa 1 Million Menschen, z. B. das Volk der Inuit. Diese haben sich sehr gut an das kalte und raue Klima angepasst. Da es hier so kalt ist, findet man nur wenige Säugetiere. Einzig der Eisbär trotzt dem kalten Wetter. Erstaunlicherweise kommen viele Zugvögel zum Brüten hierher. Wird es ihnen im Winter zu kalt, fliegen sie weiter in wärmere Regionen.

Amerika

Amerika besteht aus zwei Teilen: Nord- und Südamerika. Amerika ist der zweitgrößte Kontinent. Vom tropischen Regenwald bis hin zu eisigen Regionen bietet der Kontinent alle Klimazonen der Welt. Auf der Karte zieht sich der Kontinent fast vom Nord- bis zum Südpol. In Amerika leben etwa 900 Millionen Menschen – 500 Millionen in Nordamerika, 400 Millionen in Südamerika. Zu Nordamerika zählen die großen Länder USA und Kanada. In Südamerika gibt es den größten Regenwald der Erde.

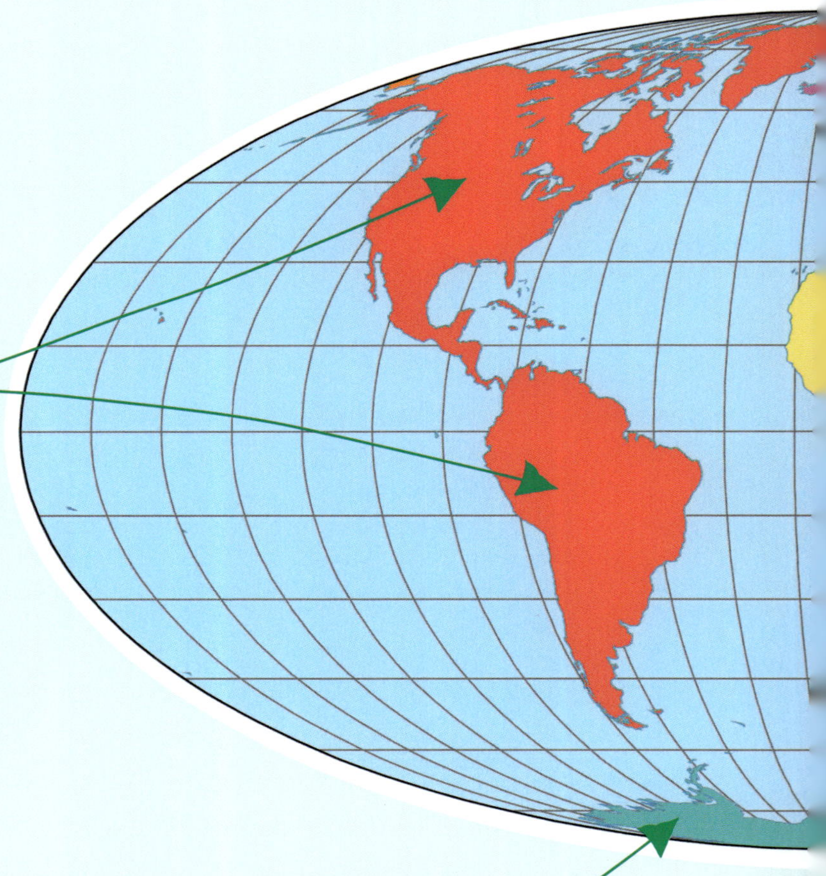

Antarktis

Die Antarktis ist der südlichste aller Kontinente. Er liegt rund um den Südpol. Hier ist es sehr kalt: Durchschnittlich zeigt das Thermometer –50 Grad Celsius an. Die Landmassen sind meist unter dicken Eisschichten verborgen. Hier leben keine Einheimischen, sondern nur Wissenschaftler und Forscher. Denn die Antarktis gehört niemandem und darf nur friedlich zu Forschungszwecken genutzt werden.

Erde **52** Klima **108**

Europa Europa ist der zweitkleinste Kontinent der Erde. Hier gibt es rund 50 europäische Länder. Momentan leben etwa 740 Millionen Menschen in Europa. Sie sprechen jedoch keine gemeinsame Sprache. Es gibt in Europa fast 100 verschiedene Sprachen. Europa ist direkt mit Asien verbunden, während alle anderen Kontinente durch Meere voneinander getrennt sind.

Asien Asien ist der größte Kontinent der Erde. Auf diesem Kontinent liegen die bevölkerungsstarken Länder China und Indien. Momentan leben auf diesem Kontinent etwa 4,3 Milliarden Menschen. Die meistgesprochene Sprache hier und in der gesamten Welt ist Chinesisch. In Asien befindet sich auch das Himalaja-Gebirge mit dem höchsten Berg der Welt, dem Mount Everest. Mit seinen 8.848 Metern ist der Berg fast dreimal so hoch wie die Zugspitze in Deutschland (ca. 2.962 Meter).

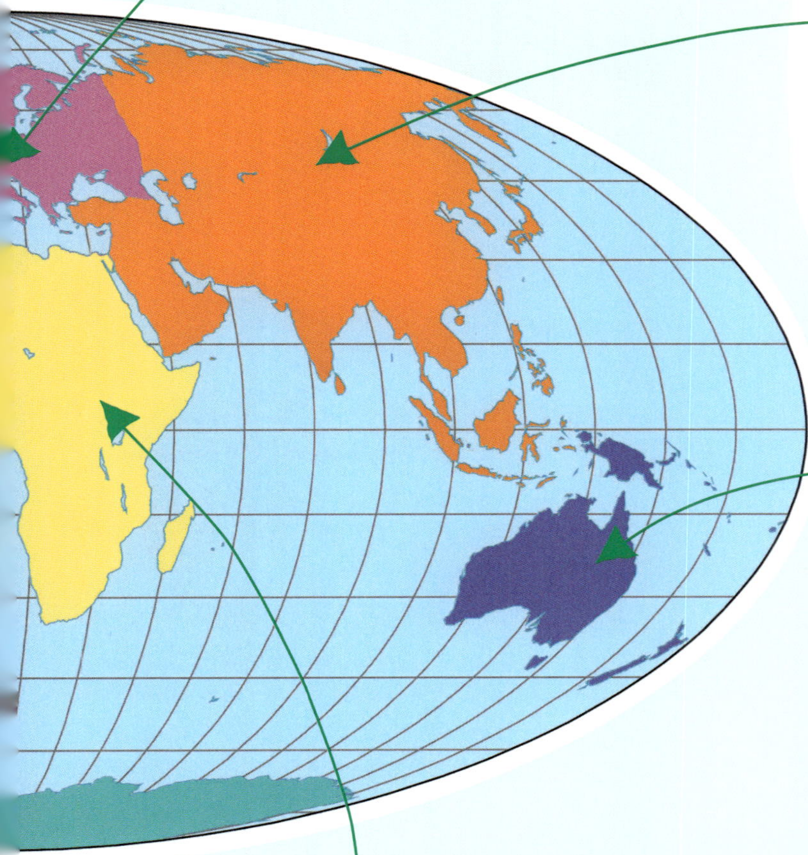

Australien Australien ist der kleinste Kontinent mit nur 38 Millionen Einwohnern. In Deutschland leben mehr als doppelt so viele Menschen. Australien ist ein faszinierender Kontinent. Hier gibt es eine einzigartige Tierwelt, die es nirgendwo sonst in freier Wildbahn gibt, z. B. die Beuteltiere wie Kängurus, die Koalabären oder die Schnabeltiere.

Afrika Afrika ist der drittgrößte Kontinent der Erde und der wärmste aller Kontinente, denn Afrika liegt am Äquator. Der Äquator umspannt die Erdkugel an der breitesten Stelle. In diesem Bereich wirken die Sonnenstrahlen besonders intensiv und es ist deshalb besonders heiß. Deshalb liegen hier auch große Wüstengebiete, wie z. B. die Sahara. In den weiten Steppen Afrikas haben Elefanten, Giraffen und Zebras ihr Zuhause. Momentan leben etwa 1,1 Milliarden Menschen in Afrika.

die Erfindungen

Kannst du dir vorstellen, ohne Licht per Lichtschalterdruck, ohne Autos oder Maschinen zu leben? Wohl kaum. Ohne clevere Tüftler und ihre Erfindungen sähe die Welt ganz anders aus.

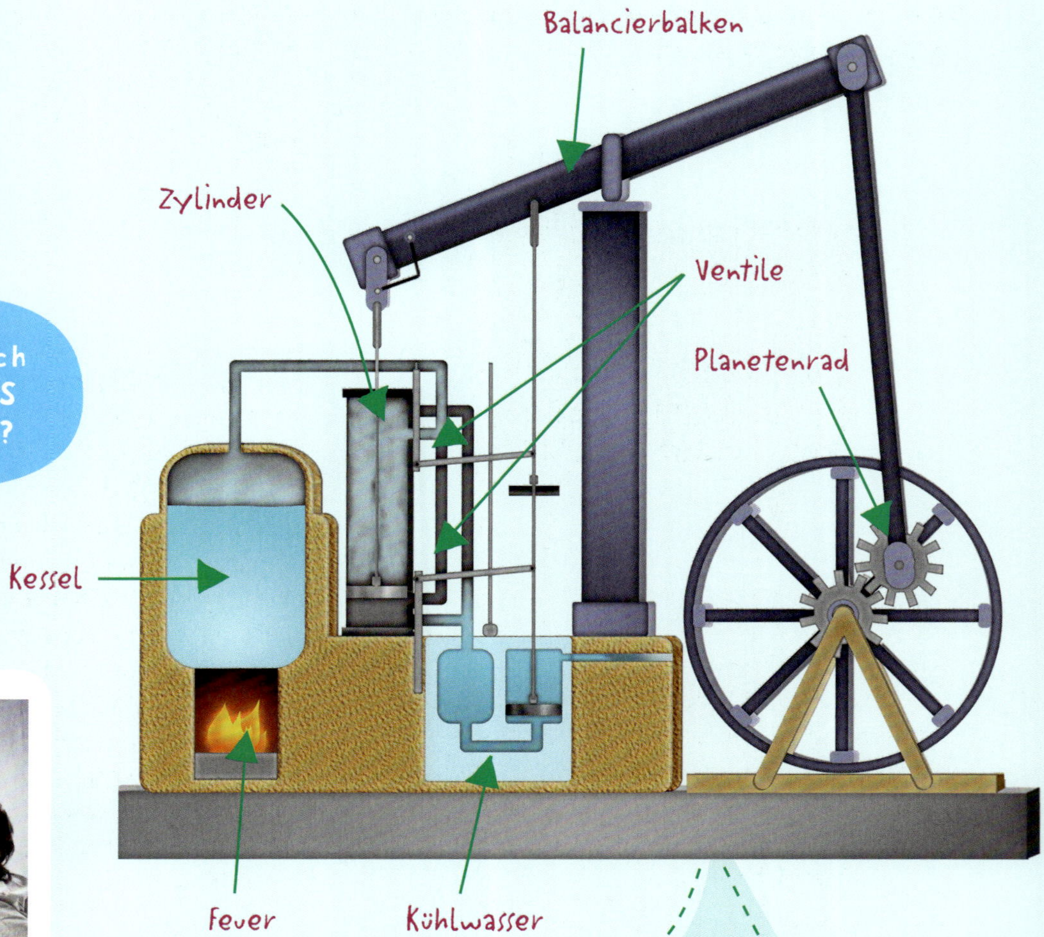

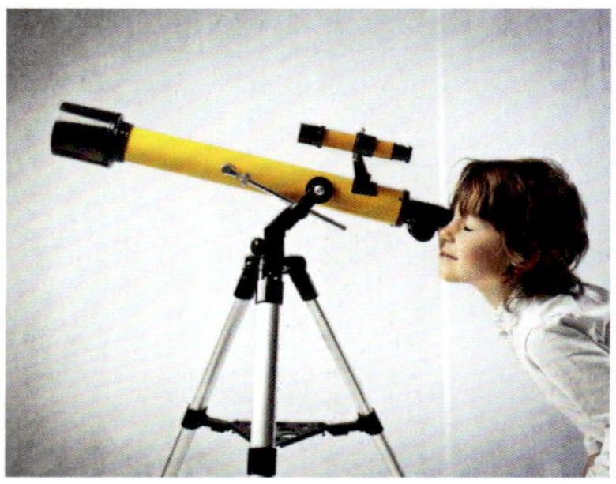

das Fernrohr Bestimmt hast du schon mal durch ein Fernrohr (für ein Auge) oder ein Fernglas (für zwei Augen) geschaut. Alles wirkt plötzlich viel näher und größer, oder? Der Trick dabei sind die Linsen, das sind die Glasscheiben im Rohr. Sie sind gewölbt wie Schokolinsen und bündeln das Licht. Die ersten Fernrohre entstanden vor rund 400 Jahren.

die Dampfmaschine Sicher haben Menschen schon lange davon geträumt, sich schwere Arbeiten von Maschinen abnehmen zu lassen. Eine Idee war, Wasser zum Kochen zu bringen. Der Dampf könnte dann zum Beispiel Räder oder Maschinen antreiben. So richtig gut funktionierte diese Erfindung erst ab 1769 mit der Dampfmaschine von James Watt. Sie machte den Zugverkehr möglich, die Schiffe wurden schneller und Maschinen in Fabriken unabhängig von Menschenkraft.

→ Auto **8** Computer **36** Energie **46** Forschen **76** Technik **186**

das Automobil Erfinder versuchten eine Zeit lang, mit Dampfmaschinen auch Kutschen anzutreiben, doch das funktionierte nicht. Besser lief es mit Nicolaus Ottos Verbrennungsmotor. Carl Benz baute 1886 eine Art dreirädrige Kutsche mit solch einem Motor – das erste richtige Auto! Da die Abgase des Motors für Menschen und Umwelt schädlich sind, arbeiten die Ingenieure heute an neuen Antrieben, etwa Elektro- oder Wasserstoffmotoren.

das Fernsehen Bewegte Bilder von etwas zu sehen, das ganz woanders stattfindet, ist für uns normal. Aber vor 100 Jahren war es eine Sensation! Viele Tüftler waren daran beteiligt. Die ersten Sendungen konnte man um 1920 sehen. Anfangs war das Bild nur schwarz-weiß, Farbfernsehen gibt es seit 1967.

die Glühbirne Eine Glühbirne funktioniert denkbar einfach: Ein dünner Draht in einer Glaskugel wird durch Strom zum Glühen gebracht. Weil im Glas keine Luft ist, verbrennt der Draht nicht, sondern leuchtet nur. Der Amerikaner Thomas Edison verbesserte die bisherigen Glühlampen, fertigte sie in einer eigenen Fabrik und verlegte die nötigen Stromleitungen. Da Glühbirnen viel Strom verbrauchen und leicht kaputtgehen, leuchten bei uns heute meist LEDs. Sie halten auch länger.

der Computer Vor 200 Jahren versuchten sich die Forscher an den ersten Rechenmaschinen, die allerdings nicht elektronisch (mit Strom), sondern mechanisch (mit Bewegungen) funktionierten. Die Mathematikerin Ada Lovelace erfand 1840 Rechenanweisungen für so eine Maschine. Sie war damit die erste Programmiererin! Erst etwa 100 Jahre später baute Konrad Zuse den ersten modernen Computer. Wie unsere heutigen Computer rechnete der „Z3“ nur mit Nullen und Einsen. Er war so groß wie ein Kleiderschrank und wog 1.000 Kilogramm.

das Fahrrad

Du bist schnell unterwegs, brauchst nicht viel Platz und verschmutzt die Umwelt nicht: So etwas Tolles geht wirklich nur mit dem Fahrrad!

der Gepäckträger Er ist praktisch, um die Schultasche, Sportsachen oder Einkäufe zu transportieren. Du kannst einen Korb oder Fahrradtaschen daran befestigen.

das Schloss Es sichert dein Rad gegen Langfinger. Öffnen und schließen kannst du es mit einem Schlüssel oder einer Zahlenkombination.

die Katzenaugen Reflektoren oder Katzenaugen werfen Licht zurück, zum Beispiel von Autos und Straßenlaternen. Damit bist du vor allem im Winter besser zu sehen. Jedes Rad muss nach hinten einen roten und nach vorne einen weißen Reflektor haben. An den Pedalen und den Speichen müssen orangefarbene Katzenaugen sitzen, die zur Seite zeigen. Statt der Speichenreflektoren sind auch leuchtende Streifen an den Reifen erlaubt.

das E-Bike E-Bikes oder Pedelecs haben einen Elektromotor. Er wirkt allerdings nur, wenn der Fahrer gleichzeitig in die Pedale tritt. So kommt er leichter und schneller voran.

die Kette Die Kraft, mit der du in die Pedale trittst, wird über die Kette auf das Hinterrad übertragen. Es beginnt sich zu drehen und das Fahrrad rollt los.

der Ständer Klappst du die Metallstütze am Rahmen herunter, kannst du dein Fahrrad abstellen. Es gibt ein- und zweibeinige Ständer.

Straßenverkehr **184** Umwelt **196** Verkehrsschild **198**

Fährst du oft Rad?

der Lenker Der Lenker ist mit dem Vorderrad verbunden. Wenn du ihn bewegst, steuerst du dein Fahrrad in verschiedene Richtungen.

die Bremse Wer schwungvoll fährt, muss auch rasch abbremsen können. Dafür dienen die Bremsen an Vorder- und Hinterrad. Die Vorderradbremse bedienst du mit den Händen über einen Handgriff am Lenker, die Hinterradbremse genauso oder indem du rückwärts in die Pedale trittst.

die Beleuchtung Ohne weißes Vorderlicht und rotes Rücklicht darfst du mit dem Rad nicht auf die Straße. Die Energie für die Lichter erzeugst du beim Treten selbst: Der sogenannte Dynamo wandelt deine Tretkraft in Strom um.

der Reifen Der Reifen ist der äußere Teil des Rads. Er besteht aus einem luftgefüllten Gummischlauch und dem schützenden Mantel. Sein Profil sorgt dafür, dass du nicht so leicht ins Rutschen kommst.

das Rad Die beiden großen runden Räder erkennst du leicht. Als Verbindung und Stütze zwischen der Nabe (dem Mittelpunkt) und der Felge (dem äußeren Metallrand) sind die Speichen da.

der Fahrradhelm Ein Helm schützt deinen Kopf bei einem Sturz. Egal ob Kinder oder Erwachsene, jeder sollte einen Helm tragen!

der Fahrradweg
Radwege dürfen nur von Radfahrern benutzt werden. Der Vorteil: Sie sind nicht in Gefahr durch Autos, stören aber auch keine Fußgänger.

die Familie

Eine Familie kann so bunt und unterschiedlich sein wie eine Tüte Bonbons: Manche Kinder leben mit Mama und Papa und ihren Geschwistern unter einem Dach. Andere Familien bestehen nur aus einer Mama oder einem Papa und dem Kind.

die Uroma / der Uropa
Die Eltern der Großeltern nennt man Uroma und Uropa. Das Wörtchen „Ur“ vor dem Wort zeigt an, dass man eine Generation davor meint. Die Eltern der Urgroßeltern nennt man Ururgroßeltern. Und deren Eltern Urururgroßeltern.

die Oma / der Opa Jedes Kind hat zwei Paar Großeltern: Sie sind die Eltern von Mutter und Vater. Oft werden sie Oma und Opa genannt.

die Eltern Jedes Kind auf der Welt hat Eltern, eine Mutter und einen Vater. Aber nicht immer leben alle gemeinsam unter einem Dach. Manchmal trennen sich Eltern und lassen sich scheiden. Wenn der Vater oder die Mutter wieder einen neuen Partner kennenlernt, bekommt man eine Stiefmutter oder einen Stiefvater.

die Tante / der Onkel
Tanten und Onkel sind die Geschwister der Eltern. Brüder von den Eltern heißen Onkel, Schwestern Tanten. Auch deren Ehepartner nennt man Onkel und Tante. Die Kinder von Tante und Onkel heißen Cousins und Cousinen.

die Schwester / der Bruder Wenn die Eltern mehrere Kinder haben, dann sind diese alle Geschwister. Ist es ein Mädchen, ist sie eine Schwester; ein Junge ist ein Bruder. Wenn die Mutter oder der Vater mit einem neuen Partner Kinder bekommen, nennt man sie Halbschwester und Halbbruder.

die Scheidung

Natürlich kommt es auch bei Erwachsenen vor, dass sie sich streiten. Und wenn sich Ehepartner häufig streiten oder nicht mehr lieben, entscheiden sie sich manchmal dafür, ihre Ehe zu beenden. Das nennt man Scheidung.

die Hochzeit Wenn zwei Menschen sich lieben und ihr Leben zusammen verbringen möchten, können sie heiraten. Die weltliche Hochzeit findet auf dem Standesamt statt. Außerdem gibt es in den verschiedenen Religionen je eigene Hochzeitsformen, etwa im Christentum die kirchliche Trauung vor einem Pfarrer.

die Patchwork-Familie Stell dir vor, eine Mama mit drei Kindern lässt sich scheiden. Dann verliebt sie sich in einen alleinerziehenden Vater. In der neuen Familie leben nun also Kinder von verschiedenen Eltern zusammen. Das nennt man Patchwork-Familie. Sie ist bunt zusammengewürfelt wie ein gemusterter Stoff. Sicher muss man sich erst aneinander gewöhnen. Aber dann kann es in dieser Familie genauso lustig und liebevoll zugehen wie anderswo.

alleinerziehend

Wenn eine Mutter oder ein Vater alleine mit ihren Kindern zusammenleben, nennt man sie alleinerziehende Eltern.

die Adoption

Viele Erwachsene wünschen sich Kinder, aber leider klappt das nicht immer. Gleichzeitig haben manche Kinder keine Eltern mehr oder diese können sich nicht um den Nachwuchs kümmern. Da ist es doch prima, wenn man sich zusammentut: Die Erwachsenen nehmen ein fremdes Kind bei sich auf, das nennt man Adoption. Adoptiveltern und Adoptivkind werden bald eine ganz normale liebende Familie.

die Farbe

Farben gibt es überall. Das Gras der Wiese ist grün, an schönen Tagen ist der Himmel strahlend blau und die Sonne leuchtet gelb herunter. Farben beeinflussen unsere Stimmung und fast jeder Mensch hat eine Lieblingsfarbe.

der Malkasten In einem Malkasten finden sich 12 Farben. Mit einem Pinsel und etwas Wasser kann man mit den Farben im Kasten malen. Die Farben des Malkastens lassen sich besonders gut miteinander mischen.

der Filzstift Filzstifte bestehen aus Plastik. Im Inneren besitzen sie eine Mine, die mit farbiger Tinte getränkt ist. Die Farbe der Stifte kann man meist an der farbigen Außenhülle erkennen. Bei Filzstiften sollte die Kappe immer auf dem Stift sein, sonst trocknet er aus.

die Grundfarben Die Farben Rot, Blau und Gelb bezeichnet man als Grundfarben. Diese drei Farben kann man aus keinen anderen Farben zusammenmischen. Aber man kann fast jede andere Farbe mit den Grundfarben herstellen.

die Bedeutung Farben wird oft eine Bedeutung zugewiesen, das heißt, wenn wir eine bestimmte Farbe sehen, verbinden wir etwas damit. So steht Rot bei uns für die Liebe und Grün für die Hoffnung oder die Natur. Solche Zuweisungen sind aber von Gesellschaft zu Gesellschaft unterschiedlich und können sich mit der Zeit verändern. Vor nicht allzu langer Zeit galt Rosa etwa als Jungsfarbe, während Mädchen eher blau zugeordnet war; heute ist das genau umgekehrt.

der Buntstift Buntstifte gibt es in allen Farben. Meist bestehen sie aus einer Holzhülle, in die eine bunte Mine eingearbeitet wurde. Ist die Mine eines Buntstiftes stumpf, spitzt man sie mit einem Spitzer einfach wieder an.

Kunst 117

die Ölfarbe Ölfarben werden aus Farbpulver und Öl (meist Leinöl) gemischt. Sie sind etwa so cremig wie weiche Butter und trocknen sehr langsam. Das ist praktisch, weil der Künstler dann über Wochen am gleichen Bild arbeiten und Farben vermischen kann. Ölfarben können dick und klumpig aufgetragen werden oder ganz glatt. Das macht das Gemälde sehr lebendig. Berühmte Gemälde sind meist mit Ölfarben auf Leinwänden gemalt.

der Farbkreis Im Farbkreis kann man erkennen, wie die Farben miteinander zusammenhängen. Die meisten Farben entstehen durch Mischung. Mischst du etwa Blau und Gelb, erhältst du Grün, aus Rot und Blau wird Lila und aus Gelb und Rot Orange. Nimm doch mal deine Wasserfarben und mische und male selbst einen Farbkreis.

die Aquarellfarbe Aquarellfarben ähneln den Wasserfarben aus der Schule. Sie werden mit Wasser angefeuchtet und auf Papier aufgetragen. Der Künstler kann die Farben ineinander verlaufen lassen. Aquarellfarben decken nicht, das heißt das Bild wirkt leicht, zart und durchsichtig.

die Wachsmalkreide Wachsmalkreiden oder Wachsmalstifte sind besonders licht- und wasserfest. Mit Wachsmalkreide kann man leuchtende Farben aufs Papier bringen und mehrere Schichten übereinander malen, z. B. bei Kratzbildern.

das Fest und der Feiertag

Feste und Feiertage werden in allen Kulturen und Ländern gefeiert. Viele Feste haben einen religiösen Ursprung, andere erinnern an ein bestimmtes Ereignis.

Weihnachten

Weihnachten ist ein christliches Fest. Die Christen feiern die Geburt Jesu Christi. Der eigentliche Feiertag ist am 25. Dezember, doch beginnen die Feierlichkeiten bereits am Abend des 24. Dezember. Viele Familien stellen an Weihnachten einen Christbaum mit Kerzen auf und überreichen sich gegenseitig Geschenke. In Österreich, Deutschland und der Schweiz ist auch der 26. Dezember ein Feiertag.

der Geburtstag

Der Geburtstag wird in den meisten Ländern mit Familie und Freunden groß gefeiert, und man bekommt von diesen Geschenke. Meist gibt es einen Geburtstagskuchen, auf dem Kerzen die Anzahl der Jahre verraten. In manchen Ländern wird der Namenstag größer gefeiert als der Geburtstag. Namenstage gehen auf Heilige des christlichen Glaubens zurück. Fast jeder Tag im Kalender hat einen heiligen Paten. Heißt man z. B. Anna, hat man am 26. Juli Namenstag.

der Nationalfeiertag

Jedes Land hat einen bestimmten Termin, der für die Geschichte des Landes besonders wichtig ist. In Deutschland wird der 3. Oktober als Tag der Deutschen Einheit gefeiert. In der Schweiz ist der 1. August und in Österreich der 26. Oktober Nationalfeiertag.

Ostern

Ostern ist ein christliches Fest. Die Christen feiern, dass Jesus nach seinem Tod am Kreuz auferstanden ist. Ostern fällt nicht immer auf das gleiche Datum, es ist aber immer ein Sonntag. Auch Ostermontag ist ein Feiertag. Zu Ostern gibt es unterschiedliche Bräuche: Viele Kinder suchen versteckte Ostereier und Süßigkeiten.

das Erntedankfest

Das Erntedankfest ist ein christliches Fest im Herbst, das nach der Ernte begangen wird. Man dankt Gott für die erfolgreiche Ernte. Oft werden Obst und Getreide vor dem Altar aufgebaut.

Politik **150** Religion **160**

der Ramadan Der Ramadan ist der muslimische Fastenmonat. Es ist der neunte Monat des islamischen Mondkalenders. Während dieses Monats (29 Tage) dürfen Muslime nach Sonnenaufgang bis zum Sonnenuntergang weder essen noch trinken. Am Ende des Ramadan feiern die Muslime das Fest des Fastenbrechens.

das Opferfest Das Opferfest ist das höchste islamische Fest. Das Fest dauert 4 Tage lang. Es geht auf die Geschichte Abrahams zurück, der Allah seinen Sohn opfern sollte, um sein Gottvertrauen zu zeigen. Allah verschonte den Jungen. Um Allah zu danken, soll jeder gläubige Muslim an diesem Fest ein Tier opfern und das Fleisch mit Familie, Freunden und Bedürftigen teilen.

Jom Kippur Jom Kippur, das Versöhnungsfest, ist der höchste jüdische Feiertag und bildet zusammen mit dem Neujahrsfest Rosch ha-Schana die Hohen Feiertage des Judentums. An Jom Kippur wird streng gefastet und in der Synagoge, dem Gotteshaus, gebetet.

Pfingsten An Pfingsten feiern die Christen die Entsendung des Heiligen Geistes. Pfingsten findet immer genau 49 Tage nach dem Ostersonntag statt. Auch in anderen Religionen hat dieser Termin eine Bedeutung: Die Juden feiern an diesem Tag das Wochenfest (Schawout).

Fasching Im Fasching, Karneval oder der Fastnacht verkleiden sich die Menschen mit bunten Kostümen. Sie feiern bei Faschingsumzügen oder vertreiben mit grimmigen Masken die bösen Geister. Bekannt für Karnevalsumzüge sind die Städte Köln, Düsseldorf und Mainz; aber auch die Basler Fasnacht ist sehr beliebt.

Halloween
Halloween ist ein alter irischer Brauch, der am 31. Oktober, dem Abend vor Allerheiligen, stattfindet. In den USA ist dieses Fest sehr verbreitet. Kinder verkleiden sich und ziehen von Tür zu Tür, um nach Süßigkeiten zu fragen.

die Feuerwehr

„Retten – löschen – bergen – schützen" lautet das Motto der Feuerwehr, das man auch in ihrem Logo wiederfindet. Denn die Aufgaben der Feuerwehr sind vielschichtig: Die Feuerwehr löscht Brände, rettet Verletzte aus Autos und bringt bei Hochwasser die Menschen mit Booten in Sicherheit.

das Tanklöschfahrzeug

In einem Tanklöschfahrzeug befindet sich neben der Ausrüstung auch ein Tank mit Wasser.

der Kranwagen

Der Kranwagen hebt umgestürzte Autos oder Bäume hoch.

die Feuerwehr

Bei einem Einsatz muss die Feuerwehr ihre komplette Ausrüstung dabeihaben. Daher sind Schläuche, Zangen, Absperrbänder und Spreizen sorgfältig in den Autos verstaut. Ein Löschzug besteht aus mehreren Autos: dem Einsatzleitwagen, dem Tanklöschfahrzeug, dem Kranwagen und dem Drehleiterfahrzeug.

die Einsatzleitung

Die Einsatzleitung plant die Einsätze. Sie fährt meist mit einem kleineren Auto zur Einsatzstelle und entscheidet, was zu tun ist.

das Drehleiterfahrzeug

Sogenannte Drehleiter- oder auch Hubrettungsfahrzeuge haben wenig Material dabei. Sie haben entweder einen Teleskoparm oder eine ausfahrbare Leiter, mit der man von oben gut löschen oder Menschen aus Häusern retten kann.

112

die Notrufnummer

Unter der Nummer 112 erreicht man in ganz Europa die Rettungsleitstelle der Feuerwehr. Hier kann man seinen Notfall erklären und kurz darauf wird ein Rettungs- oder ein Löschfahrzeug vor Ort sein.

Was macht die Einsatzleitung?

Krankenhaus 114 Polizei 152

der Feuerlöscher In öffentlichen Gebäuden und in vielen Häusern findet man Feuerlöscher. Sie sind mit einer Löschflüssigkeit oder mit Schaum gefüllt. Kleine Brände können damit gelöscht werden.

der Feuermelder In öffentlichen Gebäuden gibt es Feuermelder. Schlägt man die Glasscheibe im Notfall ein und drückt den Knopf, geht bei der Feuerwehr ein Alarm los. Dann springen die Feuerwehrleute in ihre Autos. Auf dem Weg zum Einsatzort werden andere Verkehrsteilnehmer durch das laute Martinshorn und das Blaulicht vor der Feuerwehr gewarnt. Die Feuerwehr hat im Notfall immer Vorfahrt und darf auch über rote Ampeln fahren.

die Feuerwache Die Feuerwache ist ein großes Gebäude. Unten gibt es große Garagen, in denen die Fahrzeuge und die Ausrüstung untergebracht sind. Außerdem finden sich Besprechungsräume, Betten, Duschen, eine Küche und eine Zentrale in der Wache. In der Zentrale gehen die Notrufe ein.

der Hydrant In der Stadt findet man überall Hydranten. An Hydranten schließt die Feuerwehr Schläuche an und erhält so unbegrenzt Wasser.

der Feuerwehrmann Damit sich Feuerwehrleute beim Einsatz nicht verletzen, tragen sie Schutzkleidung. Dazu gehören eine feuerfeste Hose und Jacke mit Leuchtstreifen, ein Helm mit Gesichts- und Nackenschutz, Sicherheitsstiefel und -handschuhe sowie ein Gürtel mit einem Feuerwehrbeil. Für schwierige Fälle haben sie auch Atemschutzmasken mit Sauerstoffflaschen dabei.

der Fisch

Alle Fische leben im Wasser. Auch wenn sich manche Fische äußerlich überhaupt nicht ähnlich sehen, weisen sie doch typische Eigenschaften und einen vergleichbaren Körperbau auf.

die Flosse Mit den Flossen bewegen sich die Fische im Wasser fort. Lenken können sie mit den Rücken- und den seitlichen Flossen.

der Goldfisch
Goldfische werden oft im Gartenteich gehalten.

der Hecht Der Hecht hält sich gern in Ufernähe von Seen auf. Er kann bis zu 1 Meter lang werden.

der Clownfisch Der Clownfisch lebt in tropischen Korallenriffen. Oft lebt er im Schutz einer Seeanemone.

der Thunfisch Der Thunfisch ist ein großer Raubfisch. Er lebt im Meer.

der Karpfen
Karpfen leben in Seen und Teichen. Sie werden auch oft gezüchtet.

der Rochen Die Oberseite des Rochens sieht dem Lebensraum, in dem er wohnt, sehr ähnlich. So ist er perfekt getarnt.

der Weiße Hai Der Weiße Hai wird bis zu 7 Meter lang. Er ist ein gefährlicher Räuber und ernährt sich von Robben, Fischen und Seevögeln.

Meer 130 Tiere 192

die Schuppen
Der ganze Körper eines Fisches ist mit Schuppen besetzt. Diese sind mit einer schleimigen Schicht überzogen. Das macht die Fische im Wasser schneller und wendiger. Zugleich schützt diese Schicht vor Krankheiten.

der Laich Die Eier der Fische nennt man Laich. Die Eier sind meist geleeartig ohne feste Hülle. Manche Fische kleben sie an Wasserpflanzen, bei anderen schwimmen sie frei im Wasser.

die Kiemen Fische können unter Wasser atmen. Mit ihren Kiemen nehmen sie Sauerstoff aus dem Wasser auf. So müssen sie zum Atmen nicht an die Oberfläche schwimmen. Die Kiemen liegen jeweils links und rechts am Kopfende.

der Schwarm Einige Fischarten leben in einem Schwarm zusammen, wie z. B. der Hering. In einem Schwarm sind die Tiere besser vor Räubern geschützt. Sie schwimmen ganz nah nebeneinander. Der Räuber kann nicht alle Tiere gleichzeitig im Auge haben.

der Salzwasserfisch
Fische, die im Meer leben, schwimmen in salzigem Wasser. In Flüssen und Seen spricht man von Süßwasser. Das salzige Wasser entzieht den Fischen Wasser. Daher müssen sie Wasser trinken. Die Süßwasserfische müssen das nicht.

das Skelett Je nachdem wie fest das Skelett ist, unterscheidet man Knorpel- und Knochenfische voneinander. Hai und Rochen gehören z. B. zu den Knorpelfischen. Ihr Skelett ist eher weich. Die meisten anderen Fische zählen zu den Knochenfischen.

das Aquarium Möchte man Fische zu Hause halten, benötigt man ein Aquarium. Das ist ein großer Kasten aus Glas, welcher dann mit Wasser gefüllt wird. Damit ein Fisch optimale Lebensbedingungen erhält, sollten Wasserpflanzen, Sand und eine Sauerstoffpumpe vorhanden sein.

die Flagge

Jedes Land der Welt besitzt seine eigene Flagge. Obwohl Flaggen sehr individuell sind, weisen sie doch erstaunliche Gemeinsamkeiten auf. Europäische Flaggen verwenden z. B. oft das Kreuz als Grundform. Viele afrikanische Flaggen tragen die Farben Grün, Gelb und Rot. In Flaggen aus Australien und Ozeanien findet man oft Sternbilder. In Südamerika wird für Flaggen häufig die Form der Trikolore (drei Streifen) gebraucht.

Europa

Afrika

Erde 52

Nord- und Mittelamerika

Kanada, USA, Mexiko, Nicaragua, Panama, El Salvador, Costa Rica, Guatemala, Honduras, Dominica

Belize, Kuba, Haiti, Jamaica, Trinidad und Tobago, Dominikanische Republik, Barbados, Bahamas, Antigua und Barbuda, Grenada

St. Kitts und Nevis, St. Lucia, St. Vincent & die Grenadinen

Südamerika

Kolumbien, Peru, Venezuela, Bolivien, Ecuador, Guyana

Suriname, Brasilien, Argentinien, Chile, Uruguay, Paraguay

Asien

Israel, Syrien, Libanon, Jordanien, Irak, Saudi Arabien, Armenien, Aserbaidschan, Georgien, Kuwait

Jemen, Vereinigte Arabische Emirate, Iran, Afghanistan, Kasachstan, Usbekistan, Kirgistan, Oman, Katar, Bahrain

Pakistan, Bangladesh, Nepal, Bhutan, Sri Lanka, Tadschikistan, Turkmenistan, Indien, Vietnam, Thailand

Myanmar, Kambodscha, Laos, China, Malediven, Mauritius, Nordkorea, Mongolei, Japan, Indonesien

Malaysia, Philippinen, Südkorea, Taiwan, Singapur, Brunei, Osttimor

Australien und Ozeanien

Australien, Papua-Neuguinea, Fidschi, Salomonen, Vanuatu, Neuseeland, Samoa

Marshall-Inseln, Tonga, Kiribati, Mikronesien, Tuvalu, Nauru, Palau

das Flugzeug

Bist du schon einmal mit einem Flugzeug geflogen? Oder hast du am Flughafen den Fliegern beim Starten und Landen zugesehen? Es ist immer wieder erstaunlich, wie diese schweren Riesen leicht in den Himmel starten.

der Pilot Ein Pilot steuert und fliegt ein Flugzeug. Vor einem Flug überprüft der Pilot die Maschine und bespricht mit dem Kopiloten die Flugroute und die benötigte Menge an Treibstoff.

die Ruder Mit den Rudern kann der Pilot das Flugzeug nach links oder rechts, nach oben oder nach unten, oder auch seitlich gekippt fliegen lassen. Die Ruder, die er dafür an den Flügeln bewegt, nennt man Höhenruder, Seitenruder und Querruder.

der Gepäckraum In den Bauch eines Passagierflugzeuges wird vor dem Start das Gepäck der Fluggäste verstaut. Dafür wird der Koffer beim Einchecken mit einem Aufkleber versehen. Auf dem steht genau notiert, wohin der Koffer fliegt.

der Flügel Flugzeugflügel haben eine ganz bestimmte Form: Sie müssen oben auf dem Flügel gewölbt sein. Dadurch fließt die Luft oben schneller über den Flügel als unten. Unten entsteht mehr Druck und der Flügel wird nach oben gedrückt.

das Fahrgestell Das Fahrgestell benötigt ein Flugzeug nur beim Start und bei der Landung. Während des Fluges wird es in den Bauch des Flugzeugs eingeklappt.

Luftfahrt 122

das Propellerflugzeug

das Frachtflugzeug

das Flugzeug Es gibt verschiedene Flugzeuge. Transportflugzeuge bringen Waren an einen anderen Ort und können selbst Autos und Lkws in ihrem Bauch transportieren. Passagiermaschinen sind nur für Fluggäste und ihr Gepäck vorgesehen. Man kann die Flieger aber auch nach ihrem Antrieb unterscheiden. Hier gibt es z. B. den Propellerantrieb oder den Antrieb mit Triebwerken.

die Passagiermaschine mit 4 Düsen

die Passagiermaschine mit 2 Düsen

das Cockpit Vom Cockpit aus steuert der Pilot das Flugzeug.

das Löschflugzeug
Ein Löschflugzeug hat große Wassertanks, die am Flughafen über Schläuche gefüllt werden. Über einem Waldbrand entleert es die Tanks und das Feuer wird gelöscht.

das Triebwerk Wenn ein Flugzeug nicht schnell genug ist, hebt es nicht ab. Für die Geschwindigkeit sorgen Mantelstromtriebwerke, die an den Flügeln angebracht sind. In diesen Düsen wird Luft angesaugt, zusammengepresst und mit Treibstoff zusammen entzündet. Das sorgt für genügend Schub und Geschwindigkeit.

das Wasserflugzeug Wasserflugzeuge können auf Seen und Flüssen starten und landen. Dafür haben sie entweder spezielle breite Kufen oder ihr Rumpf schwimmt direkt auf dem Wasser. Manche Löschflugzeuge sind Wasserflugzeuge: Diese landen auf dem Wasser, nehmen dort Löschwasser auf und steigen gleich wieder auf.

die Form

Um uns herum gibt es überall Formen. Sieh dich zu Hause um, ob du einige der Gegenstände oder Formen bei dir entdecken kannst.

das Dreieck

Die Form des Dreiecks findest du zum Beispiel in vielen Verkehrsschildern. Es bedeutet immer, dass man vorsichtig sein muss.

die Triangel

das Verkehrsschild

Welche Formen findest du in deinem **Zimmer**?

die Tafel

das Fußballtor

das Rechteck

Viele Dinge haben die Form eines Rechtecks.

der Briefumschlag

Buchstaben 32

das **Quadrat**

Das Quadrat ist ein besonderes Rechteck. Alle seine vier Seiten sind genau gleich lang.

das Schachbrett

das Rechenkästchen

die Pizza

der **Kreis**

Ein Kreis ist ganz rund.

die Uhr

die Münze

das Verkehrsschild

das T-Shirt

die **Raute**

Rauten findet man oft in bestimmten Mustern.

das Forschen

Forscher stellen viele Fragen: Warum sind manche Dinge so, wie sie sind? Gibt es für alles eine Erklärung? Nicht alle Forscher haben ein großes Labor. Schon mit kleinen Experimenten kann man Geheimnissen auf die Spur kommen.

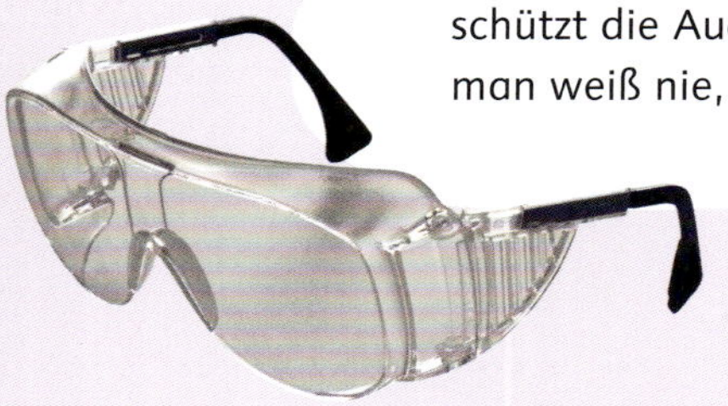

die Schutzbrille Eine Schutzbrille schützt die Augen bei einem Experiment, denn man weiß nie, was bei einem Versuch passiert.

der Magnetismus Magnetismus zeigt sich etwa in der Anziehungskraft von Magneten. Diese magnetischen Anziehungskräfte sind ein grundlegendes Naturphänomen. Magnete ordnen die elektrischen Teilchen in einem Gegenstand.

die Wissenschaft
In verschiedenen Fächern forschen Wissenschaftler nach immer neuem Wissen. In der Medizin versuchen sie z. B., Medikamente und Impfstoffe für bisher unheilbare Krankheiten zu finden.

das Labor Viele Forscher arbeiten und experimentieren in einem Labor. Das ist ein Raum, der extra für die Arbeit des Wissenschaftlers eingerichtet wurde. Mit Reagenzgläsern, Schläuchen und verschiedenen Lösungen kann er seine Versuche durchführen.

das Experiment Mit einem Experiment kann man neue Dinge herausfinden. Meist hat man eine Vermutung, beobachtet, was beim Experiment passiert, und wertet das Ergebnis aus. So gelangt man zu neuen Erkenntnissen oder verändert das Experiment und probiert es erneut.

die Schwerkraft

Die Schwerkraft kann man im Alltag überall beobachten: Fällt einem ein Gegenstand aus der Hand, fliegt er auf den Boden (nach unten). Das liegt daran, dass die Erde alles zu sich zieht, was leichter als sie selbst ist.

die Lupe

Eine Lupe ist ein Vergrößerungsglas.
Mit ihr kann man kleine Gegenstände vergrößern, sodass man sie genauer betrachten kann. Eine Lupe findet man auch im Deckel einer Becherlupe. Käfer, Ameisen und Spinnen lassen sich so von ganz nah betrachten.

der Forscher

Ein Forscher ist immer auf der Suche nach neuen Erkenntnissen. Die meisten Forscher haben ein Spezialgebiet, in welchem sie sich sehr gut auskennen.

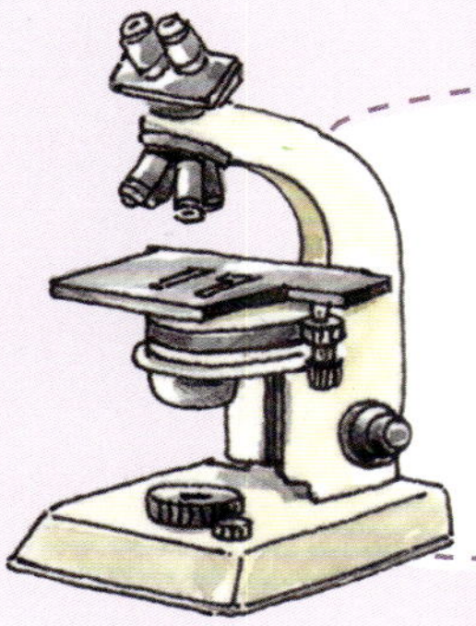

das Mikroskop

Mikroskope sind Vergrößerungsapparate, die oft in Laboren zu finden sind. Sie können z. B. Bakterien, die man mit dem bloßen Auge nicht sehen kann, sichtbar machen.

die Fliehkraft

Die Fliehkraft ist eine wissenschaftliche Regel, die man oft im täglichen Leben beobachten kann, z. B. in einer Salatschleuder. Legt man nassen Salat in die Trommel und dreht diese, wird das Wasser vom Salat weggeschleudert. Man erhält trockenen Salat.

Hast du schon einmal mit einem **Magnet** experimentiert?

die Reibung

Wissenschaftler haben herausgefunden, dass Energie verloren geht, wenn zwei Körper aneinander reiben. Sind die Körper in Bewegung, werden sie automatisch langsamer. Außerdem entsteht bei der Reibung Wärme. Diese Beobachtung wird schon lange in Autos und Fahrrädern eingesetzt: Beim Bremsen werden Bremsklötze auf den Reifen gedrückt. Der Reifen wird langsamer und die Bremsklötze werden warm.

der Fußball

Kennst du die wichtigste Fußballregel? Sie lautet: Der Ball ist rund und ein Spiel dauert 90 Minuten. Doch es gibt noch einiges mehr über das Spiel mit dem schwarz-weißen Ball zu erfahren!

das Tor Ein Fußballtor besteht aus zwei senkrechten Pfosten und der quer liegenden Latte. Es ist etwa 2,50 Meter hoch und gut 7 Meter breit. Nur wenn der Ball komplett hinter der Torlinie landet, gilt der Treffer. Tooor!

das Spielfeld Ein Fußballfeld ist bei Profis ungefähr 70 Meter breit und 100 Meter lang. Die weißen Linien auf dem Rasen markieren den Mittelkreis für den Anstoß, den Strafraum und den Torraum. Die Außenlinien zeigen, wo das Spielfeld endet. Sie heißen Seitenlinien (an den langen Seiten) und Torlinien (an den kurzen Seiten).

der Elfmeter Nach einem Foul im Strafraum, also vor dem eigenen Tor, bekommt die angreifende Mannschaft einen Elfmeter oder Strafstoß zugesprochen. Dafür wird der Ball elf Meter vor das Tor gelegt. Allein der Torwart darf versuchen, den Schuss abzuwehren.

der Trainer Der Fußballtrainer leitet das Training der Mannschaft. Er bringt den Spielern Tricks und Regeln bei und hilft ihnen, besser zu werden. Vor einem Spiel entscheidet er, wer als Feldspieler aufgestellt wird und wer draußen bleibt.

Hast du einen **Lieblingsverein** im Fußball?

die Spielzeit
Die normale Spielzeit einer Begegnung im Fußball beträgt zwei Halbzeiten zu je 45 Minuten, also insgesamt 90 Minuten. Sie kann verlängert werden, wenn das Spiel durch Fouls oder Verletzungen unterbrochen war. Meist ist die Nachspielzeit nicht länger als drei bis fünf Minuten.

Sport 178

der Fan Fußball ohne Fans ist wie Weihnachten ohne Plätzchen. Echte Fans gehen zu den Spielen ins Stadion. Sie feuern „ihre" Spieler mit Fangesängen und Sprechchören an. Auch bei einer Niederlage halten Fans zu ihrer Mannschaft.

die Mannschaft Ein Team besteht aus 10 Feldspielern und dem Torwart, weitere Spieler stehen zum Auswechseln bereit. Jeder Spieler hat eine Aufgabe. Der Torwart wehrt am Tor die Torschüsse der Gegner ab. Die Abwehrspieler versuchen das ebenfalls und bauen das Spiel in der Gegenrichtung neu auf. Die Stürmer erzielen die Tore. Mittelfeldspieler unterstützen Abwehr und Sturm.

der Freistoß
Begeht ein Spieler ein Foul, bekommt die gegnerische Mannschaft einen Freistoß. Dafür wird der Ball ruhig hingelegt. Die Spieler des anderen Teams müssen Abstand halten. Oft bilden sie eine Mauer, um ihr Tor zu blockieren.

das Foul Wer gegen die Regeln verstößt, begeht ein Foul (sprich: faul). Handspiel gilt zum Beispiel als Foul, genau wie Treten, Schubsen oder Festhalten.

der Schiedsrichter Er sorgt dafür, dass die Spieler sich an die Regeln halten. Dafür läuft er das ganze Spiel mit über den Platz und schaut genau, was passiert. Wenn ein Spieler gegen eine Regel verstößt, kann der Schiedsrichter Strafen verhängen. Wer eine gelbe Karte bekommt, ist verwarnt, bei der zweiten gelben oder einer roten Karte muss man den Platz verlassen. Unterstützt wird der Schiedsrichter von Assistenten am Spielfeldrand.

das Gefühl

Unsere Gefühle zeigen unseren Mitmenschen, wie es uns geht. Dabei verraten vor allem dein Gesichtsausdruck und deine Augen, wie du dich fühlst.

die Traurigkeit An manchen Tagen ist man traurig. Vielleicht ist etwas Trauriges passiert oder man vermisst jemanden. Tränen sind ein Zeichen für Traurigkeit. Es tröstet oft, wenn man in den Arm genommen wird.

die Angst Angst bekommt man, wenn man nicht genau weiß, was passieren wird. Manche Menschen haben Angst, dass sie etwas nicht schaffen, oder fürchten sich z. B. vor dem Hund des Nachbarn. Angst ist etwas ganz Praktisches: Durch sie wird man bei manchen Dingen vorsichtig.

die Freude
Oft lachen Menschen vor Freude laut und sind vergnügt. Die Augen strahlen und die Mundwinkel zeigen nach oben.

der Ärger Vor Ärger und Wut schimpft man oft leise vor sich hin und ist sehr unzufrieden. Damit der Ärger schnell vergeht, sollte man sagen, was einen stört. Vielleicht war alles nur ein Missverständnis.

der Schmerz Wenn man sich verletzt, z. B. bei einem Sturz vom Fahrrad, fühlt man einen Schmerz. Es tut weh. Der Schmerz wird vom Gehirn gesteuert und sagt: Da ist eine Verletzung! Achte jetzt darauf, dass es nicht schlimmer wird!

die Liebe Liebe ist ein warmes Gefühl im Bauch. Wenn man einen Menschen oder ein Tier liebt, will man am liebsten immer in seiner Nähe sein. Man freut sich, wenn man den anderen sieht, schmust gern mit ihm und ist einfach glücklich.

das Geld

Möchte man in einem Geschäft etwas bezahlen, benötigt man Geld. Die meisten Menschen arbeiten, um Geld zu verdienen. Davon können sie sich Dinge kaufen, die sie für ihr tägliches Leben brauchen.

die Bank Banken und Sparkassen handeln mit Geld. Als Kunde kann man dort Geld von seinem Konto abheben, einzahlen oder auch Geld gegen eine Gebühr leihen.

die Münze Es gibt acht verschiedene Euro-Münzen. Sie unterscheiden sich in Größe, Farbe, Gewicht und Form voneinander. Die kleinste Münze hat auch den niedrigsten Wert. Es gibt folgende Münzen: 1-Cent-, 2-Cent-, 5-Cent-, 10-Cent-, 20-Cent- und die 50-Cent-Münze. Zusätzlich das 1-Euro- und 2-Euro-Stück.

der Schein Geldscheine sind aus speziellem Papier gefertigt. Sie haben einen höheren Wert als Münzen. Es gibt insgesamt sieben Euro-Scheine: den 5-Euro-, 10-Euro-, 20-Euro-, 50-Euro-, 100-Euro-, 200-Euro- und den 500-Euro-Schein.

der Euro Der Euro ist seit dem 1.1.2002 das Zahlungsmittel, mit dem man in vielen Ländern bezahlen kann.Das ist sehr praktisch, denn so ist immer klar, was die Waren kosten.

die ausländische Währung Um außerhalb Europas, z. B. auf einer Urlaubsreise, zu bezahlen, muss man vorher Geld wechseln. In den USA, in den afrikanischen Ländern oder auch in Norwegen, der Schweiz und Großbritannien zahlt man nicht mit Euro. Auf der Bank kann man Geld in eine andere Währung umtauschen.

der Geldautomat An einem Geldautomaten kann man auch Geld abheben, wenn die Bank geschlossen hat. Dafür wird die EC- oder Kreditkarte in den Automaten geschoben und die Geheimzahl für das Konto eingegeben. Dann spuckt der Automat Geldscheine aus.

Einkaufen 42

das Gemüse

Gemüse ist gesund und lecker. Geht man auf einem Wochen- oder Bauernmarkt einkaufen, erhält man das Gemüse meist frisch vom Erzeuger.

das Radieschen

die Kartoffel

die Knolle Knollengemüse wächst unter der Erde. Es entsteht aus einem Spross, der die Erde nicht durchbricht, sondern sich unterirdisch verdickt. Deshalb verwechselt man die Knolle manchmal mit den Wurzeln. Zum Knollengemüse zählen: Kohlrabi, Radieschen, Kartoffeln, Knollensellerie und Rote Bete.

der Kohlrabi

die Wurzel Auch die Wurzeln mancher Pflanze sind frisch und schmackhaft. Die Karotte und die Zuckerrübe sind z. B. Wurzeln, die wir essen können.

die Karotte

das Gemüse Die Pflanzen, von denen wir das Gemüse ernten, sind sehr unterschiedlich: Einige Gemüsesorten kann man roh essen, andere schmecken nur gekocht. Von manchen Pflanzen essen wir die Wurzeln, von anderen die Blätter, den Stängel oder die Früchte.

das Gewächshaus In einem Gewächshaus sind die Pflanzen vor Wind und Wetter geschützt. In Regionen, in denen das Wetter sehr unbeständig ist, werden Gemüsepflanzen in Gewächshäusern angebaut. Durch die durchsichtigen Wände bekommen die Pflanzen genug Sonne. Das Gießen muss der Gärtner übernehmen.

Nahrung 136 Obst 138

die Kräuter

der Salat

die Blätter Bei manchen Gemüsesorten sind die Blätter besonders schmackhaft. Hierzu zählen die unterschiedlichen Salatsorten, wie Kopfsalat, Eisbergsalat, Kräuter, aber auch der Wirsing und der Spinat.

der Spinat

das Saisongemüse

Jede Gemüsesorte wächst in der Natur zu einer bestimmten Jahreszeit. Kartoffeln werden z. B. im Oktober aus der Erde geholt, während man Wirsing im Januar und Februar erntet. Da die Menschen aber viele Lebensmittel das ganze Jahr über essen wollen, müssen die Gemüsesorten haltbar gemacht werden. Man kann sie z. B. einfrieren oder kochen und in Dosen verpacken.

das Beet In einem Beet können unterschiedliche Pflanzen angebaut werden. Genügend Erde, Sonne und Wasser sorgen für ein gutes Wachstum der Pflanzen. Jede Pflanze braucht den richtigen Standort, je nachdem wie viel Sonne oder Schatten sie mag, und ausreichend Platz zum Wachsen.

Welches Gemüse isst du gern?

die Zucchini

die Frucht In den Früchten der Pflanzen lagern die Samen, aus denen wieder neue Pflanzen entstehen können. Bei den Tomaten essen wir die Frucht, in ihrem Inneren sieht man die vielen kleinen Samen. Auch bei der Gurke oder der Zucchini verspeisen wir die Frucht der Pflanze.

die Tomate

die Geschichte

Die Erde ist etwa 5 Milliarden Jahre alt. Zu Beginn gab es kein Leben auf ihr. Erst im Laufe der Zeit entwickelten sich im Wasser winzig kleine Lebewesen. Sie bestanden nur aus einer Zelle und werden daher Einzeller genannt. Daraus entwickelten sich allmählich erste Lebewesen und schließlich auch der Mensch. Das Leben der Menschen hat sich mit der Zeit sehr verändert.

die Steinzeit In der Steinzeit lebten Vorfahren der Menschen. Sie sahen anders aus als Menschen heute. Sie hatten viele Haare am ganzen Körper, damit sie vor der Kälte geschützt waren. Die Steinzeitmenschen lebten in Gruppen zusammen in Höhlen und verwendeten Werkzeuge aus Stein. Daher nennen wir diese Zeit auch Steinzeit. Mit den Steinwerkzeugen bauten sie Messer und Speere und gingen damit auf die Jagd.

das Feuer Das Feuer war für die Steinzeitmenschen sehr wichtig. Sie vertrieben damit gefährliche Tiere, kochten und wärmten sich. Mit zwei Feuersteinen entzündeten sie trockene Pilze und Holz.

Womit malten die Steinzeitmenschen?

die Höhlenmalerei Die Steinzeitmenschen malten mit Holzkohle und roter Tonerde ihre Alltagserlebnisse und Geschichten an die Wände. Daher weiß man heute viel darüber, wie sie damals gelebt haben.

Geschichte 86

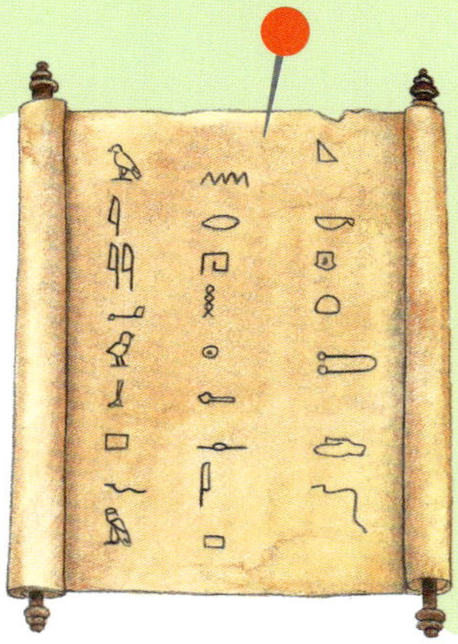

die Hieroglyphen Die Ägypter hatten eine eigene Schrift. Keine Buchstaben, wie wir sie heute kennen, sondern eine Bilderschrift. Ein Auge stand zum Beispiel für „sehen“. Die Wände der Grabkammern und vieler Statuen wurden mit Hieroglyphen beschriftet. Schließlich sollte jeder sofort wissen, wer diesen Tempel gebaut hat.

die Pyramide Die Pyramiden sind riesige Bauwerke, die aus schweren Steinquadern gebaut wurden. Pyramiden dienten als Grab eines Pharaos. Bis eine Pyramide fertig war, dauerte es mehrere Jahre. Um das Grab vor Räubern zu schützen, wurden in die Pyramide geheime Gänge und Falltüren eingebaut.

das alte Ägypten Ägypten ist ein afrikanisches Land am Nil. Vor gut 4.000 Jahren wurde das Land von Pharaonen regiert. Die Pharaonen bauten Pyramiden und Tempel als Zeichen ihrer Macht. Die Pyramiden kann man auch heute noch bewundern.

der Pharao Der Pharao war als König das Oberhaupt Ägyptens. Er war sehr reich und mächtig. Die Ägypter glaubten, dass der Pharao nach seinem Tod weiterlebte. Daher balsamierten sie den Leichnam ein, wickelten ihn in Leinentücher und gaben ihm wertvolle Juwelen, Speisen und Getränke mit auf den Weg in die Welt nach dem Tod.

die ägyptischen Götter Die alten Ägypter verehrten viele Götter. Mit ihren Bildern schmückten sie Tempel und Paläste. Der Sonnengott Re wurde mit der Sonne auf dem Kopf dargestellt. Andere Götter wurden als Tiergestalten dargestellt, z. B. trug Horus einen Falkenkopf.

die Geschichte

die Antike Als Antike bezeichnet man die Zeit der Römer und Griechen vor etwa 2.500 Jahren. In dieser Zeit bauten die Griechen und die Römer bedeutende Bauten, die man zum Teil sogar heute noch bestaunen kann. Außerdem haben die Menschen damals viel geforscht und die Natur beobachtet.

das Römische Reich Das Römische Reich war vor etwa 2.000 Jahren sehr groß und sehr mächtig. Fast ganz Europa gehörte damals dazu. Das Zentrum des Römischen Reiches bildete die Stadt Rom. Dort lebten die Römer bereits sehr modern: Sie bauten Aquädukte für die Wasserversorgung, mehrstöckige Häuser, prachtvolle Tempel und Gebäude. Die Römer hatten eine sehr starke Armee, die viele Kriege führte und viel Land eroberte. Da die Römer sich überall zu Hause fühlen wollten, brachten sie ihre Erfindungen und Bauten bis in entfernte Provinzen.

das alte Griechenland
Schon früh hatten griechische Städte ihre eigene Regierung und ihre eigenen Gesetze. Sie waren keinem König unterstellt. Das Land wurde von Politikern regiert, die von den Menschen gewählt wurden. Diese Regierungsform findet man heute in vielen Ländern.

Hast du schon einmal ein **Amphitheater** besucht?

das Amphitheater Ein Amphitheater ist ein riesiges Gebäude. In der Mitte befindet sich eine runde oder auch ovale Arena. Außen herum sind Sitzplätze stufenweise angeordnet. In Rom wurde eine Arena, das Kolosseum, errichtet, in der 50.000 Menschen Platz hatten. Hier fanden Gladiatorenkämpfe und Wagenrennen zur Belustigung der Bevölkerung statt.

Geschichte 84

die Ritter Ritter trugen glänzende Rüstungen und ihre eigenen Wappen. Die Rüstung schützte den Ritter. Denn der Ritter war Soldat und zog für den König in den Krieg. Ein Ritter musste lange Jahre als Page und Knappe in die Lehre gehen, bevor er selbst zum Ritter geschlagen wurde. Oft verglichen die Ritter auf Turnieren auch ihre Kräfte.

das Mittelalter Das Mittelalter reichte von ca. 500 bis 1500 nach Christus. Im Mittelalter hatte die Kirche viel Macht. Die Menschen auf dem Land waren meist sehr arm. Sie mussten für die adeligen Burgherren arbeiten und ihnen und der Kirche hohe Abgaben zahlen. Das Mittelalter war die Zeit der Burgen, Ritter und Turniere.

die Burg Eine Burg besitzt hohe, dicke Mauern, die die Bewohner vor Feinden schützen sollten. Zudem lag eine Burg oft auf einem Berg oder an einer Schlucht, sodass man gut sehen konnte, wer sich der Burg näherte.

die Piraten Piraten raubten und überfielen fremde Schiffe und teilten die Beute unter sich auf. Manchmal hatten sie dafür sogar die Erlaubnis des Königs. Piratenschiffe erkannte man an der typischen Piratenflagge: einer schwarzen Flagge mit einem weißen Totenkopf darauf.

die Indianer Die Indianer sind die Ureinwohner Amerikas. Sie lebten in verschiedenen Stämmen und Völkern über ganz Amerika verteilt, z. B. im Stamm der Apachen, der Sioux oder der Cheyenne. Der Chef eines Stammes wurde Häuptling genannt.

die Wikinger Die Wikinger waren ein Seefahrervolk aus dem Norden Skandinaviens. Sie erkundeten mit ihren Drachenschiffen die Meere und handelten mit anderen Völkern. Doch die Wikinger waren nicht nur friedlich. Sie brachen auch zu Raubzügen auf.

die Gesundheit

Das Wichtigste für einen Menschen ist, dass er gesund ist. Dafür kann er einige Maßnahmen ergreifen.

das Händewaschen
Um Keime und Krankheitserreger nicht zu verbreiten, muss man sich regelmäßig die Hände gründlich waschen. Grippeviren und Erkältungen werden u. a. durch Husten und Niesen übertragen. Daher sollte man beim Niesen immer die Hand vor die Nase und den Mund halten.

das Nagelschneiden Genau wie die Haare wachsen auch die Finger- und Fußnägel jeden Monat ein kleines Stück. Damit man sich selbst und andere mit zu langen Nägeln nicht kratzt, muss man sie regelmäßig schneiden.

die Körperhygiene
Der gesamte Körper und auch die Haare sollen sauber gehalten und gepflegt werden. Dazu gehört das Duschen, Haarewaschen und das Eincremen.

der Sport Regelmäßiger Sport hält den Körper und seine Organe gesund und stärkt die Abwehrkräfte. Die Muskulatur, das Herz und die Lunge können beim zügigen Fahrradfahren oder leichten Joggen trainiert werden.

Körper **110** Nahrung **136**

die Krankheit Manchmal wird man krank und hat eine Erkältung mit Husten und Schnupfen oder vielleicht auch eine Grippe. Dann sollte man viel Tee oder Wasser trinken und sich warm anziehen. Ernährt man sich gesund, hat der Körper starke Abwehrkräfte und die Erkältung ist nach spätestens 7 Tagen wieder vorbei. Bei schlimmeren Krankheiten hilft ein Arzt.

das Zähneputzen Die Zähne zerkleinern das Essen, damit man es schlucken und verdauen kann. Damit die Zähne gesund bleiben, sollte man sie mindestens zweimal am Tag gründlich putzen, am besten immer nach einer Mahlzeit.

die Ernährung Eine ausgewogene Ernährung ist ein wichtiger Baustein der Gesundheit. Jeder Mensch muss regelmäßig essen und genügend Nährstoffe zu sich nehmen: Kohlehydrate, Proteine, Fette, Zucker, Vitamine und Mineralien. Zucker und Fette sollten nur in Maßen gegessen werden, wohingegen frisches Obst und Gemüse täglich auf dem Speiseplan stehen. Jeden Tag sollten etwa 1,5 bis 2 Liter ungesüßte Flüssigkeit getrunken werden.

Wie bleibst du gesund?

die Vorsorgeuntersuchung Bereits kurz nach der Geburt wird jedes Kind das erste Mal untersucht. Bis zu seinem 10. Lebensjahr folgen weitere genau vorgegebene Vorsorgeuntersuchungen. Hier untersucht der Arzt, ob die Entwicklung normal verläuft oder ob das Kind z. B. zu langsam wächst. Auch Erwachsene sollten regelmäßig zu einer Kontrolluntersuchung zu ihrem Hausarzt gehen. All diese Untersuchungen dienen dazu, Krankheiten frühzeitig zu erkennen.

der Unfall Um gesund zu bleiben, muss man Unfälle vermeiden und aufpassen, dass sie gar nicht erst entstehen. Viele kleine Unfälle passieren zu Hause, wenn man z. B. nur mit Socken an den Füßen eine Treppe hinunterläuft oder sich auf dem Klettergerüst nicht gut genug festhält.

das Handy

Ein Handy oder Mobiltelefon gehört heute für viele Menschen zum Leben dazu. Es kann ja auch viel mehr als nur telefonieren!

die SIM-Karte Diese winzige Chipkarte steckt man in einen Schlitz oder eine Mini-Schublade ins Handy, meist unter dem Akku. Auf der Karte sind alle wichtigen Informationen gespeichert, damit dein Handy sich im Mobilfunknetz anmelden kann. Ohne SIM-Karte kannst du weder telefonieren noch im Internet surfen.

das Ladegerät Im Handy steckt ein starker Akku, der Strom speichert. Je mehr du spielst oder chattest, umso schneller ist er leer. Dann stöpselst du das Ladekabel in dein Handy und die Steckdose. In wenigen Stunden ist der Akku aufgeladen.

der Kopfhörer
Steckst du Kopfhörer ins Gerät, hört niemand außer dir deine Musik und Spielgeräusche.

die Kamera Mit der Kamera kannst du Fotos knipsen und Videos aufnehmen. Mit einer anderen App bearbeitest du die Fotos. Anschließend kannst du die Bilder ganz leicht mit deinen Freunden teilen.

Computer 36 Medien 128

das Handyspiel Auf den meisten Handys und Smartphones sind beim Kauf schon Spiele gespeichert, etwa Geschicklichkeitsspiele mit Zahlen oder Mustern. Andere Spiele kannst du selbst herunterladen. Es gibt unendlich viele verschiedene: Im Spiel darfst du Fahrzeuge fahren, etwas bauen, etwas suchen, Fragen beantworten und und und.

der Webbrowser Mit dieser App kannst du Webseiten im Internet öffnen.

die App Eine App (sprich: Äpp) ist ein Computerprogramm für Smartphones. Du erkennst Apps an den kleinen bunten Feldern auf dem Bildschirm. Alles, was du mit dem Smartphone tust, wird über eine App gesteuert: im Internet surfen, Chatten, Videos gucken, Fotos machen, Spiele spielen und vieles mehr.

der Touchscreen
Der Bildschirm deines Smartphones heißt Touchscreen (sprich: tatsch-skrien). Das Wort setzt sich zusammen aus „screen", das ist Englisch für „Bildschirm", und „touch", das heißt „berühren". Berührst du den Bildschirm, kannst du Apps öffnen, Texte schreiben und Spiele spielen. Du brauchst keine Tastatur wie am Computer.

das Smartphone Ein Smartphone ist ein Mobiltelefon, das wie ein Mini-Computer funktioniert. Du kannst damit nicht nur telefonieren, sondern mithilfe von Apps jede Menge andere Dinge tun. Dafür sind auf dem Gerät Apps gespeichert und es hat einen relativ großen Bildschirm, den Touchscreen.

das Haus

Die Steinzeitmenschen fanden in Höhlen Schutz vor Tieren und dem Wetter. Später errichteten die Menschen einfache Holzhütten. Heute gibt es die unterschiedlichsten Wohnformen und Häuser, je nachdem wo man auf der Welt ist.

das Zelt Umherziehende Völker wie z. B. die Indianer in Nordamerika und Viehhirten in der Mongolei (zwischen China und Russland) schlagen ihr Haus an unterschiedlichen Orten auf. Daher bevorzugen sie das schnell auf- und abbaubare Zelt. Mit Stöcken wird ein Gerüst gebaut, über das dann Felle und Decken gehängt werden. Man kann in der Mitte sogar ein Feuer entzünden. Der Rauch zieht oben durch eine Öffnung ab.

wo wohnst du mit deiner Familie?

das Hochhaus Hochhäuser werden oft in Städten gebaut, in denen es nicht viel Platz zum Wohnen gibt. Weil die Häuser hoch in den Himmel ragen, haben hier sehr viele Wohnungen und Menschen Platz. Manchmal sieht es so aus, als berührten die Hochhäuser die Wolken, deswegen werden sie auch Wolkenkratzer genannt.

die Wohnung
Nicht alle Menschen leben in kleinen Häusern. Viele haben eine Wohnung gemietet oder gekauft, die in einem Mehrfamilienhaus liegt. Jeder Bewohner hat seine eigene, abgeschlossene Wohneinheit und doch wohnen alle unter demselben Dach.

der Wohnwagen Umherfahrende Artisten und Schausteller haben ihre Wohnung immer dabei: ihren Wohnwagen. Da sie nie lange an einem Ort verweilen, sondern oft zum nächsten Spielort müssen, ist für sie der Wohnwagen eine perfekte Lösung.

das Einfamilienhaus
In einem Einfamilienhaus wohnt nur eine Familie. Das Haus ist meist aus Stein gebaut und besitzt oft noch einen Garten. Meist gibt es drei Schlafzimmer, eine Küche, ein Badezimmer und ein Wohnzimmer.

das Holzhaus In den kühleren, skandinavischen Ländern findet man viele Holzhäuser. Die Skandinavier haben sich beim Bau dieser Häuser einen Vorteil des Holzes zunutze gemacht: Holz schützt vor Kälte.

das Iglu Das Iglu ist die traditionelle Wohnbehausung der Ureinwohner der Arktis (Inuit). Aus Eisblöcken bauen sie ein kreisrundes Iglu. Obwohl es aus Eis besteht, hat es im Inneren Temperaturen von über 0 Grad Celsius. Heutzutage leben die meisten Inuit in befestigten Häusern. Nur auf der Jagd nutzen sie manchmal ihre traditionelle Wohnform.

das Reihenhaus Von einem Reihenhaus spricht man, wenn mehrere Häuser in einer Reihe nebeneinander stehen. Die Häuser sind alle miteinander verbunden.

das Baumhaus
Kinder spielen gern in einem kleinen Haus in den Ästen eines Baumes. Durch eine Leiter kommt man in das Haus hinein.

das Haustier

Menschen und Tiere leben schon seit Jahrtausenden eng zusammen. Haustiere sind manchmal nützlich, zum Beispiel als Bewacher oder Jagdhelfer. Das Wichtigste ist aber meist, dass sie ihren Menschen gute Freunde sind.

die Leine Wer mit seinem Hund spazieren geht, nimmt ihn meist an die Leine. Sie verhindert, dass das Tier wegläuft. Denn dann könnte es zum Beispiel in einen Streit mit anderen Hunden geraten, Wildtiere jagen oder von einem Auto verletzt werden.

der Hund Hunde stammen vom Wolf ab, leben jedoch schon seit langer Zeit bei den Menschen. Vom winzigen Chihuahua über den lustigen Terrier bis zum großen Retriever gibt es zahlreiche Hunderassen. Je nach Rasse sind die Tiere zutraulich, verspielt oder auch sehr wachsam.

die Katze Unsere Hauskatzen sind mit den Wildkatzen verwandt. Sie gehören mit Hunden zu den beliebtesten Haustieren. Sie sind Fleischfresser und haben einen starken Jagdinstinkt: Es kann passieren, dass eine Hauskatze ihrem Besitzer einen toten Vogel als Geschenk von der Jagd mitbringt.

das Futter Jedes Haustier braucht Futter, das ist klar. Was das ist, hängt ganz von der Tierart ab. Hunde- und Katzenfutter enthält Fleisch. Kaninchen und Hamster futtern für ihr Leben gern Grünzeug, Obst und Gemüse.

der Hamster Hamster sehen aus wie etwas größere Mäuse mit niedlichen Knopfaugen und kurzem Schwanz. Die kleinen Nager ruhen tagsüber und werden erst abends aktiv. Daher sind sie als Haustiere im Kinderzimmer gar nicht so praktisch.

Säugetier **168** Tier **192**

die Maus Ja, auch Mäuse können Haustiere sein! Die kleinen Nager lieben es herumzulaufen, zu klettern, zu wühlen und sich zu verstecken. Also brauchen sie Verstecke, Klettermöglichkeiten, viel Platz und vor allem: Gesellschaft von anderen Mäusen.

das Tierspielzeug
Wildtiere sind den ganzen Tag beschäftigt: Futter suchen, den Bau auf Vordermann bringen, sich um die Jungen kümmern. Haustiere müssen das alles nicht. Wie öde! Damit sie vor Langeweile nicht unglücklich werden, kannst du für jede Tierart spezielles Spielzeug kaufen oder basteln.

der Käfig Kleinere Tiere werden oft im Käfig gehalten, damit sie nicht ausbüxen. Dabei ist Käfig nicht gleich Käfig: Für jede Tierart gibt es einen passenden. Viele Tiere brauchen zusätzlich Auslauf außerhalb des engen Käfigs.

der Transportkoffer Wer mit seinem Haustier verreisen oder zum Tierarzt fahren möchte, benutzt einen Transportkoffer. Das Tier kann nicht weglaufen, fühlt sich sicher und wird nicht verletzt.

das Frettchen Frettchen sind Verwandte des Marders. Sie haben einen langen, schmalen Körper und dunkle Knopfaugen. Frettchen sind Fleischfresser und von Natur aus gute Jäger.

das Kaninchen Es ist ein Verwandter des Wildkaninchens. Vom Zwerg- bis zum Riesenkaninchen gibt es verschiedene Rassen und Fellfarben. Kaninchen mögen gern Gesellschaft und sollten immer mit einem Artgenossen zusammenleben. Außerdem brauchen die Nager viel Platz zum Hoppeln, nicht nur im Käfig.

die Insekten

Insekten bilden die größte Klasse des Tierreichs. Sie leben überall auf der Erde. Insekten bestäuben die Pflanzen. Das ist für die Natur und für uns sehr wichtig. Denn ohne die Bestäubung würden Pflanzen keine Früchte tragen.

das Facettenauge Typisch für Insekten sind die großen Facettenaugen. Ein Auge besteht aus vielen Tausenden kleiner Augen. So kann eine Fliege auch nach hinten und zur Seite sehen, ohne den Kopf zu drehen. Allerdings können Insekten mit ihren Augen nicht so klar sehen.

der Fühler
Mit ihren Fühlern oder Antennen tasten Insekten den Boden ab. Außerdem können sie damit Gerüche wahrnehmen. Die Fühler sitzen vorne am Kopf.

die Ameise Ameisen sind Insekten, die in einem großen Staat zusammenleben. Jedes Mitglied des Staates hat eine bestimmte Aufgabe. In einem Ameisenbau oder Ameisenhügel finden sich Hunderte von Gängen.

der Körperbau Insekten haben ein Außenskelett, eine starre Hülle, die den Körper von außen stützt. Damit sie dennoch beweglich sind, ist ihr Körper in drei Bereiche untergliedert: Kopf, Brust und Hinterleib.

das Bein Die Beine der Insekten sind mit einer starren Außenhülle ummantelt und daher mehrfach unterteilt. Die Gelenke machen das Bein beweglich. Alle Insekten haben 6 Beine. Spinnen hingegen haben 8 Beine, sie gehören damit nicht zu den Insekten.

der Schmetterling
Schmetterlinge fallen vor allem mit ihren großen Flügeln auf. Der Körper ist im Vergleich zu den Flügeln eher klein. Die Flügel bestehen aus kleinen Schuppen und sind mit unterschiedlichen bunten Mustern verziert.

die Mücke Mücken haben lange, dünne Beine und einen Rüssel, mit dem sie z. B. den Menschen stechen und Blut saugen. Zurück bleibt ein kleiner juckender Stich.

Tiere 192

die Metamorphose Viele Insekten sehen bei ihrer Geburt ganz anders aus als im Erwachsenenalter. Sie verändern sich im Laufe der Zeit. Diese Veränderung nennt man Metamorphose.
Aus den Eiern des Schmetterlings etwa schlüpfen kleine Raupen. Die Raupe frisst viel und wächst daher sehr schnell. Irgendwann ist sie ausgewachsen und hüllt sich in eine harte Schale, die Puppe. Nach ein bis drei Wochen bricht die Puppe auf und der ausgewachsene Schmetterling schlüpft heraus.

die Flügel Viele Insekten haben vier Flügel. Bei den Libellen kann man sie noch sehr gut erkennen. Bei vielen Käfern haben sich die oberen Flügel als Deckflügel umgebildet. Sie haben nun ein Muster und schützen die eigentlichen Flügel vor Schmutz und Verletzungen.

die Libelle Libellen haben einen langen Körper und zwei Paar Flügel. Libellen leben vor allem in der Nähe von Gewässern, wie z. B. Seen oder Teichen.

das Insekt
Insekten werden auch Kerbtiere genannt, da ihr Körper immer gegliedert ist. Jedoch sehen die Tiere ganz unterschiedlich aus. Die südamerikanische Stabheuschrecke sieht z. B. wie ein dünner Ast aus. Viele Insekten haben sich in der Farbe ihrer Umgebung angepasst, damit man sie nicht so schnell entdecken kann.

Welche **Insekten** kennst du?

die Biene Bienen leben in einem Staat zusammen. Hier gibt es Arbeiterinnen, deren Aufgabe die Futterbeschaffung ist. Andere Bienen, die Ammen, kümmern sich um die Aufzucht der Kinder und Wächterbienen bewachen den Bienenstock. Am Kopf jedes Bienenstaates steht eine Königin. Sie legt die Eier, die von den männlichen Drohnen befruchtet werden.

der Marienkäfer Der Marienkäfer hat rote Deckflügel mit schwarzen Punkten und einen rundlichen Körper. Unter diesen Deckflügeln liegen die eigentlichen Flügel. Die Anzahl der Punkte ist je nach Art unterschiedlich.

die Jahreszeit

Jahreszeiten entstehen durch die unterschiedliche Sonneneinstrahlung. Die Erde steht leicht schräg im Weltall und dreht sich um die Sonne. So bekommen nicht alle Erdteile gleich viel Sonne. In unseren Breiten kennen wir vier Jahreszeiten. An Nord- und Südpol gibt es z. B. nur zwei Jahreszeiten: Sommer und Winter.

In welcher Jahreszeit hast du **Geburtstag?**

der Frühling

Im Frühling erwachen die Pflanzen aus ihrem Schlaf. Die Tage werden wieder länger und die Sonne gewinnt an Kraft. Der Boden und die Luft erwärmen sich und die Pflanzen und Bäume beginnen zu wachsen und zu blühen. Der Frühling fällt in die Monate März, April und Mai.

der Sommer

Im Sommer sind die Tage am längsten. Die Blumen blühen und die Bäume und Sträucher tragen die ersten Früchte. Meist ist es schön warm und man kann ins Freibad gehen. Der Sommer fällt in die Monate Juni, Juli und August.

der Winter

Im Winter wird es kalt und es fällt oft Schnee. Die Tage sind kurz. Einige Tiere haben sich zum Winterschlaf zurückgezogen, sie finden auf dem gefrorenen Boden keine Nahrung. Die Laubbäume haben ihre Blätter verloren. Nur die Nadelbäume stehen noch grün da. Die Wintermonate sind Dezember, Januar und Februar.

der Herbst

Im Herbst scheint die Sonne langsam wieder weniger und die Tage werden kürzer. Die Pflanzen bereiten sich auf den Winter vor. Jetzt ist auch die Zeit der Ernte. Das Laub der Bäume verfärbt sich gelb und rot und fällt schließlich ab. Die Monate des Herbstes sind September, Oktober und November.

Baum **16** Erde **52** Pflanzen **146**

die Erdachse Sie ist eine gedachte Linie zwischen Südpol und Nordpol. Um diese Achse dreht sich die Erde in 24 Stunden einmal. Wenn man sich vorstellt, dass die Erde und die Sonne auf einem flachen Teller liegen, fällt auf: Die Erdachse ragt nicht gerade vom Teller nach oben, sondern sie steht schief.

die Entstehung des Winters
Wegen der schiefen Erdachse sind wir im Winter von der Sonne weggekippt. Dadurch steht die Sonne flach und strahlt uns fast mehr von der Seite an als von oben. Außerdem erhalten wir nur wenige Stunden am Tag Sonnenlicht. Beides sorgt dafür, dass es kälter wird.

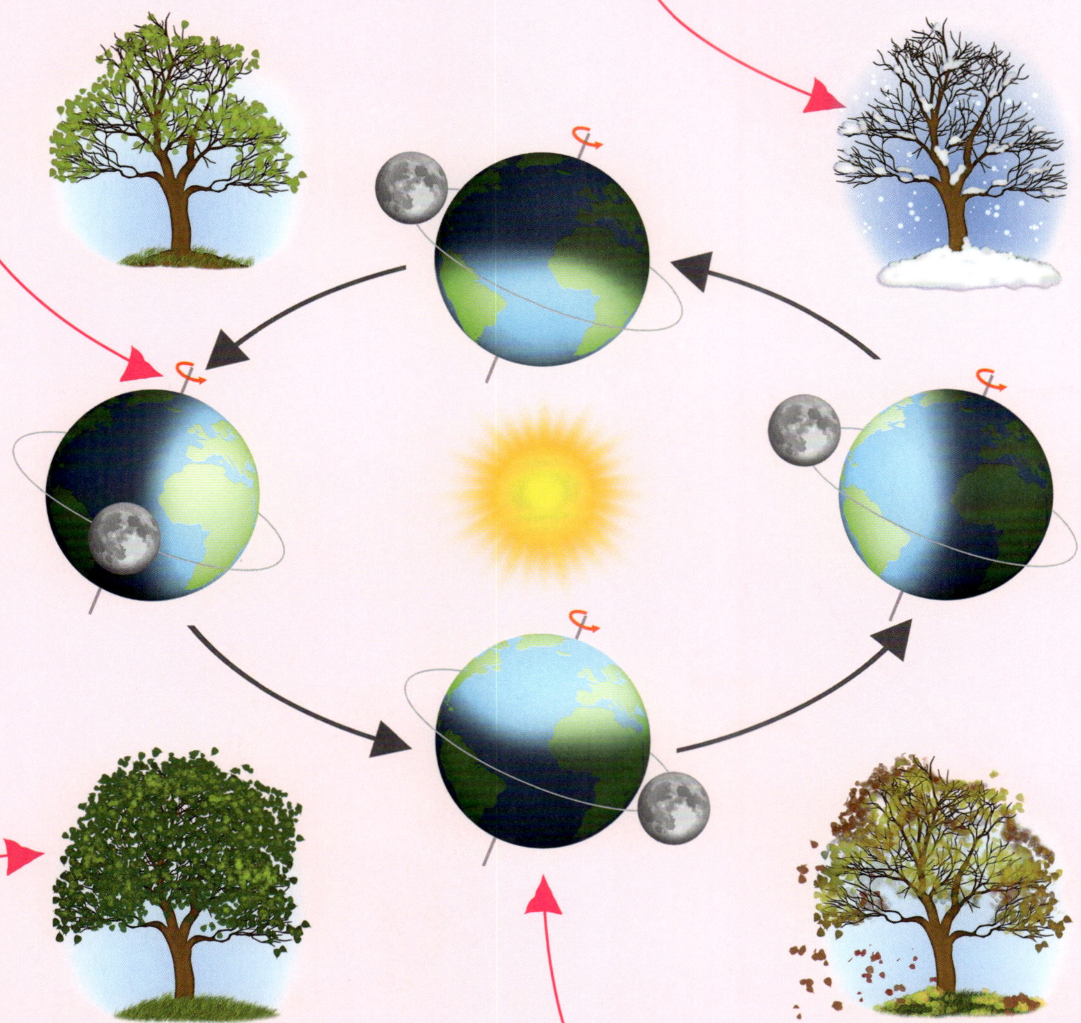

die Entstehung des Sommers
Da die Erdachse schief steht, sind wir auf der Nordhalbkugel im Sommer zur Sonne hin gekippt. Die Sonnenstrahlen treffen dann steil von oben auf uns. Außerdem scheint die Sonne viele Stunden am Tag. Je länger und je steiler die Sonnenstrahlen auf die Erde treffen, umso wärmer wird es.

die Südhalbkugel Südlich des Äquators, auf der Südhalbkugel, sind die Jahreszeiten genau andersherum verteilt: zwischen März und September, wenn bei uns Sommer ist, ist dort Winter, weil die Südhalbkugel von der Sonne weggekippt ist. Zwischen September und März, in unserem Winterhalbjahr, ist dort Sommer, weil sich die Südhalbkugel der Sonne entgegenneigt.

der Käse

Frischkäse, Schimmelkäse, Schnittkäse – es gibt unendlich viele Arten und Sorten von Käse. Aber immer steht am Anfang die Milch.

die Milch Kühe, Ziegen und Schafe geben Milch. Sie ist eigentlich die Nahrung für die Jungtiere. Doch wenn der Landwirt das Tier melkt, kann man sie trinken, Joghurt, Dickmilch oder Käse daraus machen. Unser Käse wird fast immer aus Kuhmilch hergestellt.

das Lab Lab ist ein Stoff, der im Magen von jungen Kühen und anderen wiederkäuenden Tieren produziert wird. Es sorgt dafür, dass die Milch dick wird, aber nicht sauer. Für die meisten festen gelben Käsesorten braucht man Lab.

die Käseherstellung Als Erstes wird die Milch meist pasteurisiert, das heißt, man macht sie ganz heiß, um Keime abzutöten. Danach wird dafür gesorgt, dass die Milch dick wird. Die Dickmilch wird klein geschnitten und in Formen gegeben. Nun muss man pressen, damit Flüssigkeit entweicht und der Käse fest wird. Danach müssen die Laibe (die einzelnen Käsestücke) reifen. So heißt es, wenn der Käse älter wird und sich sein Geschmack verändert. Das dauert ein paar Tage oder Monate.

die Sennerei In der Sennerei wird aus Milch Käse, Joghurt, Quark oder Buttermilch gemacht. Sie liegt oft in den Bergen. Hier macht der Senn wie in alten Zeiten von Hand Käse. Überall anders gibt es große Fabriken, in denen Käse gemacht wird. Sie heißen Molkereien, Meiereien oder Käsereien.

Nahrung 136

der Schimmel Manche Käsesorten heißen Schimmelkäse. Das klingt eklig, ist es aber gar nicht. Der Käse wird absichtlich mit einer bestimmten Pilzart behandelt, damit sich innen oder außen Schimmel bildet. Dieser sorgt dafür, dass der Käse besonders lecker schmeckt.

der Hartkäse Hartkäse ist besonders fest, weil er wenig Wasser enthält. Man lässt ihn lange liegen, damit er trocknen und reifen kann. Appenzeller, Cheddar, Emmentaler und Parmesan sind bekannte Hartkäsesorten.

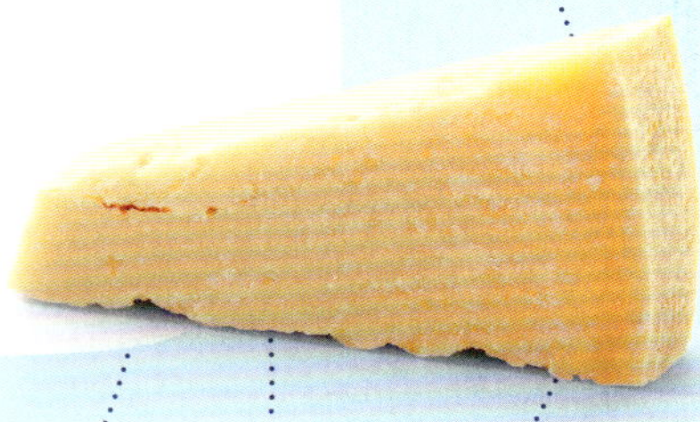

die Löcher Emmentaler und andere gelbe Schnittkäsesorten haben Löcher. Wie kommen die da bloß hinein? Es ist eigentlich ganz einfach: Winzige Bakterien sorgen dafür, dass aus der Milch Käse wird. Dabei futtern sie Milchsäure und pupsen Gase aus. Wo dieses Gas ist, entsteht ein Loch im Käse.

der Weichkäse Weichkäse enthält viel Wasser und ist deshalb weicher und cremiger als Hartkäse. Von außen wird er oft mit Pilzen behandelt, sodass sich eine Schicht weißen Schimmels bildet. Bekannte Sorten sind Brie, Camembert und Gorgonzola.

das Fondue Fondue (sprich: Fondü) ist ein schmackhaftes Käsegericht. Dafür wird Käse geschmolzen und mit Gewürzen abgeschmeckt. Auf einem Fonduegerät wird der Käse am Esstisch warm und flüssig gehalten. Dann pikst man Brot auf spezielle Gabeln und tunkt es in den Käse. Lecker!

die Kläranlage

Hast du schon einmal überlegt, was mit dem Wasser passiert, das in der Dusche, im Waschbecken und im Klo verschwindet? Es wird wieder sauber gemacht! Eine ganz schön clevere Idee.

die Kanalisation Von der Toilette läuft das Abwasser durch Rohre im Haus in den Boden. Unter der Erde fließt es zur Straße, wo es sich mit dem Abwasser aller anderen Häuser in einem großen Kanalrohr trifft. Dieses Netz von Abwasserrohren nennt man Kanalisation.

das Abwasser
Wenn du auf der Toilette die Spülung drückst, rauschen aus dem Wasserkasten an der Toilette einige Liter Wasser in die Kloschüssel und reißen den Inhalt mit sich. Das Spülwasser, dein Geschäft, das Toilettenpapier: Alles wird vermischt und zusammen abtransportiert. Das nennt man das Abwasser.

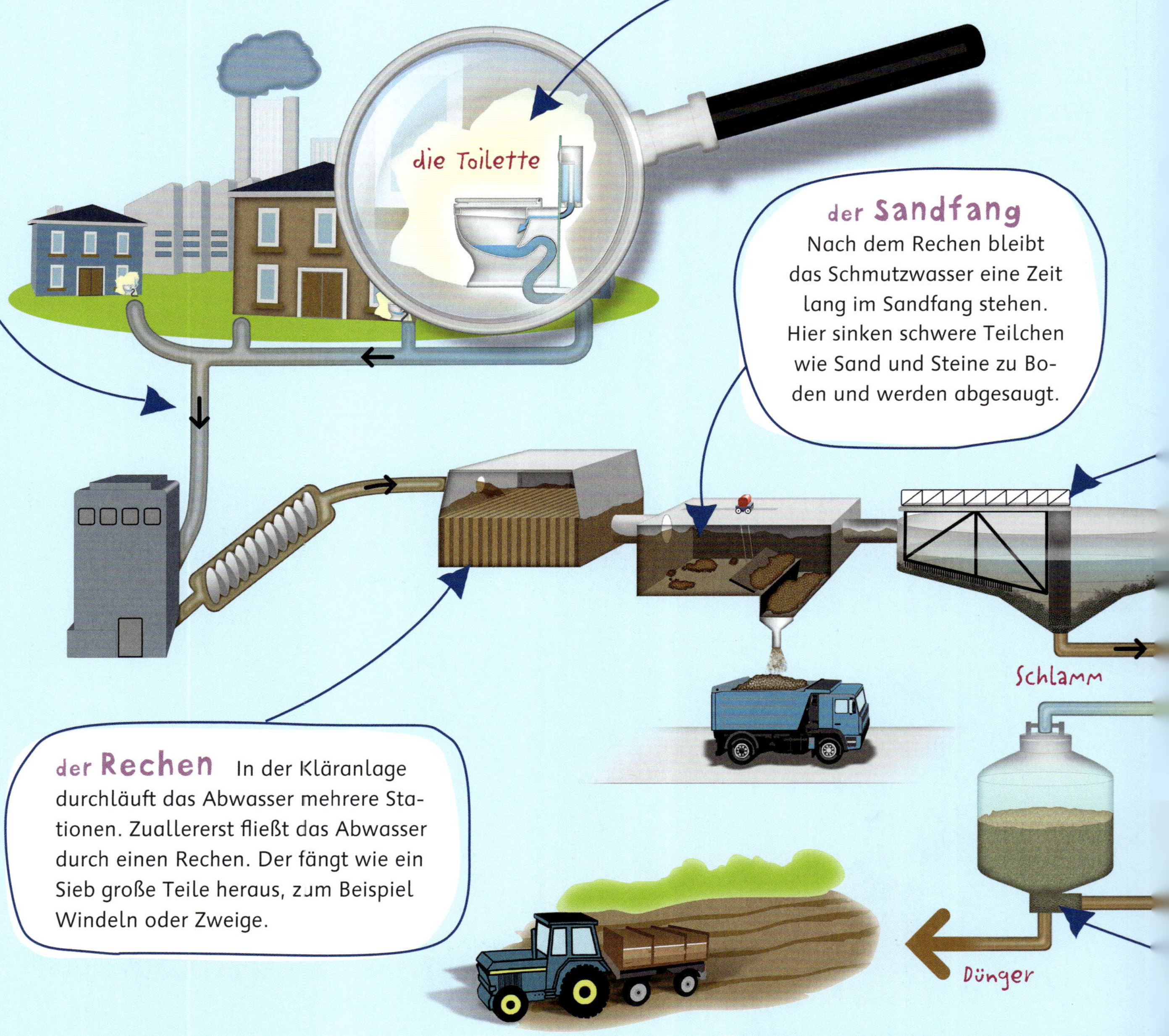

der Sandfang
Nach dem Rechen bleibt das Schmutzwasser eine Zeit lang im Sandfang stehen. Hier sinken schwere Teilchen wie Sand und Steine zu Boden und werden abgesaugt.

der Rechen In der Kläranlage durchläuft das Abwasser mehrere Stationen. Zuallererst fließt das Abwasser durch einen Rechen. Der fängt wie ein Sieb große Teile heraus, zum Beispiel Windeln oder Zweige.

Umwelt **196** Wasser **208**

Wo liegt die Kläranlage in deiner Stadt?

das Belebungsbecken

Jetzt wird es in der Kläranlage lebendig. Ja, echt! Unzählige winzige Lebewesen (die Bakterien) werden ins Abwasser gegeben. Sie futtern den Schmutz einfach auf. Genau wie du, wenn du etwas gegessen hast, scheiden die Bakterien auch etwas aus: einen Schlamm und Gase. Die sind der Grund dafür, warum es in der Nähe der Kläranlage nicht immer so gut riecht.

das Vorklärbecken

Danach geht es ins Vorklärbecken. Hier wartet man, bis sich festerer Schmutz aus dem Abwasser (etwa Toilettenpapier und Reste vom großen Geschäft) an der Oberfläche sammelt. Dieser Schlamm wird abgepumpt und landet im Faulturm.

das Nachklärbecken

Im Nachklärbecken setzt sich wieder etwas ab: der Belebtschlamm, das sind die Bakterien und ihre Ausscheidungen. Ein Großteil davon kommt zurück ins Belebungsbecken, damit die Mini-Lebewesen dort weiter ihre nützliche Arbeit tun können. Der Rest kommt in den Faulturm. Das Wasser ist nun sauber genug, um in Flüsse oder Seen geleitet zu werden.

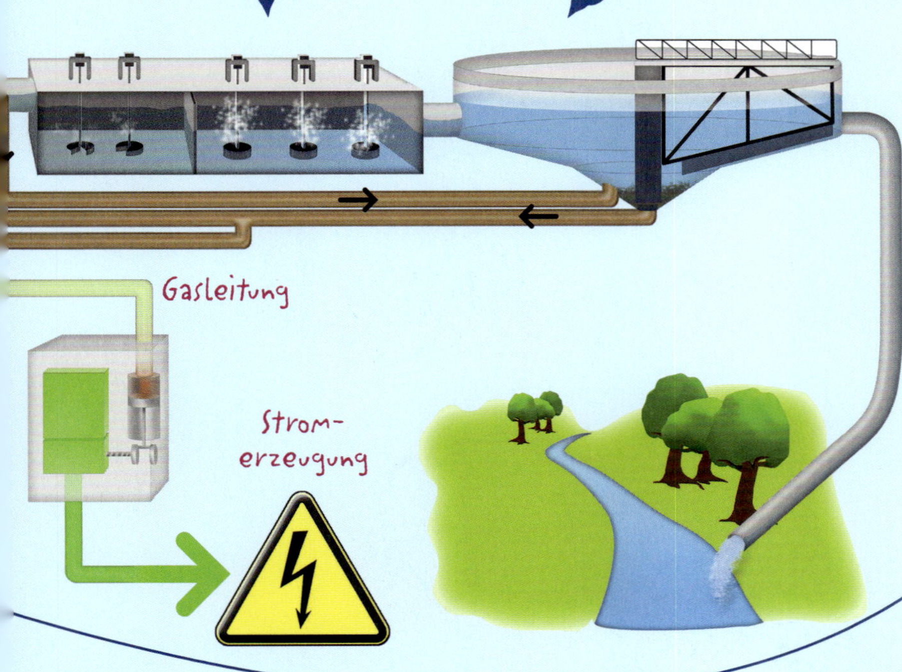

der Faulturm

Im Faulturm arbeiten wieder Bakterien. Sie lassen den Klärschlamm aus Vorklärbecken und Belebungsbecken verfaulen. Dabei entsteht eine Menge Gas, das man zur Stromerzeugung nutzen kann. Der restliche Schlamm wird als Dünger auf die Felder gebracht.

die Kleidung

Kleidung soll die Menschen nicht nur wärmen, sondern auch hübsch aussehen. Manchmal erkennst du an der Kleidung eines Menschen auch seinen Beruf.

die Berufskleidung
Bestimmte Berufe lassen sich bereits an ihrer Kleidung erkennen. Alle Polizisten tragen eine Uniform und Ärzte kann man an ihrem weißen Kittel erkennen.

die Alltagskleidung Viele Menschen bezeichnen Jeans und T-Shirt als Alltagskleidung. Hierzu zählen alle Kleidungsstücke, die fast täglich getragen werden und keinem bestimmten Zweck dienen.

die Regenkleidung
Wenn es regnet, braucht man Wasser abweisende Kleidung, damit man nicht nass wird. Es gibt Jacken, Hosen und Stiefel, die den Regen abhalten.

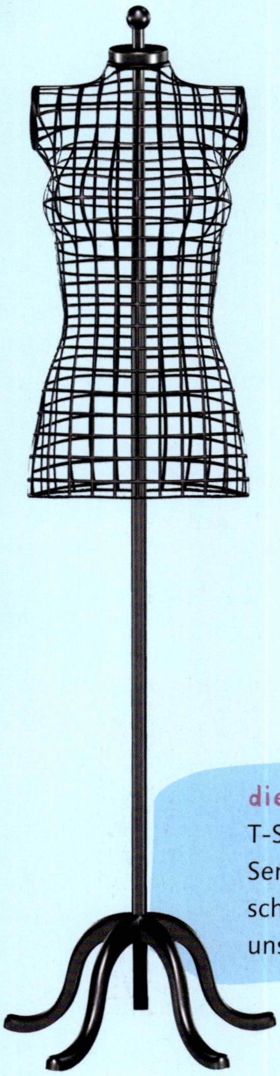

die Sportkleidung Für jede Sportart gibt es mittlerweile die passende Ausrüstung: die schnell trocknende Kleidung fürs Lauftraining oder die richtige Hose für die Turnstunde.

Was trägst du am liebsten?

die Mode Die Mode ändert sich immer wieder: Mal sind enge T-Shirts in, mal weite. Mal ist Lila die Farbe des Winters, mal Senfgelb. Jedes Jahr entwerfen Designer neue Kleidungsstücke und schaffen neue Modetrends. In Zeitschriften und Magazinen zeigen uns Models, welche Mode gerade angesagt ist.

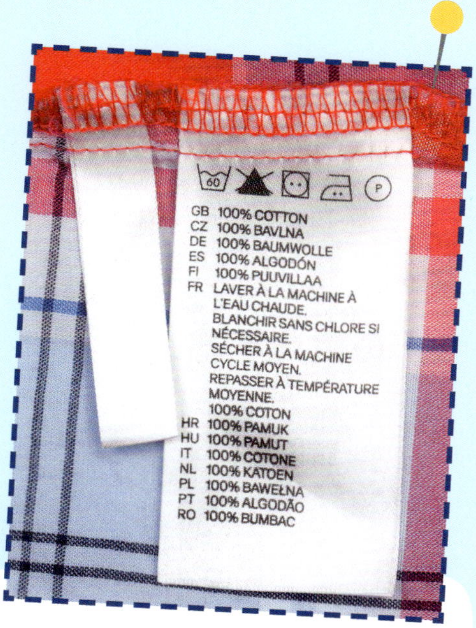

das **Material** Kleidungsstücke bestehen aus unterschiedlichen Materialien, z. B. aus Baumwolle, Seide, Schafwolle oder künstlich hergestellten Fasern. In jedes Shirt und jede Hose ist ein Etikett eingenäht. Darauf kannst du nachschauen, aus welchem Material es gemacht ist.

die **Baumwolle** Der Baumwollstrauch wächst zum Beispiel in China, Indien und den USA, wo es schön warm ist. Die Samen der Pflanze sind von langen, weißen Haaren umgeben, den Fasern. Diese kann man pflücken, reinigen, zu langen Fäden spinnen, färben und zu Stoffen weben. Deine T-Shirts und Jeans sind zumindest zum Teil aus Baumwolle.

die **Kunstfaser**
Fasern, die in der Fabrik hergestellt werden, nennt man Kunstfasern. Sportkleidung oder dehnbare Stoffe sind meist aus Kunstfasern gemacht, zum Beispiel Polyester oder Polyacryl. Bestimmt hast du eine warme Fleecejacke, oder? Sie kann aus alten Plastikflaschen hergestellt werden.

die **Wolle** Schafe und Ziegen, Lamas, Kaninchen und viele andere Tiere haben ein warmes und flauschiges Fell. Beim Scheren wird es ihnen abgeschnitten. Genau wie Haareschneiden tut das den Tieren nicht weh. Anschließend werden die Tierhaare gereinigt, gekämmt und zu Fäden gesponnen. Aus diesem Garn kann man Kleidung weben, stricken oder häkeln. Weil die Tiere mit ihrem Fell ja selbst im Winter nicht frieren, wärmt Kleidung aus Wolle besonders gut.

die **Naturfaser** Alle Stoffe, die man mithilfe von Pflanzen oder Tieren herstellt, heißen Naturfasern. Baumwolle und Wolle gehören dazu, außerdem Leinen (aus der Flachspflanze) und Seide (aus dem Kokon von Seidenraupen).

das Klima

In jedem Land auf der Erde herrschen ganz besondere Klimaverhältnisse. Das kommt daher, dass das Wetter in den Regionen der Welt unterschiedlich ist.

die Klimazonen Da die Erde schräg im Weltall steht, scheint die Sonne nicht auf alle Teile der Erdkugel gleich stark. Am Äquator fallen die Strahlen gerade auf die Erde, in den Polarregionen dagegen nur schräg. Daher wärmt die Sonne die Pole nicht so stark. So entstehen verschiedene Klimazonen auf der Erde mit Lebensraum für unterschiedliche Pflanzen und Tiere. Diese Klimazonen liegen wie Gürtel auf der Erde: das Polarklima, das kalte Klima, das gemäßigte Klima, das subtropische Klima und das tropische Klima.

das Polarklima Das Polarklima ist von Kälte geprägt. Das ganze Jahr über liegen die Temperaturen unter 0 Grad Celsius – bis auf ein oder zwei Monate, in denen die Temperaturen bis maximal auf circa 10 Grad Celsius steigen können. Die Niederschläge im Jahr sind sehr gering. Frühling und Herbst gibt es in diesen Regionen nicht – hier ist es ein halbes Jahr lang hell (Polartag) und ein halbes Jahr dunkel (Polarnacht).

das gemäßigte Klima In Europa herrscht ein gemäßigtes Klima. Diese Zone liegt zwischen den subpolaren und den subtropischen Zonen. In diesem Klima findet man alle vier Jahreszeiten mit den entsprechenden Temperaturveränderungen. In diesen Regionen findet man Laub- und Nadelbäume.

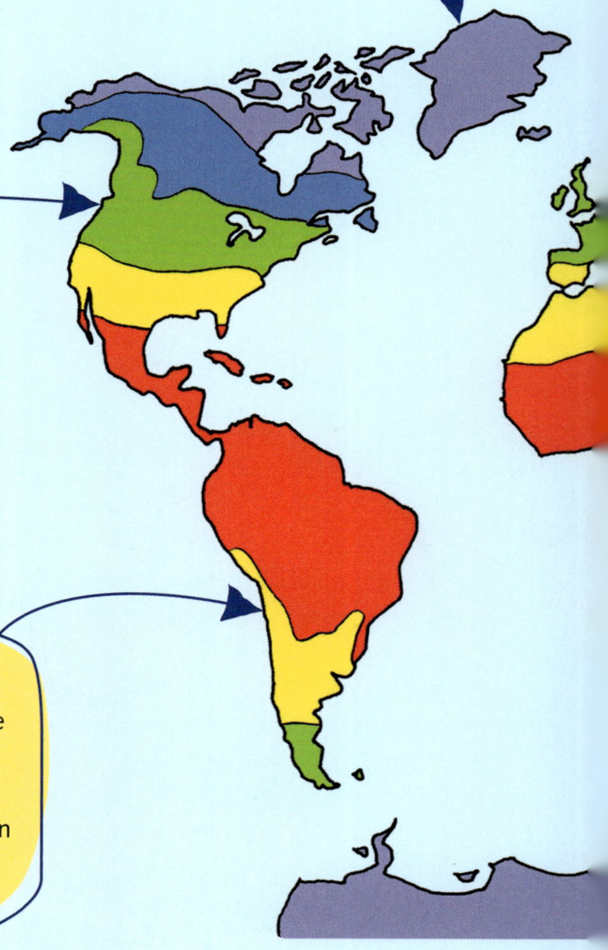

das subtropische Klima Die Subtropen zeichnen sich im Sommer durch eine hohe Temperatur aus. Im Winter ist es dort nur mäßig warm. Das Klima ist im Vergleich zwischen Tag und Nacht sehr unterschiedlich. In den Subtropen liegen z. B. Savannen und Wüsten.

Erde **52** Klima **108** Umwelt **196**

die Meeresströmung
Auch Meeresströmungen beeinflussen das Klima auf einem Kontinent. Warmes Wasser erwärmt Kontinente und lässt Schnee und Eis schneller schmelzen. Gleichzeitig wird durch das warme Wasser auch die Luft erwärmt.

die Vegetation Als Vegetation bezeichnet man alle Pflanzen, die in einem Gebiet wachsen. Das Klima in einer Region beeinflusst auch die Pflanzenwelt. Nicht alle Pflanzen können bei allen Temperaturen überleben. Daher lässt die Vegetation einer Region auch Rückschlüsse auf das Klima dort zu.

der Wind Luftströmungen, die Winde, beeinflussen das Klima in den einzelnen Ländern. Warme Winde sorgen für trockenes Wetter, während z. B. feuchte Luft für viel Regen sorgt.

Welches Klima herrscht bei dir zu Hause?

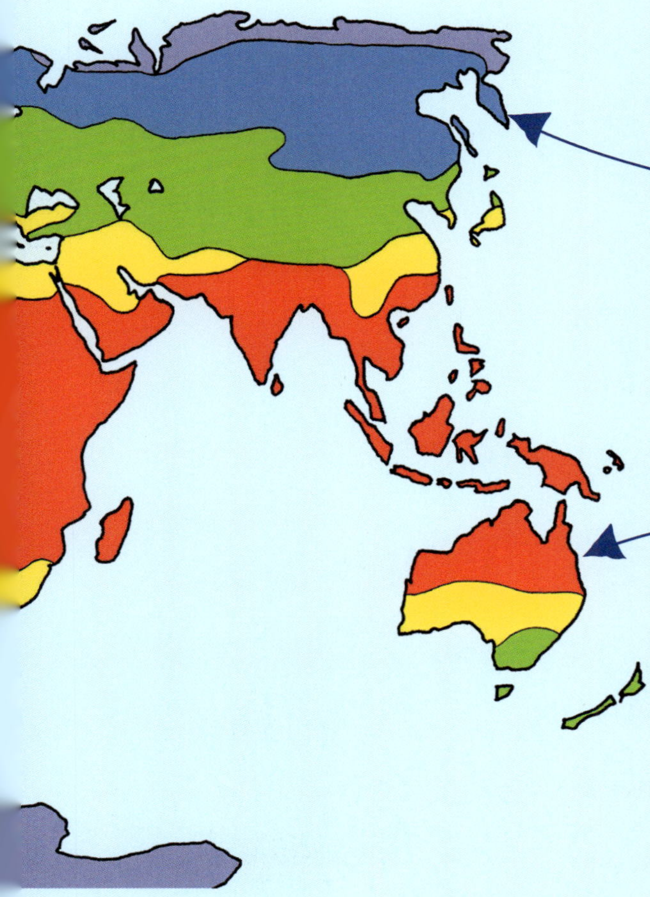

das kalte Klima Das kalte Klima wird auch subpolares Klima genannt. Die meiste Zeit liegt die Temperatur in diesen Gegenden unter 0 Grad Celsius, nur in den kurzen Sommermonaten kann die Temperatur auf über 15 Grad Celsius ansteigen. Für Bäume und Blumen ist es zu kalt. Man findet hier nur Moose, Gräser oder kleine Sträucher.

das tropische Klima Rund um den Äquator herrscht das tropische Klima vor. Dort ist es warm und es regnet häufig. Dies sorgt für ein feucht-warmes Klima. Die Temperaturen fallen kaum unter 0 Grad Celsius. Durch das Klima entstehen dort immergrüne Regenwälder und Savannen.

das Klima

die Polargebiete In den Polargebieten am Nord- und Südpol ist es sehr kalt. Riesige Schnee- und Eismassen bedecken das Festland der Antarktis. Diese Schicht aus Eis kann bis zu 4.000 Meter dick sein. Temperaturen bis um –60 Grad Celsius vertragen nur wenige Tiere.

der Eisbär Der Eisbär lebt in den nördlichen Polarregionen. Eine dicke Fettschicht und ein öliges, Wasser abweisendes Fell schützen den Eisbären vor Kälte. Zusätzlich sind seine Fußsohlen dicht behaart. Das verhindert, dass er auf dem Eis ausrutscht. Zwischen seinen Vorderpfoten besitzt er Schwimmhäute.

der Pinguin Pinguine sind Vögel. Um sie vor der extremen Kälte der südlichen Polarregionen zu schützen, liegen die Federn in drei Lagen übereinander. Eine Fettschicht hält zusätzlich warm. Fliegen können Pinguine nicht, dafür aber ausgezeichnet schwimmen.

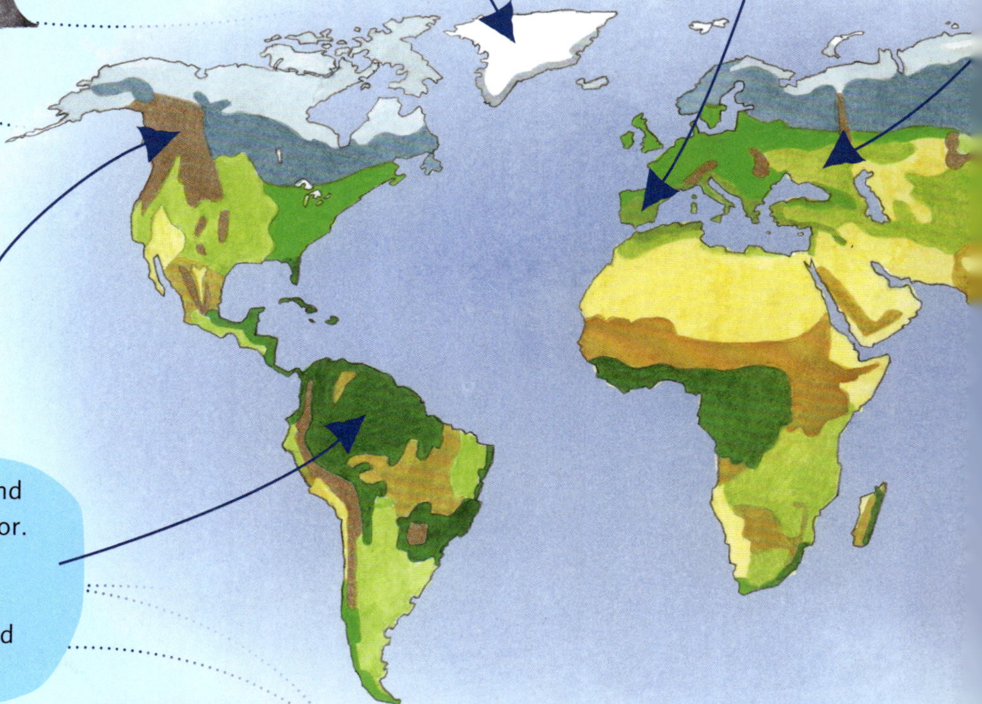

der Regenwald Regenwälder sind riesige Waldgebiete rund um den Äquator. Es regnet viel, aber da es sehr heiß ist, verdunstet das Wasser schnell. In den Regenwäldern haben viele Pflanzen und Tiere ideale Bedingungen zum Leben.

Welches ist dein **Lieblingstier?**

der Orang-Utan Der Orang-Utan gehört zu den Menschenaffen. Hoch oben in den Bäumen baut er sich seine Schlafnester.

der Berggorilla Gorillas sind die größten Menschenaffen. Aufrecht stehend sind sie fast so hoch wie ein Fußballtor. Gorillas leben in freier Wildbahn nur in Afrika.

→ Erde **52** Tiere **192**

die Steppe und die Savanne

Steppen und Savannen sind Graslandschaften. Sie liegen in sehr trockenen Gegenden und meist am Rande von Wüsten. Vornehmlich wachsen hier Gras, kleine Büsche und krautige Sträucher. In Amerika nutzt man die Graslandschaften zum Weizenanbau, in Südamerika werden hier riesige Rinderherden gehalten.

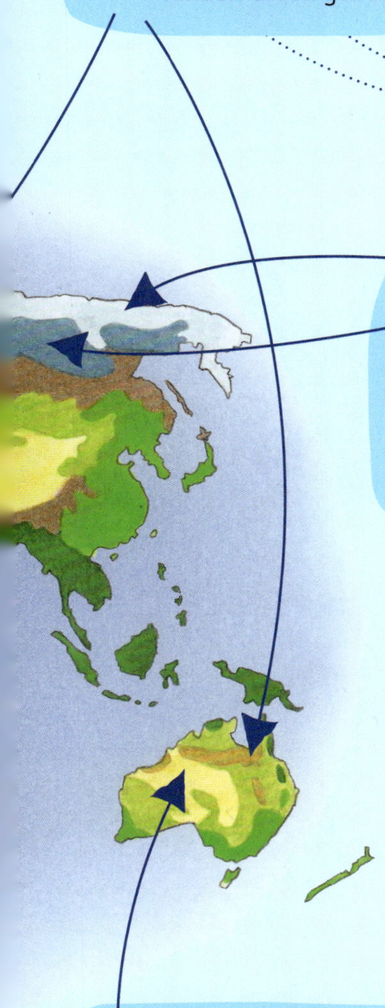

das Zebra

In der afrikanischen Savanne leben Zebras. Besonders auffällig sind die Streifen auf ihrem Fell. Jedes Zebra hat ein ganz eigenes Muster.

die Giraffe

Giraffen gelangen mit dem langen Hals gut an die Blätter der hohen Sträucher und Bäume. Beim Trinken müssen sie die Beine weit spreizen, damit sie mit dem Mund zum Wasser hinunter kommen.

die Tundra und die Taiga

In der Tundra und der Taiga findet man keine Bäume. Das Klima ist so kalt, dass nur kleine Sträucher, Moose und Farne überleben können. Tundra und Taiga findet man zwischen den Polargebieten und den gemäßigten Breiten.

das Rentier

Rentiere gehören zu den Hirschen. Sie haben ein dichtes Fell und breite Hufe und sind so sehr gut auf die kalten Winter und den Schnee in den nördlichen Regionen vorbereitet.

der Wolf

Der Wolf ist ein Rudeltier, welches in den weiten Wäldern der Taiga zu Hause ist.

das Kamel

Kamele sinken mit ihren breiten Füße im Wüstensand nicht ein. Sie können unheimlich schnell trinken: bis zu 100 Liter Wasser in 10 Minuten.

die Wüste

In Wüsten ist es sehr trocken und es regnet wenig. Die Temperatur steigt am Tag bis auf über 55 Grad Celsius. Da der Boden die Wärme aber nicht speichern kann, ist es in Wüsten nachts sehr kalt. Manchmal sogar bis unter den Gefrierpunkt. Nur wenige Pflanzen und Tiere haben sich an diese extremen Temperaturen angepasst.

der Wüstenfuchs

Der Wüstenfuchs wird auch Fennek genannt. Mit seinen großen Ohren erträgt er die Hitze besser. Seine Pfoten sind unter den Sohlen behaart, damit er auf dem Wüstenboden besser laufen kann.

der Körper

Unser Körper ist ein kleines Wunderwerk. Hand in Hand arbeiten die einzelnen Körperteile und Organe zusammen. Wir bestehen alle aus den gleichen Einzelteilen und sind doch sehr verschieden.

das Skelett Alle Knochen zusammen nennt man Skelett. Es stützt uns wie ein Gerüst. Die einzelnen Knochen sind durch Sehnen und Gelenke miteinander verbunden. Dadurch können wir sie bewegen. Das Skelett schützt zudem wichtige Organe: Das Gehirn wird von den Schädelknochen umhüllt, und im Brustkorb liegen wichtige Organe wie die Lunge und das Herz.

der Nerv Ebenso wie die Adern durchziehen auch Nerven den gesamten Körper. Alle Nerven haben eine Verbindung zum Gehirn. Die Nerven helfen dem Körper: Sie fühlen Schmerzen, Hitze oder auch Kälte.

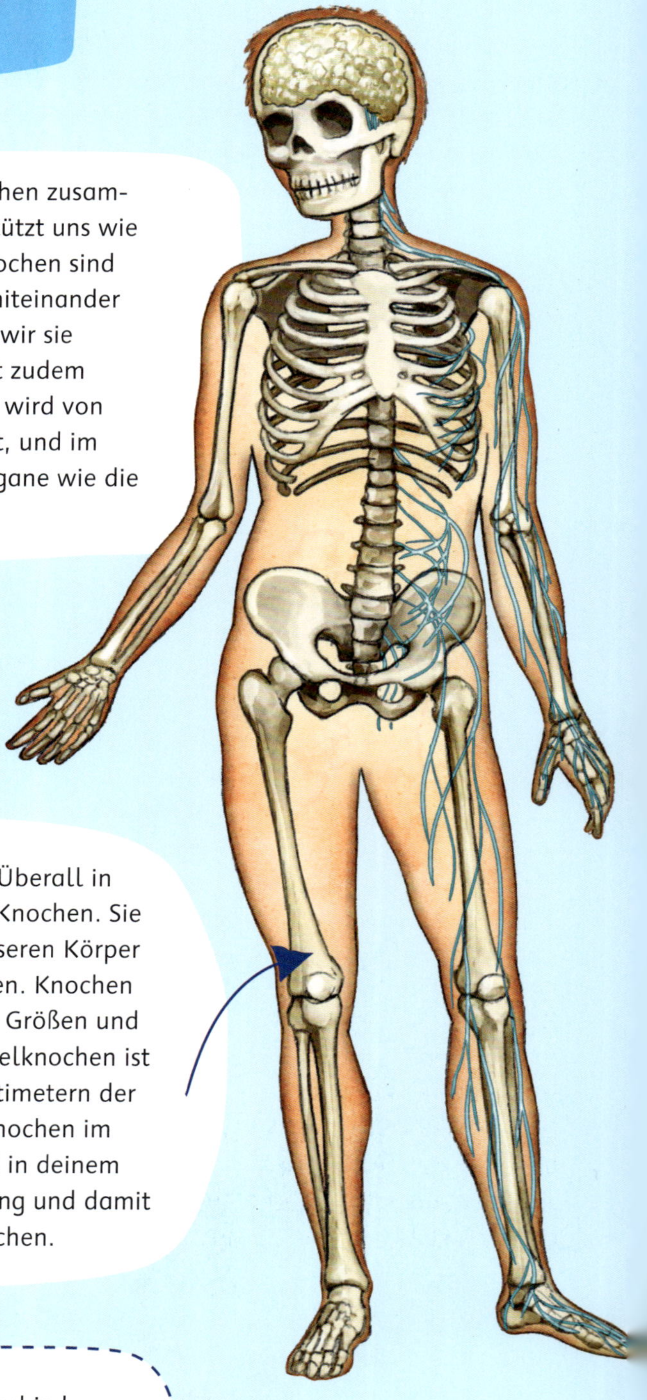

der Knochen Überall in unserem Körper gibt es Knochen. Sie sind fest und stützen unseren Körper bei all seinen Aktivitäten. Knochen gibt es in verschiedenen Größen und Formen: Der Oberschenkelknochen ist mit seinen etwa 50 Zentimetern der größte und längste Knochen im Körper, der Steigbügel in deinem Innenohr ist nur 2 mm lang und damit der kleinste Knochen.

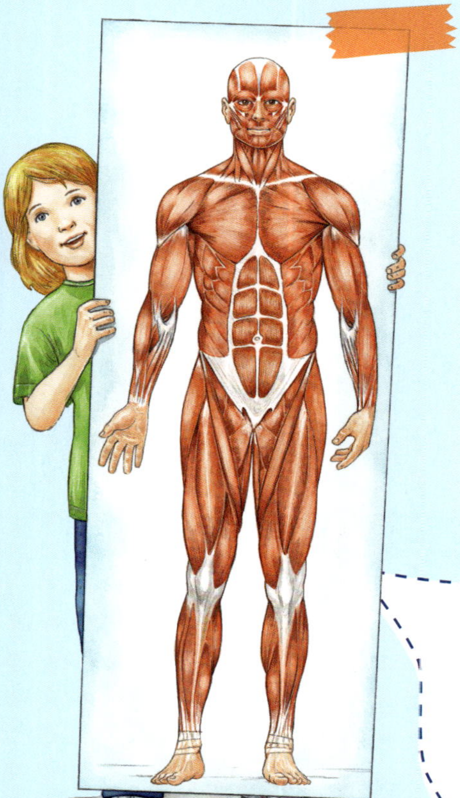

der Muskel Etwa 650 verschiedene Muskeln machen unseren Körper erst beweglich. Die Muskeln werden vom Gehirn aus gesteuert. Sie können sich zusammenziehen oder entspannen.

Gesundheit **88** Körper **112**

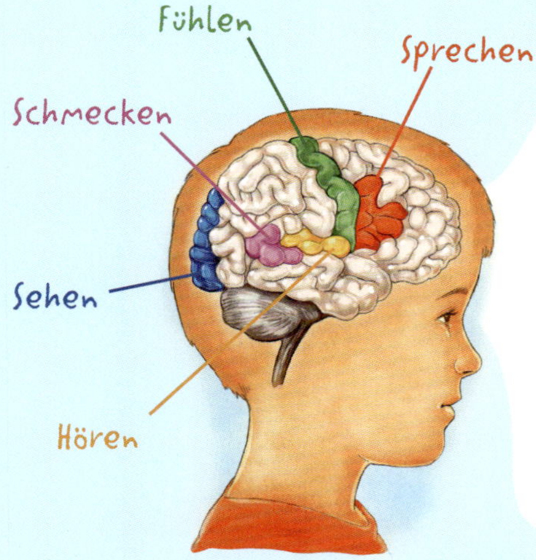

das Gehirn Das Gehirn ist die Schaltzentrale des menschlichen Körpers. Hier laufen alle Nerven zusammen und von hier werden die Muskeln gesteuert. Auch das Sehen, Hören und Sprechen wird hier gesteuert. Unser Gehirn ist einer der wichtigsten Teile unseres Körpers.

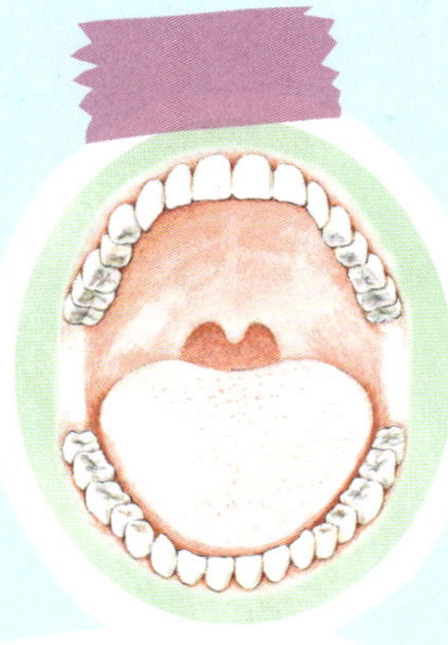

der Zahn Kinder haben 20 Zähne (Milchgebiss) und Erwachsene 32 Zähne. Mit den vorderen Schneidezähnen beißt man mundgroße Stücke von der Nahrung ab, die man mit den hinteren Backenzähnen zerkaut. Die Zähne eines Erwachsenen haben lange Wurzeln, die den Zahn im Zahnfleisch festhalten.

das Haar Die Haare des Menschen bestehen aus Horn, genau wie Finger- und Fußnägel. Durch kleine Farbstoffe (Pigmente) in den Haaren entstehen die Haarfarben: braun, schwarz, rot und blond. Die Haare wachsen im Monat etwa 1 Zentimeter.

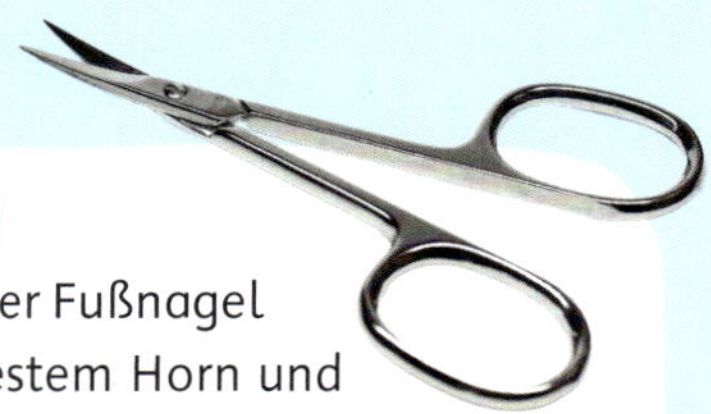

der Nagel Ein Finger- oder Fußnagel besteht aus festem Horn und schützt die empfindlichen Finger- und Fußspitzen. Genau wie die Haare wachsen Nägel täglich ein kleines Stück, sodass man sie ab und zu kürzen muss.

das Blut Das Blut fließt durch Adern überall in unserem Körper. Es versorgt den Körper mit Sauerstoff aus der Lunge, transportiert Nährstoffe, Vitamine und Hormone im Körper und bringt Abfallstoffe zu den richtigen Organen. Außerdem befinden sich im Blut Blutkörperchen, die Krankheitskeime abwehren, und Blutplättchen, die Wunden verschließen können.

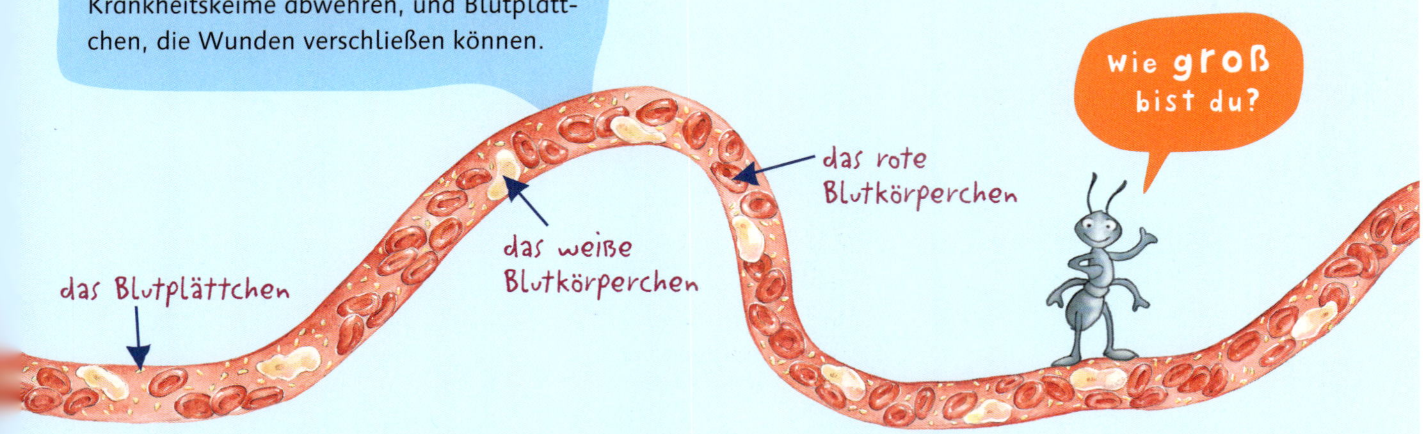

der Körper

die Verdauung Durch die Nahrung werden täglich wichtige Nährstoffe und Vitamine aufgenommen. Die Zähne zerkauen das Essen zu einem Brei, der heruntergeschluckt wird. Der Brei landet im Magen. Die Magenflüssigkeit verarbeitet ihn zu einem ganz feinen Brei. Der Brei rutscht weiter in den Dünndarm. Wichtige Nährstoffe werden dort ans Blut abgegeben. Die Stoffe, die der Körper nicht mehr braucht, werden als Kot oder Urin ausgeschieden.

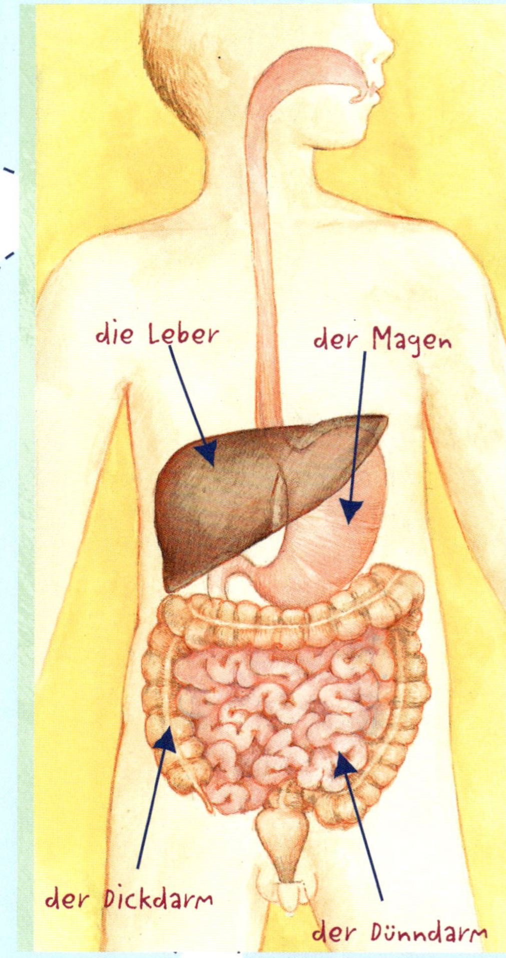

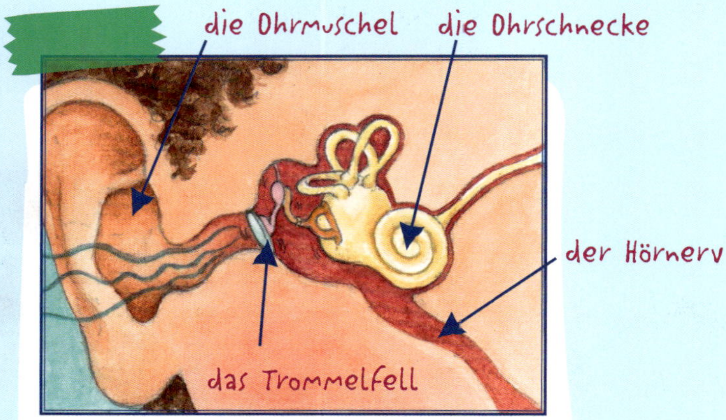

das Ohr Mit den Ohren hört der Mensch Geräusche. Geräusche kann man sich wie Wellen in der Luft vorstellen. Man nennt sie auch Schallwellen. Diese werden durch die Ohrmuschel aufgefangen und ins Ohr weitergeleitet. Das Trommelfell fängt an zu schwingen und gibt die Wellen an die Gehörknöchelchen und dann an die Ohrschnecke weiter. Diese schicken die Impulse über den Hörnerv ans Gehirn. Unser Gehirn entschlüsselt die Schwingungen.

die Leber Die Leber ist das größte und schwerste Organ des Körpers. Sie liegt ungefähr zwischen der Lunge und dem Magen. Die Leber stellt die Galle her, das ist ein Verdauungssaft, der in den Zwölffingerdarm abgegeben wird. Außerdem reinigt die Leber das Blut von schädlichen Stoffen und speichert z. B. Vitamine und Zucker.

das Herz Das menschliche Herz ist ein großer Muskel, der seit der Geburt jeden Tag durchgehend arbeitet. Es arbeitet wie eine Pumpe, die das Blut in Bewegung hält und durch den Körper hindurchpumpt. Bei Anstrengung, z. B. im Sport, schlägt das Herz schneller. Der Körper benötigt mehr Sauerstoff und das Herz muss daher mehr Blut durch den Körper pumpen.

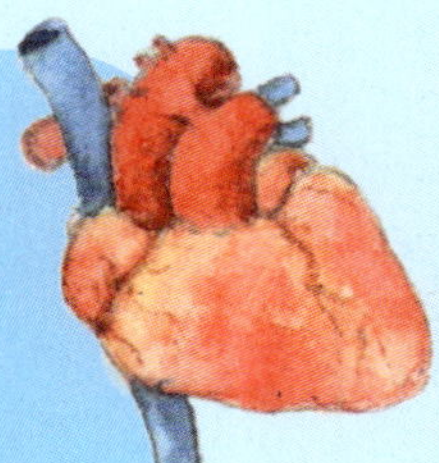

die Nase Mit der Nase nimmt der Mensch die unterschiedlichsten Gerüche wahr. In der Nase befinden sich kleine Riechzellen, die den Reiz an das Gehirn weitergeben. Das Gehirn findet blitzschnell heraus, an was uns der Duft erinnert. Bei einem Schnupfen kann man nicht mehr so gut riechen. Die Nase ist verstopft.

Gesundheit **88** Körper **110**

die Haut Die Haut ist das größte Organ des Menschen. Überall auf der Haut sitzen feine Sensoren, die Wärme, Kälte und Druck wahrnehmen können. Damit fühlen wir. Diese Sensoren sind mit Nerven verbunden, die Reize direkt ans Gehirn weiterleiten. Sind wir dabei, uns zu verbrennen, schickt das Gehirn sofort einen Befehl an den Arm, ihn wegzuziehen.

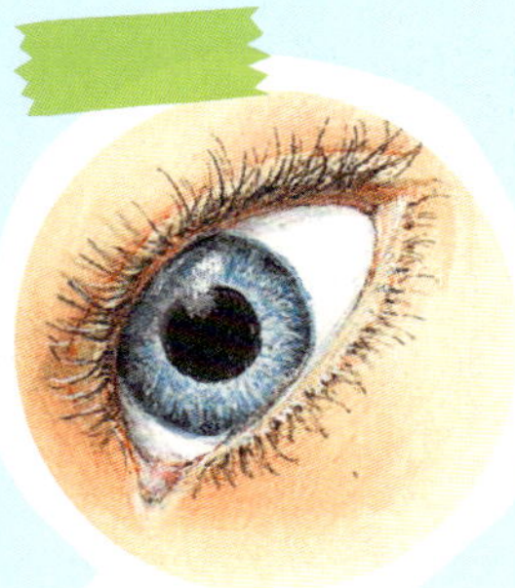

das Auge Jeder Mensch besitzt zwei Augen, mit denen er sieht. Sie liegen gut geschützt im Kopf. Durch die Pupille fällt Licht ins Auge. Das Gehirn verarbeitet diesen Reiz zu einem Bild. Um die Pupille herum befindet sich die Regenbogenhaut, die Iris. Sie kann unterschiedliche Farben haben: Blau, Grün oder Braun.

die Lunge Atmen ist lebenswichtig. Durch den Mund oder die Nase gelangt Luft und damit Sauerstoff in den Körper. Über die Luftröhre wird dieser in die beiden Lungenflügel transportiert. Dort wird über kleine Lungenbläschen der Sauerstoff ins Blut abgegeben. Die verbrauchte Luft (Kohlendioxid) kommt vom Blut in die Lungenbläschen zurück und wird ausgeatmet.

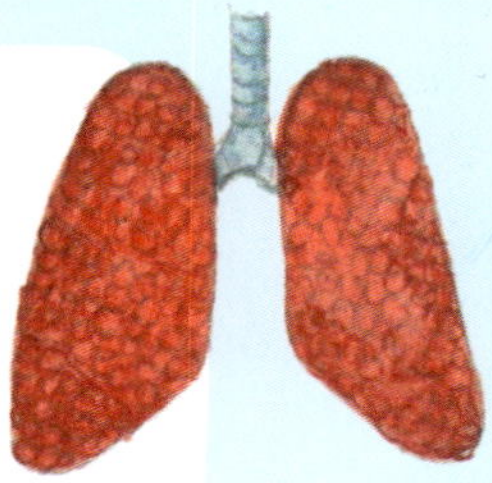

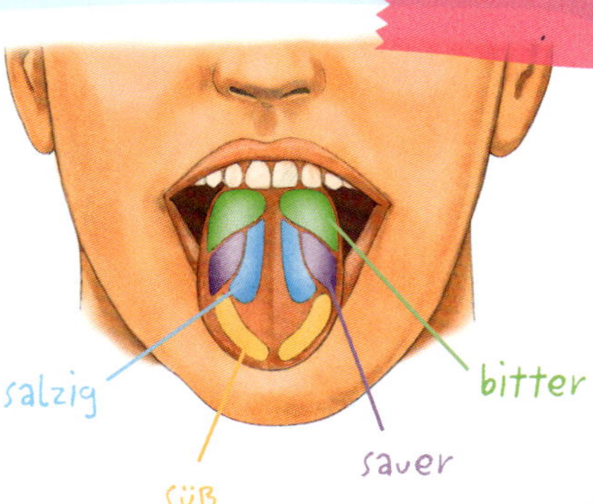

die Zunge Die Zunge ist das Geschmacksorgan. Auf der Zunge sind viele kleine Geschmacksknospen, die erkennen, ob das Essen süß, sauer, salzig oder bitter schmeckt. Beim Schmecken hilft auch die Nase. Geschmack- und Geruchssinn arbeiten zusammen.

die Geschlechtsorgane Männer und Frauen unterscheiden sich in ihren Geschlechtsorganen. Der Mann hat einen Penis, Hoden und eine behaarte Brust. Frauen hingegen haben eine Scheide und einen Busen. Zusammen können Mann und Frau ein Kind zeugen. Babys wachsen neun Monate lang im Bauch der Mutter. Sie entwickeln sich aus einer kleinen Eizelle. Nach der Geburt ist in den Brüsten der Mutter Milch, mit der sie das Baby füttert.

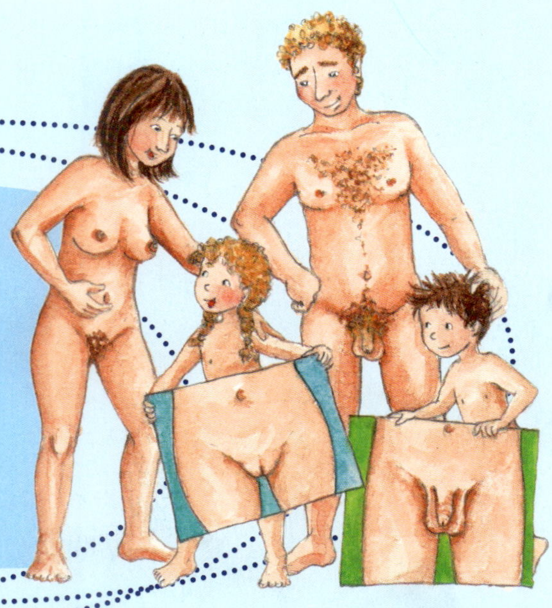

das Krankenhaus

In einem Krankenhaus arbeiten viele Ärzte unter einem Dach zusammen. Hier werden Menschen untersucht, operiert und gepflegt, bis sie wieder gesund sind.

die Krankenschwester

Krankenschwestern tragen meist weiße oder hellblaue Kleidung und unterstützen die Ärzte bei der Arbeit. Sie empfangen neue Patienten, erledigen Büroarbeit, wechseln Verbände, verteilen die Medikamente und das Essen und bereiten Patienten auf Operationen vor. Meist arbeiten sie in Schichten, damit sich immer jemand um die Patienten kümmern kann.

der Kittel

Ärzte und Krankenschwestern tragen im Krankenhaus einen weißen oder blauen Kittel. Aber auch Patienten bekommen vor Operationen einen Kittel ausgehändigt. Meist ist dieser hinten offen und kann leicht an- und ausgezogen werden.

der Tropf

Über einen Tropf werden z. B. nach einer Operation Medikamente verabreicht. Dazu hängt ein kleiner Plastikbeutel mit den flüssigen Medikamenten an einer Stange. Über einen dünnen Schlauch werden die Medikamente direkt in den Arm des Patienten geführt.

der Mundschutz

Ärzte und Krankenschwestern tragen im Operationssaal immer einen Mundschutz und Handschuhe. Offene Wunden dürfen nicht durch Dreck oder Bakterien verunreinigt werden. Dann könnten sie sich entzünden. Auch auf der Station tragen Schwestern und Ärzte manchmal einen Mundschutz, wenn für sie selbst Ansteckungsgefahr besteht oder der Patient vor Bakterien und Viren geschützt werden muss.

die Narkose

Damit ein Patient bei einer Operation keine Schmerzen spürt, erhält er eine Narkose. Der Patient atmet Gase ein, die ihn während der Operation schlafen lassen. Die ganze Zeit überwacht ein Arzt den Patienten, damit er aus der Narkose nicht aufwacht.

das Krankenhauszimmer

Ein Krankenhauszimmer ist sehr praktisch eingerichtet. Jeder Patient hat ein Bett und einen kleinen Rollschrank, an dem ein Tablett mit Schwenkarm angebracht ist. Außerdem gibt es für jeden Patienten einen Kleiderschrank. Auch ein kleines Bad mit Toilette befindet sich in dem Zimmer. In einem gewöhnlichen Krankenzimmer liegen zwischen 2 und 4 Patienten. Bei Kindern dürfen oft die Eltern mit im Zimmer schlafen.

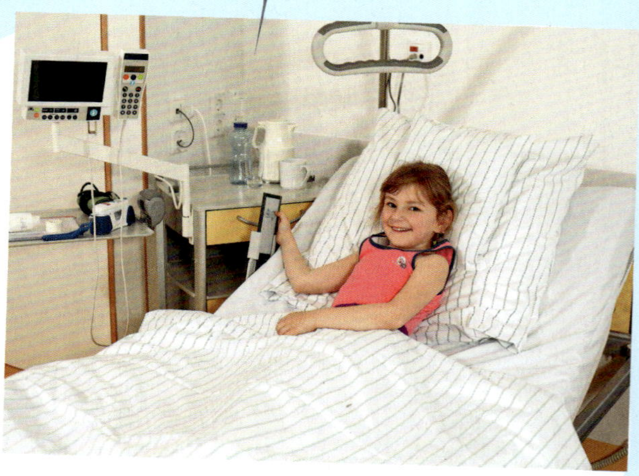

Arzt 6 Gesundheit 88

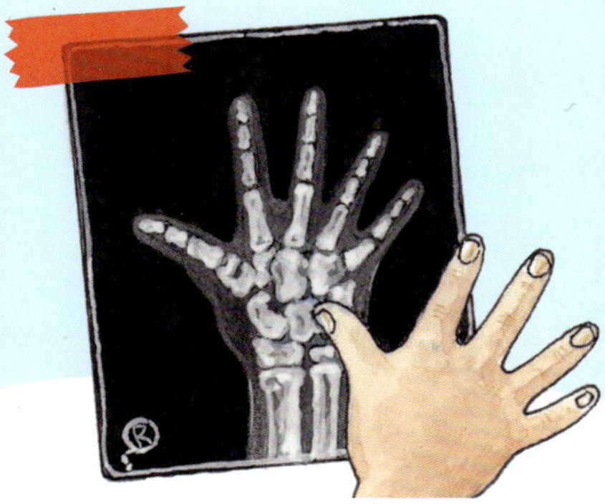

die Röntgenaufnahme Damit der Arzt feststellen kann, ob ein Knochen gebrochen ist, gibt es ein Röntgengerät. Dieses macht Aufnahmen der Knochen in Schwarz-Weiß, fast wie bei einem Fotoapparat. Anhand der Fotos kann man genau erkennen, wo der Knochen gebrochen ist. Wenn etwas gebrochen ist, bekommt der Patient einen Gips. Dieser soll dafür sorgen, dass die Knochen wieder gerade zusammenwachsen.

der Rettungswagen
Mit einem Rettungswagen wird ein Verletzter nach einem Unfall schnell in ein Krankenhaus gebracht. Bereits im Rettungswagen kümmern sich Ärzte um den Patienten. Damit der Rettungswagen schnell durch den Verkehr kommt, warnt er andere Verkehrsteilnehmer mit Blaulicht und Martinshorn.

die Notaufnahme
In der Notaufnahme ist zu jeder Tages- und Nachtzeit ein Arzt vor Ort, der schnelle Hilfe leisten kann und den Patienten versorgt.

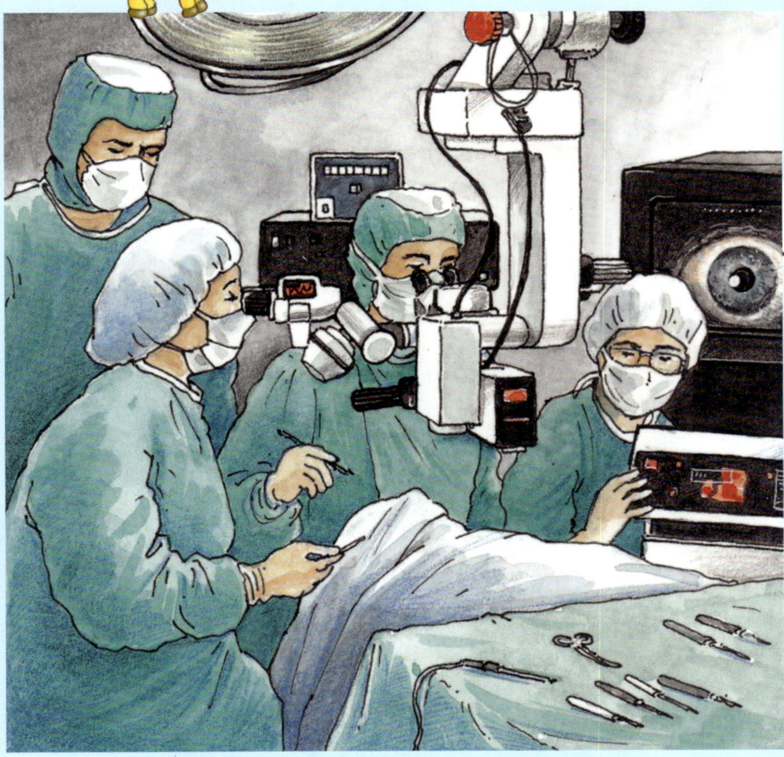

der Operationssaal
In einem Operationssaal werden Operationen durchgeführt. Mitten im Raum steht der Operationstisch, auf den der Patient gelegt wird. Direkt darüber hängt eine Leuchte. Der Arzt muss alles gut sehen. Den Operationssaal dürfen die Ärzte und Krankenschwestern nur in frisch gewaschener Operationskleidung betreten. Denn hier wird sehr streng auf Sauberkeit geachtet, damit keine Krankheitskeime in die Wunden eindringen.

die Kunst

Schon die Menschen in der Steinzeit haben Felswände bemalt, um ihre eigenen Geschichten zu erzählen. Die Kunst versucht genau das: In Bildern werden Geschichten erzählt und Gefühle ausgedrückt. Mit unterschiedlichen Mitteln wird die Wirklichkeit dargestellt oder verfremdet.

die Galerie
In einer Galerie wird Kunst verkauft. Verkauft der Besitzer der Galerie ein Bild an einen Kunden, erhält er vom Künstler ein wenig Geld dafür.

die Malerei In der Malerei erzählen die Künstler etwas über ihre Bilder. Zum Malen verwenden sie bestimmte Techniken, verschiedene Farben wie Aquarell- oder Ölfarben und auch verschiedene Stile. Es gibt in der Malerei sehr bekannte Künstler und Bilder, z. B. die „Mona Lisa" von Leonardo da Vinci oder „Die Sonnenblumen" von Vincent van Gogh.

die Malutensilien Ein Künstler kann sich einer großen Anzahl an Malutensilien bedienen. Es gibt z. B. Farbtinten, Kreidefarben, Buntstifte, Spritzpistolen, Öl- und Aquarellfarben. Gleichzeitig findet man vielerlei Unterlagen, auf die ein Künstler malen kann: Papier, Karton, Holz oder auch Leinwand.

die Staffelei
Eine Staffelei wird von Malern verwendet. Mit dem Gestell werden die Leinwände leicht geneigt und genau auf die Höhe des Malers aufgestellt. So kann der Künstler im Stehen malen oder zeichnen.

der Stil Es gibt viele unterschiedliche Möglichkeiten, einen Gegenstand abzubilden. Im Laufe der letzten Jahrhunderte haben Künstler viele verschiedene Wege ausprobiert. Einige malten Bilder allein aus kleinen Punkten. Andere verfremdeten Gegenstände so stark, dass man sie auf dem Bild nicht mehr erkennen konnte. Auch sehr eckige und kantige Darstellungen von Gegenständen wurden zu einem Kunststil.

→ Farbe 62

die Skulptur

Eine Skulptur ist eine Figur, die ein Bildhauer durch das Bearbeiten eines Materials hergestellt hat. Daneben gibt es noch die Plastiken. Das sind Figuren z. B. aus Kunststoff oder Bronze, die durch das Gießen in eine Form entstanden sind.

das Museum

In einem Museum kannst du dir verschiedene Kunstwerke anschauen. Andere Sammlungen zeigen Skulpturen oder bemalte Vasen aus der Zeit der Römer oder Griechen.

die Bildhauerei

Ein Bildhauer schafft aus einem Stück Holz oder Stein eine Figur. Er bearbeitet die Stücke mit Schnitzwerkzeugen oder Hammer und Meißel so lange, bis sie die gewünschte Form haben.

Warst du schon einmal im Museum?

das Atelier

Künstler arbeiten gerne in hellen Räumen. Diese nennt man Ateliers. Meist haben die Ateliers große Fenster, durch die das Licht hineinfallen kann. Das Atelier muss groß genug sein, damit Malutensilien, Staffeleien und Kunstwerke des Malers Platz haben.

die Installation

Nicht nur Bilder oder Skulpturen gehören zur Kunst, sondern auch Installationen. Darunter versteht man Kunstwerke, die in einem Raum stehen und wirken. Ganz praktisch kann das z. B. auch ein umwickeltes Auto in einem Zimmer oder ein Kunstwerk aus verschiedenfarbigen Lichtkegeln sein.

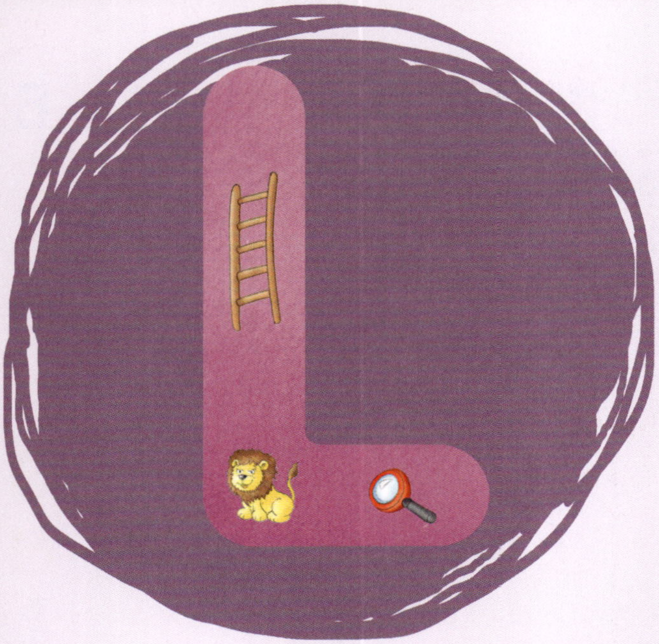

der Lastkraftwagen

Jeden Tag sind unzählige Lkws für uns unterwegs. Vom Auto bis zum Zucker transportieren sie alles, was wir brauchen. Groß oder klein, mit Anhänger oder ohne: Lkws sind wahre Alleskönner.

der Autotransporter Wenn neue Autos aus der Fabrik zum Autohändler gebracht werden sollen, könnte sie jemand dorthin fahren. Aber das wäre ganz schön umständlich. Außerdem besteht die Gefahr, dass das schöne neue Fahrzeug unterwegs beschädigt wird. Viel praktischer geht es mit dem Autotransporter: Auf diesem Spezial-Lkw haben in zwei Etagen übereinander rund acht Autos auf einmal Platz.

der Schneepflug Wenn es im Winter ordentlich schneit, kommen Schneepflüge zum Einsatz. Die Fahrzeuge besitzen vorne eine gewölbte Metallplatte, die Schar. Sie lässt sich nach links oder rechts schräg stellen. So kann die Maschine den Schnee zu beiden Seiten von der Straße schieben.

Auto 8 Feuerwehr 66 Straßenverkehr 184

die Spedition Die Spedition befördert Dinge von A nach B. Dafür besitzt sie viele eigene Lkws und hat Fahrer angestellt, die nicht selten durch ganz Europa fahren. Eine Spedition verfügt aber auch über Lagerräume für Waren und über Gabelstapler, die die Lkws beladen, und manchmal sogar über Schiffe und Frachtflugzeuge.

der Mobilkran Ein ausfahrbarer Kran auf einem Lkw ist ganz schön praktisch. Er hievt überall dort schwere Lasten hoch, wo ein großer Kran nicht hinkommt: zum Beispiel schwere Dachziegel oder Steine von der Straße auf die Baustelle oder nach einem Unfall einen Laster aus dem Straßengraben. Vorher muss der Mobilkran immer seine seitlichen Stützen ausfahren, damit er nicht umkippt.

das Feuerwehrauto
Feuerwehrautos sind richtige Spezial-Lkws. Manche bieten Platz für die Mannschaft und für Rettungs- und Löschgeräte, manche auch für einen großen Wassertank oder eine Drehleiter.

der Tieflader Dieser Lkw kann besonders große und schwere Lasten transportieren, zum Beispiel ganze Baumaschinen oder Teile von Windkraftanlagen. Die Ladefläche liegt tief über der Straße, damit der Tieflader selbst mit riesigen Lasten noch unter Brücken und Tunneln hindurchpasst.

A B C D E F G H I J K L M N O P Q R S T U V W X Y Z

die Luft

Auch wenn du sie nicht sehen kannst, ist Luft ein wichtiger Bestandteil unseres Lebens. Die Erde ist der einzige Planet im Universum, der von einer Luftschicht umgeben ist und so die für uns wichtigen Lebensbedingungen bietet.

der Sauerstoff

Sauerstoff benötigt der Mensch zum Leben. Wir atmen ihn ein. Pflanzen lösen Sauerstoff aus dem Wasser heraus und geben ihn in die Luft ab. Daher sind Pflanzen, vor allem große Bäume, für das menschliche Leben so wichtig.

die Schadstoffe

Die zunehmenden Verkehrs- und Industrieabgase verschmutzen die Luft. Bäume filtern diese Schadstoffe aus der Luft und geben frischen Sauerstoff zurück. Bei der hohen Verschmutzung können die Bäume die Luft aber nicht mehr ganz reinigen und es gibt weniger Sauerstoff in der Luft.

Womit misst man den **Luftdruck**?

die Luftfeuchtigkeit

Die Luftfeuchtigkeit gibt an, wie viel Wasserdampf in der Luft enthalten ist. Mit einem Hygrometer ermittelt man die aktuelle Luftfeuchtigkeit.

die Atmosphäre

Unsere Erde ist von einer Lufthülle umgeben, der Atmosphäre. Sie besteht aus verschiedenen Gasen und schützt die Erde am Tag vor Überhitzung durch zu viele Sonnenstrahlen. Nachts verhindert sie, dass die Wärme ins Weltall zurückgestrahlt wird. Die Atmosphäre ist in vier Schichten unterteilt: die Troposphäre, die Stratosphäre, die Mesosphäre und die Thermosphäre. Wir leben in der untersten Schicht, der Troposphäre.

Klima 106 Umwelt 196

die Stromlinienform Stromlinienförmig nennt man einen Gegenstand, der der Luft nicht viel Widerstand bietet. Bei einem Auto achtet man bei der Entwicklung z. B. darauf, dass der Luftstrom möglichst schnell über das Auto hinwegstreift. So ist das Auto schneller.

die Luft Die Luft um uns herum besteht aus einem Gemisch von Gasen. Diese sind farb- und geruchlos. Sie heißen Stickstoff, Sauerstoff, Edelgase, Wasserdampf und Kohlenstoffdioxid. Der Sauerstoff ist für uns Menschen lebenswichtig.

der Luftwiderstand
Die Luft, die uns umgibt, besteht aus unendlich vielen kleinen Teilchen. Wenn man sich hindurchbewegt, muss man diese Teilchen zur Seite schieben. Diese Kraft nennt man Luftwiderstand. Hält man beim Laufen einen geöffneten Schirm vor sich, ist das Gehen anstrengender, da man den Luftwiderstand überwinden muss. Je größer und breiter ein Gegenstand ist, desto größer ist der Luftwiderstand.

der Luftdruck Das Gewicht der Luft nennt man Luftdruck. Der Luftdruck beschreibt, wie viel Platz Luftteilchen haben. Auf hohen Bergen wird die Luft dünner. Mit einem Barometer kann man den Luftdruck messen. Bei hohem Luftdruck wird das Wetter schön, bei niedrigem Luftdruck eher schlecht.

die Luftfahrt

Fliegen wie ein Vogel, das fanden die Menschen schon immer traumhaft. Für uns heute ist ein Flug in den Urlaub fast so normal wie eine Autofahrt.

das Flugzeug

Wenn du schmale Wolkenstreifen am Himmel siehst, ist ein Flugzeug über dir geflogen. Die Maschinen befördern täglich Tausende Passagiere in den Urlaub, zu Verwandten oder zur Arbeit. Sie transportieren auch Briefe und Pakete in alle Welt oder Obst und Gemüse aus fernen Ländern zu uns. Starten und landen dürfen sie nur am Flughafen.

der Hubschrauber

Den Hubschrauber erkennst du an den sich schnell drehenden Rotorblättern. Sie sind wie die Tragflächen beim Flugzeug oben gewölbt und erzeugen daher Kraft nach oben, den Auftrieb. Gleichzeitig bringen sie den Schwung nach vorn. Hubschrauber sind enorm beweglich: Sie können senkrecht starten und landen, brauchen also keine lange Landebahn. Sie können enge Kurven, vorwärts und rückwärts fliegen und sogar auf der Stelle bleiben. Damit sind sie ideal für Rettungseinsätze auf der Straße, mitten im Wohngebiet oder in den Bergen.

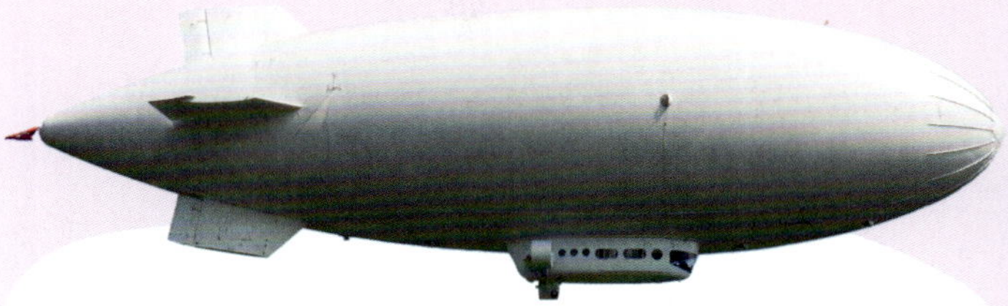

der Zeppelin

Anders als ein schweres Flugzeug ist ein Zeppelin leichter als die Luft um ihn herum. Das geht nur, weil sein großer Ballonkörper mit einem leichten Gas gefüllt ist. Wenn man einen Zeppelin nicht am Boden befestigt, schwebt er einfach davon. Früher fuhren Zeppeline mit vielen Reisegästen durch die Lüfte. Doch leider gab es immer wieder Unfälle, da das Gas im Ballonkörper leicht brennt. Schließlich mochte niemand mehr damit fliegen.

Flugzeug 72

die Drohne Ein Flugzeug ohne Pilot? Ja, das gibt es. Eine Drohne fliegt unbemannt, also ohne Menschen an Bord. Eigentlich gibt es auch einen Piloten, aber dieser bleibt am Boden und steuert das Fluggerät von dort. Drohnen sind klein und können auf ihren Flügen zum Beispiel Luftfotos machen oder Pakete ausliefern.

der Heißluftballon Ein Heißluftballon ist mit Luft gefüllt. Sie wird von einem Brenner erhitzt, dehnt sich dadurch aus und wird leichter. Irgendwann ist der Ballon leichter als die Luft außen herum und er hebt ab. Ballons sind nur etwas für Sport und Freizeit, nicht für die Reise. Das liegt daran, dass sie recht langsam und kaum zu steuern sind.

der Tower Der Tower ist der Kontrollturm auf dem Flughafen. In diesem Turm sitzen Fluglotsen, die den gesamten Flugverkehr rund um den Flughafen beobachten. Ohne ihre Erlaubnis darf kein Flugzeug starten oder landen.

das Gepäck
Wenn du viel Gepäck hast, musst du das vor einer Flugreise am Schalter abgeben. An deiner Tasche oder deinem Koffer wird dann ein Aufkleber befestigt, auf dem steht, in welches Flugzeug das Gepäck muss. Dann wird es auf einem Transportband zur richtigen Maschine gebracht und eingeladen

der Flughafen Flugzeuge starten und landen immer an Flughäfen. Dort gibt es lange Start- und Landebahnen. Von der Besucherterrasse aus kann man die unterschiedlichsten Maschinen beobachten. Damit sich die Flugzeuge auf dem Rollfeld zurechtfinden, sind überall Buchstaben und Nummern auf den Boden gemalt.

der Lurch

Lurche sind eine eigene Tierklasse und werden auch Amphibien genannt. Die Haut der Lurche ist immer feucht, damit die Tiere nicht austrocknen. Sie können im Wasser oder an Land leben.

die Geburtshelferkröte Die Geburtshelferkröte legt ihren Laich nicht in Gewässern ab. Stattdessen übernimmt das Männchen die Eier und klebt sie sich an die Hinterbeine. Sobald die Kaulquappen fertig zum Schlüpfen sind, trägt sie die Kröte ins Wasser.

der Frosch Frösche zählen zu den artenreichsten Amphibien. Sie leben immer in der Nähe eines Gewässers. Auf der Suche nach Futter können sie mit ihren langen Hinterbeinen große Sprünge machen.

der Salamander Salamander kriechen über den Boden. Am häufigsten trifft man bei uns auf den Feuersalamander, der waldreiche Lebensräume bevorzugt.

die Gelbbauchunke Die Gelbbauchunke hat ihren Namen wegen ihres Bauches, der in gelber Warnfarbe leuchtet. Diese soll Feinde der Unke abschrecken.

Hast du schon einmal einen Frosch gesehen?

die Schallblasen Beim Ausatmen pressen Frösche Luft in die Schallblasen, dadurch verstärken sich ihre quakenden Rufe. Damit locken sie Weibchen an.

Tiere 192 Wasser 208

der Laich Die Eier der Lurche bezeichnet man als Laich. Sie sind meist durchsichtig und haben keine feste Hülle. Die meisten Lurche legen ihren Laich im Wasser ab. Außer dem Feuersalamander. Er bringt lebende Larven zur Welt und setzt diese am Wasser ab.

die Metamorphose Metamorphose bezeichnet die Entwicklung der Amphibien vom Ei zum erwachsenen Tier. Der Frosch beispielsweise legt den Laich im Wasser ab. Daraus schlüpfen Kaulquappen. Diese leben im Wasser. Nach einiger Zeit wachsen ihnen Arme und Beine. Der Kaulquappenschwanz fällt ab und sie hüpfen an Land.

die Schleimdrüsen
Die Haut der Amphibien ist nicht von Fell oder Federn bedeckt. Sie ist dicht mit Gift- und Schleimdrüsen besetzt, die die Haut feucht halten. Vor ihren Feinden schützen sie sich mit Warn- oder Tarnfarben und Giften aus ihren Giftdrüsen.

die Atmung
Ausgewachsene Amphibien hüpfen an Land. Die Kiemen haben sich zurückgebildet und die Tiere atmen nun über die Lunge oder die Haut.

die Schwimmhaut
Lurche haben zwei Vorder- und zwei Hinterbeine. Die im Wasser lebenden Amphibien haben zwischen den Zehen Schwimmhäute, damit sie besser vorwärts kommen.

die Körpertemperatur
Lurche sind wechselwarme Tiere, die ihre Körpertemperatur an die Außentemperatur anpassen. Um die Temperatur konstant zu halten, sitzen sie im Winter gerne in der Sonne und nehmen im Sommer ein kühles Bad im Teich.

die Mathematik

Mathematik oder Mathe ist das Schulfach, in dem gerechnet wird. Aber du brauchst es nicht nur in der Schule, sondern jeden Tag.

das Minusrechnen

Luis bekommt von Jojo vier Spielzeugautos zum Geburtstag. Jojo leiht sich gleich ein Auto aus, um damit Rennen zu fahren. Mit wie vielen Autos kann Luis nun noch spielen? Dafür kann er minusrechnen, also etwas abziehen oder wegnehmen: Vier Autos waren zuerst da, eins wird weggenommen, es bleiben drei. In Mathe schreibst du das so: 4 – 1 = 3 (sprich: 4 minus 1 gleich 3). Wichtig: Zuerst steht das, was am Anfang da war, dann das, was weggenommen wird.

das Plusrechnen

Luis hat bald Geburtstag. Er möchte alle seine Freunde einladen: drei Jungs und zwei Mädchen. Wie viele Einladungskarten braucht er? Dafür muss Luis die Zahl der Jungs und Mädchen zusammenzählen: Drei Jungs und zwei Mädchen sind zusammen fünf Kinder. In der Mathesprache heißt das: 3 + 2 = 5 (sprich: 3 plus 2 gleich 5). Plusaufgaben kann man umdrehen: 3 + 2 und 2 + 3 haben das gleiche Ergebnis.

das Malnehmen

Für die Spiele am Kindergeburtstag gibt es Preise. Luis wünscht sich, dass jedes der drei Kinder drei Preise bekommt. Nun muss er malnehmen. Das ist, als würde er drei Haufen machen und auf jeden Haufen legt er drei Preise. In der Mathesprache heißt das: 3 × 3 = 9 (sprich: 3 mal 3 gleich 9). Malaufgaben kann man umdrehen: 6 × 3 und 3 × 6 ergeben beide 18.

Schule 172

	1	2	3	4	5	6	7	8	9	10
1	1	2	3	4	5	6	7	8	9	10
2	2	4	6	8	10	12	14	16	18	20
3	3	6	9	12	15	18	21	24	27	30
4	4	8	12	16	20	24	48	32	36	40
5	5	10	15	20	25	30	35	40	45	50
6	6	12	18	24	30	36	42	48	54	60
7	7	14	21	18	35	42	49	56	63	70
8	8	16	24	32	40	48	56	64	72	80
9	9	18	27	36	45	54	63	72	81	90
10	10	20	30	40	50	60	70	80	90	100

das Einmaleins 1 × 1 = 1, 2 × 1 = 2, 3 × 1 = 3 … So kannst du rechnen, bis du 10 × 1 = 10 erreichst. Dann machst du mit der 2 weiter: 1 × 2 = 2, 2 × 2 = 4, 3 × 2 = 6 … Alle Malaufgaben mit allen Zahlen zwischen 1 und 10 nennt man das kleine Einmaleins. Du solltest es auswendig können.

das Halbieren Beim Halbieren errechnest du die Hälfte einer Menge oder Zahl. Wenn Luis zum Beispiel seine Spielzeugautos mit seinem Freund Jojo teilen will, halbiert er die Anzahl der vier Autos. Dafür teilt er durch zwei: 4 : 2 = 2.

das Teilen Lecker, Papa hat Mini-Muffins gebacken! Wie viele kann jeder essen? Luis teilt jetzt: Er verteilt die zwölf Muffins gleichmäßig auf vier Teller und sieht, dass jeder drei essen kann. Dein Mathelehrer schreibt das so: 12 : 4 = 3 (sprich: 12 geteilt durch 4 gleich 3). Geteiltaufgaben darfst du nicht umdrehen.

das Verdoppeln Nächstes Jahr möchte Luis am liebsten doppelt so viele Kinder einladen. Er muss verdoppeln, also die gleiche Menge Kinder zu den Gästen dazu rechnen. Dafür kann er entweder die Zahl plus sich selbst rechnen oder sie mal zwei nehmen. Das Doppelte von 5 rechnet Luis so aus: 5 + 5 = 10. Oder so: 5 × 2 = 10.

die Medien

Über Medien werden Informationen ausgetauscht. Wir nutzen Medien zur Unterhaltung und um Neuigkeiten zu erfahren.

der Computer Ein Computer ist eine Art Rechenmaschine. Mit dem Computer kann man Texte verfassen, rechnen, Bilder bearbeiten und Spiele spielen. Hat der Computer einen Internetzugang, kann man auf die verschiedenen Homepages zugreifen und E-Mails schreiben oder verschicken.

das Radio Das Radio empfängt die Radiowellen der verschiedenen Radiosender. Für jeden Geschmack gibt es einen passenden Sender. Manche Programme senden viele Nachrichten, andere spielen aktuelle Musik und sogenannte Oldie-Sender spielen Lieder von früher.

das Fernsehen Über ein Kabel, eine Antenne oder eine Satellitenschüssel empfängt der Fernseher verschiedene Programme. Für Kinder gibt es spezielle Sender mit Kindernachrichten und Serien.

das Handy Ein Handy funktioniert wie ein Telefon, nur dass man von jedem Ort der Welt miteinander sprechen kann. Mittlerweile haben sich Handys weiterentwickelt. Mit sogenannten Smartphones kann man ins Internet gehen und E-Mails schreiben.

das Telefon Mit einem Telefon können Personen trotz großer Entfernungen miteinander sprechen. Die Sprache wird in elektrische Signale umgewandelt, die über Leitungen und Satelliten zum Empfänger geleitet werden.

Computer 36 Handy 90

das Kino Ein Kino ist ein großer Lichtspielsaal. Auf bequemen Sitzen schauen viele Zuschauer gemeinsam einen Film auf einer großen Leinwand an. Mittlerweile gibt es auch 3-D-Filme, die die Figuren noch realistischer ins Kino bringen. Zum Ansehen dieser Filme setzen die Zuschauer 3-D-Brillen auf.

die Zeitung In einer Zeitung kann man die aktuellen Ereignisse und Nachrichten lesen. Viele Zeitungen erscheinen täglich (außer sonntags). Diese nennt man Tageszeitungen. In den Zeitungsredaktionen wird den ganzen Tag über geschrieben, damit die Zeitung in der Nacht gedruckt werden kann. Die Wochenzeitungen erscheinen wöchentlich. Eine Zeitung besteht aus verschiedenen Teilen, z. B. Politik, Wirtschaft und Sport.

die Zeitschrift Eine Zeitschrift erscheint nicht täglich. Tagesaktuelle Nachrichten findet man hier selten, da sie so schnell veralten. Meist haben Zeitschriften einen bestimmten Themenschwerpunkt oder eine bestimmte Leserschaft: Für Fußballinteressierte gibt es Fußballzeitschriften, für Kinder gibt es Kinderzeitschriften und für Leute, die gerne kochen, werden Kochzeitschriften produziert.

das Buch In Büchern werden Geschichten aufgeschrieben oder sachliche Inhalte erklärt. Meist wird der Text durch Illustrationen oder Fotos ergänzt, um den Inhalt verständlich zu machen oder zu verschönern. Ein Buch wird in einer Druckerei auf Papier oder Pappe gedruckt. Man kann es überallhin mitnehmen.

das Meer

Unsere Erde ist zu 70 Prozent mit Wasser bedeckt, daher wird sie auch „Blauer Planet“ genannt. An das Leben im und am Wasser haben sich viele Tiere angepasst.

die Düne Dünen entstehen durch den Wind. Dieser pustet Sand zu kleinen Hügeln zusammen. An der Küste sind manche Dünen mit Gräsern und Sträuchern bewachsen. Die Wurzeln der Pflanzen halten die Düne zusammen. So kann sie nicht weiter weggeweht werden.

die Muschel Muscheln sind kleine Tiere, die im Meer und an der Küste leben. Die Muschelschale dient ihnen dabei als Schutz. Die Muschel selbst sitzt in der Schale und hat einen weichen Körper. Diese Muschelschalen können von Art zu Art sehr unterschiedlich aussehen: Manche sind lang und schmal, andere sehen wie ein Schneckenhaus aus und wieder andere haben die Form eines Tellers.

die Insel Als Insel wird eine Landfläche bezeichnet, die komplett vom Wasser umschlossen ist. Großbritannien oder Island sind Inseln, die komplett vom Atlantischen Ozean umschlossen sind.

Hast du schon einmal am Meer **Muscheln** gesammelt?

der Ozean Auf der Erde gibt es drei große Weltmeere: den Pazifischen Ozean, den Indischen Ozean und den Atlantischen Ozean. Zu den Ozeanen gehören auch viele kleinere Meere, wie z. B. die Nordsee. Andere Meere sind von den Ozeanen abgeschlossen und liegen als Binnenmeer zwischen verschiedenen Ländern, wie z. B. das Mittelmeer.

die Welle Über das Meer weht meist ein starker Wind. Dieser wühlt das Meer auf und sorgt dafür, dass Wellen entstehen. Viele der Wellen sind ganz ungefährlich.

die Küste Die Küste ist die Stelle, an der das Wasser auf das Land trifft. Keine Küste sieht gleich aus. An manchen Stellen stehen riesig hohe Felsen, sodass man von dort aus gar nicht ans Wasser kommen kann. Andere Küsten sind ganz flach und gehen mit einem Sandstrand ins Wasser über.

Fisch **68** Wal **204** Wasser **208**

das Watt Das Watt ist ein Teil der Küste, der stark von Ebbe und Flut beeinflusst ist. Die Fläche, die bei Ebbe trocken fällt, bezeichnet man als Wattfläche. Im Watt ist ganz schön was los: Bei Ebbe blubbert und knistert der Boden. Die über zwei Millionen Organismen, die in einem Kubikmeter Watt leben, atmen und bewegen sich: Sand- und Seeringelwürmer, Schnecken, Muscheln und Krabben.

der Krebs Krebse besitzen eine harte Schale, die die inneren Organe schützt. Zudem haben sie die vorderen Extremitäten zu Scheren umgebildet. Es gibt über 67.000 unterschiedliche Krebsarten.

die Ebbe und die Flut Im Verlauf des Tages kann man an der Küste Ebbe und Flut beobachten. Bei Ebbe zieht sich das Wasser zurück. Weite Teile des Meeresbodens werden nun freigelegt. Nach etwa 6 Stunden kommt das Wasser wieder, die Flut setzt ein. An einem Tag gibt es etwa zweimal Ebbe und zweimal Flut. Ebbe und Flut zusammen nennt man auch „die Gezeiten“. Sie werden durch den Mond gesteuert.

das Korallenriff Korallen werden aufgrund ihres Aussehens auch Blumentiere genannt. Sie werden nämlich oft mit einer Pflanze verwechselt. Das tropische Korallenriff besteht aus Korallen, die nur bei Wassertemperaturen um die 20° C überleben können und Sonnenlicht zum Leben brauchen.

die Möwe Die meisten Möwen leben an der Küste. Dort finden sie auch viel Nahrung: Fische oder Krebstiere stehen auf ihrem Speiseplan. Möwen sind Allesfresser; sie nehmen auch Aas oder Abfälle zu sich. Möwen haben sehr lange Flügel, mit denen sie an der Küste in der Luft kreisen. Das Gefieder ist meist weiß-grau.

der Müll

Verpackungen, Essensreste, kaputtes Spielzeug: Wir schmeißen täglich Dinge weg, die wir nicht mehr brauchen. Doch damit sind sie noch nicht am Ende ihrer Laufbahn. Unser Müll hat oft noch eine lange, spannende Reise vor sich.

das Müllauto Das Müllfahrzeug fährt durch die Straßen und nimmt den Abfall mit. Dafür werden die Tonnen hinten eingehängt, automatisch hochgehoben und in den großen Laderaum geleert. Damit das Müllauto nicht zu schnell voll ist, schiebt eine Presse den Abfall im Inneren immer wieder ganz dicht zusammen. Es gibt extra Müllautos für Restmüll, Altpapier, Kompost und gelbe Säcke.

die Mülltrennung Auch wenn du die Schulbrottüte nicht mehr brauchst: Aus der Folie kann man wieder etwas Neues herstellen. Viele Dinge, die wir wegwerfen, sind eigentlich noch ganz wertvoll. Deshalb trennen wir Müll: Glasflaschen kommen in einen Container, Altpapier in einen anderen, Verpackungen aus Kunststoff und Metall in den Gelben Sack, Pflanzen- und Essensreste auf den Kompost und der Restmüll in die Tonne.

die Deponie Der Restmüll, zum Beispiel Windeln, alte Schuhe, schmutzige Taschentücher, wird auf einem riesigen Müllhaufen gesammelt, der Deponie. Darunter muss eine feste Schicht Kies oder Lehm sein, damit keine Giftstoffe aus dem Abfall ins Grundwasser gelangen. Von oben wird der Müllberg nach einiger Zeit mit Erde bedeckt, und Gras und Bäume werden angepflanzt. Er sieht dann fast so aus wie ein natürlicher Hügel.

Umwelt **196**

die Verbrennung
Damit unsere Landschaft nicht voll ist mit Müllbergen, werden manche Abfälle auch verbrannt. Das Praktische ist: Man kann mit der Hitze des Feuers Strom erzeugen oder sie als Wärme zum Heizen nutzen.

das Recycling Müll besteht oft aus wertvollen Stoffen. Damit die nicht auf der Deponie verschwinden, werden sie wiederverwendet. Das nennt man Recycling (sprich: rissaikling). So lässt sich etwa aus einer alten Zeitschrift wieder neues Papier herstellen und aus den Scherben von alten Glasflaschen entstehen neue.

Wie kannst du zu Hause **Müll vermeiden?**

die Kompostierung
Bananenschalen, Apfelreste, Teebeutel, Kartoffelpelle: Solche Reste landen in der Komposttonne oder zu Hause auf dem Komposthaufen. Dann muss man eigentlich gar nichts tun, nur warten. Wie von Zauberhand wird aus den Abfällen gute schwarze Erde. Dafür sorgen Lebewesen im Boden, etwa Pilze, Schnecken und Regenwürmer. Im Kompostwerk wird der Kompost erwärmt, belüftet und feucht gehalten, dann geht es schneller.

die Musik

Mit Musik kannst du Gefühle ausdrücken, egal ob Wut, Traurigkeit oder Freude. Das kannst du mit deiner Stimme oder mit Instrumenten tun.

die Band Die Anzahl an Musikern in einer Band richtet sich nach der Musikrichtung, die sie spielen. In einer Rockband spielen oft zwei E-Gitarren, ein E-Bass und ein Schlagzeug. Bei einer Jazz-Band findet man neben dem Schlagzeug noch einen Kontrabass und vielleicht ein Klavier.

der Kopfhörer Mit einem Kopfhörer kann man laut Musik hören, ohne dass es jemand anderen stört. Früher waren die Kopfhörer noch sehr groß und man konnte sie nur zu Hause verwenden. Heute gibt es praktische, kleine Kopfhörer, die aussehen wie Stöpsel.

die CD Die CD ist ein Tonträger, auf dem Musik gespeichert ist. Der CD-Player entschlüsselt die Daten auf der CD und spielt die Lieder ab. Früher gab es Musikkassetten und Langspielplatten. Heute wird Musik auch oft über einen MP3-Player gehört.

das Musikinstrument Es gibt die unterschiedlichsten Musikinstrumente auf der Welt. Mit einem Musikinstrument kann man Musik machen bzw. unterschiedliche Töne erzeugen. Es gibt Schlag-, Blas- und Saiteninstrumente. Viele Kinder fangen im Kindergarten mit der Blockflöte oder dem Glockenspiel an, Musik zu machen.

Kunst 116

das Orchester In einem Orchester spielen viele Musiker unterschiedliche Instrumente. Der Dirigent leitet das Orchester und sorgt dafür, dass alle Musiker zur richtigen Zeit spielen. In einem Orchester spielen je nach Stück unterschiedliche Instrumente zusammen. Musiker mit ähnlichen Instrumenten teilt man in Gruppen ein: Die Streicher bestehen aus Geige, Bratsche, Cello und Kontrabass. Dahinter sitzen die Holzbläser (Querflöte, Oboe, Klarinette und Fagott) und die Blechbläser (Trompete, Horn, Posaune, Tuba). Zu den Schlaginstrumenten gehören z. B. Pauke, Triangel und Xylofon.

die Note Noten sind die Schrift der Musik. Mit Noten werden Lieder so aufgeschrieben, dass andere sie spielen und singen können. Eine Note ist ein schwarzer Kreis mit einem langen Strich, dem Hals. Sie steht zwischen oder auf einer der 5 Notenlinien. Je nachdem, ob der Kreis ausgemalt ist oder ob der Hals ein Fähnchen hat, weiß der Musiker, wie lang der Ton gespielt werden muss.

der Komponist
Ein Komponist ist jemand, der Musikstücke erfindet und aufschreibt. Oft hören Komponisten eine Melodie bereits in ihrem Kopf, bevor sie sie aufschreiben. Berühmte Komponisten klassischer Musik sind Wolfgang Amadeus Mozart oder Johann Sebastian Bach.

die Musikstile Es gibt unterschiedliche Musikstile. Orchester spielen meist klassische Stücke für viele Instrumente. Neben der klassischen Musik gibt es auch die populäre Musik, kurz Popmusik genannt. Andere Bands und Gruppen spielen beispielsweise Jazz, Rock, Hip-Hop oder deutschen Schlager.

das Musizieren Musizieren bedeutet, dass man Musik macht. Das kann man alleine oder mit mehreren Leuten. Meist musiziert man zu Hause. Spielen mehrere Mitglieder einer Familie ein Instrument, nennt man das Hausmusik.

die Nahrung

Die Nahrung liefert unserem Körper die Energie, die er für das tägliche Leben braucht. Damit wir kräftig und gesund bleiben, müssen wir uns richtig ernähren.

das Getränk Der Körper benötigt neben dem Essen auch ausreichend Flüssigkeit. Denn der Mensch besteht zu einem großen Teil aus Wasser. Das Wasser dient unserem Körper als Transport- und Lösungsmittel. Ein Kind sollte ungefähr 1,5 – 2 Liter Wasser am Tag trinken.

das Kochen Beim Kochen erhitzt man Flüssigkeiten und bereitet Lebensmittel durch Backen, Braten oder Grillen zu. Die meisten Menschen kochen nach einem Rezept. In diesem ist genau vermerkt, welche Zutat und wie viel davon benötigt wird, und was mit diesen zu tun ist.

das Eiweiß Eiweiß ist ein wichtiger Baustein, den der Körper zum Wachsen braucht. Eiweiß findet man in Milchprodukten, Fisch, Fleisch, Nüssen und Eiern. Fleisch sollte man etwa zwei- bis dreimal pro Woche essen, Fisch und Ei einmal. Milchprodukte gehören jeden Tag auf den Speiseplan.

die Ernährungspyramide Die menschliche Ernährung setzt sich aus vielen Bausteinen, wie z. B. Getreide- und Milchprodukten, Fetten und Fleisch, zusammen. Das richtige Verhältnis dieser Bausteine zeigt die Nahrungspyramide. Je kleiner das Feld ist, desto weniger sollte man davon essen.

die Ballaststoffe Ballaststoffe sind für den Körper wichtig Sie unterstützen die Verdauung und damit die Verwertung der Nahrung im Körper. Ballaststoffe stecken vor allem in Vollkornprodukten und Hülsenfrüchten wie Erbsen oder Bohnen.

Brot **28** Gemüse **82** Gesundheit **88** Käse **100** Obst **158**

die Vitamine und Mineralstoffe

Obst und Gemüse enthalten viele Vitamine und Mineralstoffe. Daher sollten diese Lebensmittel zu jeder Mahlzeit gegessen werden. Die Inhaltsstoffe helfen bei der Abwehr von Krankheiten und sorgen für ein gutes Allgemeinbefinden.

die Süßigkeiten

Süßigkeiten wie Bonbons oder Schokolade enthalten viel Zucker. Das ist nicht nur ungesund für die Zähne, sondern auch für den Körper. Zucker wird im Körper in Energie umgewandelt. Die Energie, die der Körper nicht benötigt, speichert er in Form von Fett. Deswegen sollten Süßigkeiten nur in Maßen gegessen werden.

die Kohlenhydrate

Kohlenhydrate geben Kraft. Brot, Brötchen, Reis, Nudeln und Kartoffeln sind voller Kohlenhydrate. Sie sollten Grundlage einer jeden Mahlzeit sein.

Was isst du am liebsten?

der Vegetarier

Einige Menschen essen kein Fleisch, weil ihnen die Tiere leidtun. Man nennt diese Menschen Vegetarier. Veganer gehen sogar noch einen Schritt weiter. Sie essen gar keine tierischen Produkte, also auch keine Eier, keinen Käse, keine Butter und auch keine Gummibärchen (dort ist tierische Gelatine enthalten).

das Fett

Fett ist vor allem in Öl, Butter und Margarine enthalten, aber auch tierische Lebensmittel enthalten Fette.

das Obst

Obst ist gesund und versorgt deinen Körper mit wichtigen Vitaminen. Überall auf der Welt wachsen Obstsorten in unterschiedlichen Größen.

der Pfirsich

die Pflaume

das Steinobst Steinobst hat in seinem Inneren einen festen Kern. In diesem liegt der Samen gut verpackt. Zu den Steinobstsorten gehören z. B. die Pflaume, die Zwetschge, der Pfirsich, die Aprikose und die Kirsche.

die Kirsche Da die Kirsche zum Steinobst gehört, besitzt sie einen harten Kern im Inneren des Fruchtfleischs. Dieser trägt den Samen der Frucht. Die Blüten stehen zu zweit oder zu viert am Ast. Daher findet man die reifen Früchte meist paarweise am Baum hängen.

die Quitte

das Kernobst Wenn sich aus einer Blüte eine Frucht entwickelt, die im Inneren mehrere Kerne enthält, spricht man von Kernobst. Zu den Kernobstsorten gehören z. B. der Apfel, die Birne und die Quitte.

der Apfel Der Apfel ist eine beliebte heimische Obstsorte. Er ist eine Scheinfrucht, denn die eigentliche Frucht ist nur das Kerngehäuse mit seinen 5 Kernen. Das Fruchtfleisch außen herum ist im biologischen Sinne keine Frucht.

die Birne

Gemüse 82 Nahrung 136

die Himbeere

das Beerenobst Beim Beerenobst sind die Samen in das Fruchtfleisch eingebettet. Die Beeren werden z. B. von Vögeln gefressen. Diese verdauen das Fruchtfleisch und scheiden den Samen wieder aus. Auf diese Weise verbreiten sich die Beeren. Zum Beerenobst gehören die Stachelbeere, die Erdbeere, die Brombeere, die Johannisbeere, die Heidelbeere und die Himbeere.

die Erdbeere Erdbeeren wachsen meist in Bodennähe an einer krautigen Pflanze. Die Erdbeere hat für ihre Verbreitung einen sehr schlauen Trick: Die eigentlichen Früchte der Erdbeere sind nämlich die kleinen Nüsschen, die als braune Punkte auf der Erdbeere sitzen. Tiere fressen die auffällige Frucht, scheiden die kleinen Nüsschen wieder aus und verbreiten damit die Frucht.

die Johannisbeere

die Ananas

die Melone Melonen sind mit dem Kürbis verwandt. Die Frucht wächst nah am Boden an krautigen Pflanzen. Im Inneren der Melone liegt das Fruchtfleisch, das zu 96 Prozent aus Wasser besteht. In dem Fruchtfleisch liegen die Samen.

die exotischen Früchte Exotische Früchte sind Früchte, die bei uns nicht oder nur wenig wachsen, weil es hier nicht warm genug ist. Man nennt diese Früchte auch Südfrüchte, weil sie meist aus dem warmen Süden kommen. Zu den Exoten zählen u. a. die Banane, die Feige, die Kiwi, der Granatapfel, die Orange und die Zitrone, die Ananas und die Melone.

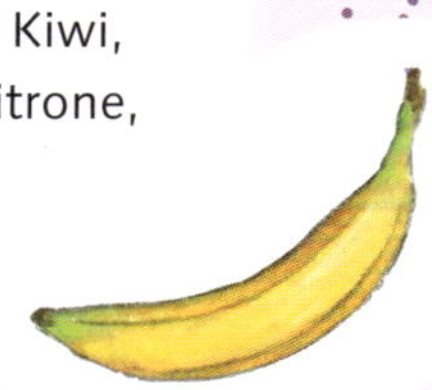

die Walnuss

die Banane

die Schalenfrucht Zum Schalenobst gehören all die Früchte, bei denen die Außenwände verholzt sind. Im Inneren der Frucht befindet sich nur noch der Samen. Auch wenn es ungewöhnlich klingt: Haselnüsse, Walnüsse, Cashewnüsse und Mandeln zählen zu den Schalenfrüchten und gehören damit zum Obst.

die Haselnuss An Haselnussbäumen und -sträuchern wächst die Haselnuss heran. Die Frucht besitzt einen sehr hohen Ölgehalt. Gleichzeitig ist sie reich an Vitaminen und Mineralstoffen.

die Mandel

österreich

Das Land reicht vom Bodensee bis zur ungarischen Grenze. Es ist für seine Seen, Berge und die wundervolle Landschaft bekannt. Aber auch in der Musikgeschichte spielt Österreich eine wichtige Rolle.

die Bundesländer

Österreich ist wie Deutschland und die Schweiz ein Bundesstaat, also ein Zusammenschluss aus kleineren Ländern. Die neun österreichischen Bundesländer heißen: Burgenland, Kärnten, Niederösterreich, Oberösterreich, Salzburg, Steiermark, Tirol, Vorarlberg und Wien.

die Flagge

Österreichs Flagge ist rot weiß rot und zählt zu den ältesten Hoheitszeichen der Welt. Sie geht auf die Babenberger zurück, die im Mittelalter eine Zeit lang über das heutige Österreich herrschten.

Wien Wien ist die Hauptstadt von Österreich und mit fast zwei Millionen Einwohnern auch die größte Stadt des Landes. Wien liegt an der Donau. Es war in früheren Jahrhunderten Hauptstadt des österreichischen Kaiserreichs. Daher gibt es hier das große Schloss Schönbrunn und viele andere prächtige alte Gebäude. Weitere große Städte in Österreich sind Graz, Linz, Salzburg, Bregenz.

Berg **20** Deutschland **38** Erde **52** Politik **150** Schweiz **174**

die Alpen Mehr als die Hälfte Österreichs ist von den Alpen bedeckt. Besonders im Westen des Landes ist das Gebirge hoch. Der höchste Berg Österreichs, der Großglockner, misst 3.798 Meter. Die Alpen sind ein beliebtes Ziel für Touristen aus aller Welt. Im Sommer kommen sie zum Wandern und Klettern, im Winter zum Skifahren. In den Alpen gibt es einmalige Tiere und Pflanzen, wie zum Beispiel Steinbock, Gams und Murmeltier, Enzian, Edelweiß und Alpenrose.

der Neusiedlersee In Österreich gibt es eine Menge große und kleine Seen. Der größte ist der Neusiedlersee im Burgenland. Auch der riesige Bodensee an der Grenze zu Deutschland und der Schweiz gehört teilweise zu Österreich. Außerdem sind der Wörthersee, der Mondsee, der Attersee und der Wolfgangsee bei Besuchern beliebt.

Kennst du Musik von **Mozart**?

die Donau Der größte Fluss Österreichs ist die Donau. Sie fließt durch das flache Donautal im Osten des Landes und durch die Hauptstadt Wien.

die Musik Österreich ist die Heimat vieler bekannter Komponisten, also von Menschen, die sich Musik ausgedacht haben. Bekannte Musikerfinder aus Österreich sind zum Beispiel Joseph und Michael Haydn, Anton Bruckner oder Franz Schubert. Wolfgang Amadeus Mozart findest du auf der Ein-Euro-Münze des Landes.

das Pferd

Manche Menschen sagen: Das Glück der Erde liegt auf dem Rücken der Pferde. Und wer nicht reiten mag, findet das Glück vielleicht mit einem alten Hufeisen – oder beim Lesen dieser spannenden Pferde-Infos.

die Stute Eine Stute ist ein weibliches Pferd.

das Fohlen Fohlen sind die Pferdekinder. Ab dem ersten Geburtstag nennt man sie Jährlinge.

der Hengst Ein Hengst ist ein Pferdemann. Der Zuchthengst ist der Vater vieler Fohlen.

die Reitkleidung Am wichtigsten für Reiter ist ihr Helm, er schützt den Kopf bei Stürzen. Reithosen haben Leder an den Innenseiten der Beine, das hält lange und man rutscht nicht so leicht aus dem Sattel. Reitstiefel können kniehoch oder knöchelhoch sein. Manche Reiter tragen Handschuhe, damit die Zügel nicht an den Fingern reiben.

das Pony Ein Pony ist ein kleines Pferd. Die Größe von Pferden (das Stockmaß) misst man am Widerrist, dem kleinen Höcker zwischen Mähne und Rücken. Ponys haben ein Stockmaß von höchstens 148 cm. Es gibt viele Ponyrassen, zum Beispiel Isländer, Haflinger und Shetlandpony.

Pferd 144 Säugetiere 168 Tiere 192

der Vollblüter
Diese Pferderassen stammen von arabischen Pferden ab. Sie sind schlank und elegant. Englische Vollblüter sind die schnellsten Galopprennpferde der Welt.

der Warmblüter
Warmblüter sind wendig und elegant wie Vollblüter, aber gutmütig wie Kaltblüter. Sie sind besonders erfolgreiche Sportpferde. Bekannte Warmblutrassen sind Hannoveraner, Oldenburger und Trakehner.

der Kaltblüter
Kaltblüter sind große, starke und sehr gutmütige Pferde. Sie wurden gezüchtet, um schwer zu arbeiten. Noch heute transportieren Kaltblüter als Holzrückepferde gefällte Baumstämme aus dem Wald.

der Sattel Der Sattel ist eine Art Sitzkissen speziell fürs Reiten. Durch die dicke Polsterung ist es für Pferd und Reiter bequemer. Dank des Sattelgurts, der eng um den Bauch geschnallt wird, und der Steigbügel, in denen der Reiter die Füße abstützt, ist das Reiten außerdem viel sicherer.

das Wildpferd
Unsere Reitpferde und Ponys sind zahme Haustiere, stammen aber von wilden Pferden ab. Die einzigen Wildpferde heute sind die Przewalski-Pferde in Asien.

das Hufeisen Beim Reiten können die Pferdehufe kaputtgehen. Zum Schutz beschlägt der Hufschmied die Tiere: Er nagelt gebogene Eisen unter die Hufe. Pferdehufe sind aus Horn wie unsere Fingernägel. Daher tut das Beschlagen den Tieren nicht weh. Eisen war früher selten und ziemlich wertvoll. Kein Wunder, dass man glaubte: Wer ein Hufeisen findet, hat richtig viel Glück.

das Pferd

die Dressur Bei der Dressur bringt man dem Pferd bei, auf kleine Zeichen des Reiters bestimmte Bewegungen oder Übungen auszuführen. Ein wenig Dressur gehört zur Ausbildung jedes Pferdes und jedes Reiters. Man reitet etwa im Dressurviereck bestimmte Formen wie Schlangenlinien und Kreise oder wechselt die Gangart. Als Sport ist Dressur eine Kunst. Pferd und Reiter müssen dafür jahrelang trainieren.

das Vielseitigkeitsreiten
Bei dieser Pferdesportart müssen Pferd und Reiter drei verschiedene Prüfungen ablegen: in Dressur, Springen und im Geländereiten. Im Gelände geht es mal auf festen Wegen, mal querfeldein. Unterwegs gibt es viele Hindernisse wie Gräben und Mauern.

das Voltigieren
Beim Voltigieren macht man Turnübungen auf dem Pferderücken. Dabei lässt ein Lehrer das Pferd an einer langen Leine, der Longe, im Kreis laufen.

das Springreiten Beim Springturnier überwinden Pferd und Reiter die Hindernisse in einer festen Reihenfolge. Es gibt Hochsprünge (sie sind schmal und hoch), Weitsprünge (sie sind flach, aber weit) und Hochweitsprünge (sie sind beides). Anfänger beginnen mit niedrigen Sprüngen. Die höchsten Sprünge sind 160 cm hoch, das ist fast so groß wie eine erwachsene Frau.

Pferd **142** Säugetiere **168** Tiere **192**

das Rennen Beim Galopprennen laufen Pferde um die Wette. Ihre Reiter, die Jockeys, sind sehr klein und leicht. Erfolgreiche Rennpferde sind mehrere Millionen Euro wert. Beim Trabrennen sitzen die Reiter meist nicht auf dem Pferderücken, sondern in einer leichten Kutsche, dem Sulky.

der Fahrsport Pferdesport mit Kutschen und Wagen nennt man Fahrsport. Manchmal sind ein, zwei, vier oder mehr Tiere vor den Wagen gespannt.

die Gangart Die meisten Pferde beherrschen drei Gangarten: den gemächlichen Schritt, den etwas schnelleren Trab und den raschen Galopp. Einige Pferderassen beherrschen noch weitere Gangarten: Pass, Tölt und Foxtrott.

das Polo Polo ist wie eine Mischung von Fußball und Golf auf dem Pferderücken: Vier Reiter pro Team befördern den Ball mit langen Schlägern in Richtung Tor.

der Wanderritt Mit dem Pferd mehrere Tage lang draußen unterwegs sein, das Gepäck in den Satteltaschen, abends im Zelt oder auf einem Reiterhof übernachten: So einen Urlaub mit Pferd nennt man Wanderritt.

die Pflanze

Es gibt mehr als 380 000 verschiedene Pflanzenarten auf der Welt. Von winzig klein bis riesig groß bevölkern sie die Erde.

der Strauch

die Blume

der Baum

die Pflanze

Alle Pflanzen besitzen grüne Blätter und haben den gleichen G´undaufbau: Wurzeln, Stängel, Blätter und Blüten. Mit den Blättern produzieren sie Sauerstoff, den Tiere und Menschen zum Leben benötigen. Zu den Pflanzen gehören z. B. Bäume, Sträucher, Blumen, Wasserpflanzen und fleischfressende Pflanzen.

das Blattgrün

Die Blätter der Pflanzen sind grün. Ihre Farbe erhalten sie von einem Stoff in der Pflanze, dem sogenannten Blattgrün (Chlorophyll). Dieses Blattgrün baut sich im Herbst ab. Dadurch werden die Blätter erst rot, dann gelb, bevor sie endgültig vom Baum fallen.

die Wasserpflanzen

Wasserpflanzen haben sich an das Leben im und unter Wasser angepasst. Man unterscheidet zwei Sorten: die freischwimmenden Wasserpflanzen (z. B. Wasserhyazinthen) und die am Boden verwurzelten wie die Seerose.

die fleischfressende Pflanze

Manche Pflanzen fressen sogar Fleisch. So lockt etwa der Sonnentau Kleintiere und Insekten auf seine Blätter, wo sie sich in einer Art Klebstoff verfangen. Allmählich werden sie dann verdaut.

die Atmung

Die Pflanzen atmen. Sie nehmen das Gas Kohlendioxid aus der Luft auf und geben Sauerstoff wieder ab. Zum Überleben benötigen Pflanzen außerdem Wasser und Nährstoffe, die sie über die Wurzeln aus der Erde holen.

→ Baum **16** Blumen **26** Wald **206**

das Herbarium Ein Herbarium ist ein Buch, in das man getrocknete Pflanzen klebt. Damit das funktioniert, musst du deine Fundstücke erst zwischen zwei Lagen Küchenpapier packen und dann Bücher drauf stapeln. So wird der Saft aus den Pflanzen gepresst und aufgesaugt. Erst wenn deine Schätze trocken sind, kannst du sie einkleben. Achtung: Pflücke keine geschützten oder bedrohten Pflanzenarten!

das Moos Moos kennst du sicher aus dem Wald. Es sieht oft aus wie ein dichtes, weiches Polster. Manche Arten sind kräftig dunkelgrün, andere hellgrün, gelblich oder fast weiß. Manche sind kurz und weich, andere richtig fest und struppig. Forscher kennen ungefähr 16.000 verschiedene Arten von Moosen. Von anderen Pflanzen unterscheiden sich Moose dadurch, dass sie keine festen Stützteile bilden wie Ast, Zweig oder Stängel. Auch das Wasser wird ganz anders aufgenommen, meist nicht innen in den Pflanzen, sondern über die Oberfläche.

Fossiler Farn

der Farn Farne gibt es auf der ganzen Welt, aber immer an feuchten, schattigen Plätzen. Vielleicht kennst du Farn auch von einem Waldspaziergang? Auffällig sind die typischen Farnwedel, die sich im Frühjahr entrollen und im Herbst vertrocknen. Farne gab es schon vor 400 Millionen Jahren. Damals waren sie groß wie Bäume und bildeten ganze Wälder. Heute kennen Forscher rund 12.000 Farnarten. Die meisten wachsen in den Tropen.

der Pilz

Pilze gehören weder zum Tier- noch zum Pflanzenreich, sondern bilden neben diesen beiden Reichen ein eigenes. Pilze sind eben Pilze.

der Fliegenpilz

der Pfifferling

die Morchel

der Steinpilz

der Speisepilz Essbare Pilze heißen Speisepilze. Hierzu gehören z. B. Steinpilze, Morcheln oder Pfifferlinge. Man isst nur den Fruchtkörper des Pilzes. Eine wahre Delikatesse sind Trüffel. Diese Pilze wachsen unter der Erde und kosten bis zu 9.000 Euro pro Kilogramm.

der Giftpilz Aufgepasst! Nicht alle Pilze sind essbar und viele sind sogar giftig, z. B. der Fliegenpilz oder der Knollenblätterpilz. Manche Pilze sehen sich so ähnlich, dass nur ein Kenner die essbaren von den giftigen unterscheiden kann.

der Knollenblätterpilz

die Sporen Auf der Unterseite der Hüte befindet sich die Fruchtschicht. Beim Champignon hat sie die Form von blattartigen Lamellen. Sie kann aber auch die Form von Röhren oder Leisten haben. In dieser Fruchtschicht befinden sich die Sporen. Sie werden wie feiner Staub durch den Wind davongeweht. Wo sie landen, bildet sich ein neuer Pilz.

die Wurzel Der Pilz wächst unter der Erde. Er besteht aus einem Geflecht feiner wurzelähnlicher Fäden, Myzel genannt. Das Pilzgeflecht breitet sich oft über mehrere Quadratmeter aus. Mithilfe dieses Wurzelnetzwerks holen die Pilze Nährstoffe aus dem Boden oder dem Holz, in dem sie wachsen.

der Fruchtkörper Erst wenn der Fruchtkörper an die Oberfläche kommt, kann man den Pilz erkennen. Der Fruchtkörper sieht häufig aus wie ein Stiel, auf dem ein Hut sitzt. Die Fruchtkörper der Pilze dienen der Fortpflanzung.

Käse **100** Nahrung **136**

die Backhefe Hast du schon einmal Pizza oder Brot mit Hefe gebacken? Die winzigen Hefe-Lebewesen sind ebenfalls Pilze. Sie futtern den Zucker aus dem Teig und wandeln ihn in Gas um. So entstehen die winzigen Löcher im Brot oder Pizzaboden und das Gebäck wird locker. Nicht nur beim Backen braucht man Hefepilze, sondern auch wenn man Bier, Wein oder Essig herstellt.

der Hexenkreis Aus den Wurzeln eines einzigen Pilzes sprießen über der Erde oft viele Fruchtkörper. Manchmal stehen die in einem Kreis, weil auch das unterirdische Wurzelsystem rundlich ist. Früher glaubten die Menschen, hinter dieser Form könne nur Zauberei stecken. Daher nannten sie solche Pilzringe Hexenkreis, Hexenring oder Feenring.

der Fußpilz Ja, auch der unangenehme Fußpilz ist ein echter Pilz, genauer sind es mehrere Arten von Fadenpilzen, die es sich am liebsten zwischen deinen Zehen gemütlich machen. Um Infektionen, also die Übertragung von Fußpilz von einem kranken auf einen gesunden Fuß, zu verhindern, findest du in Schwimm- und Freibädern die Fußpilzdusche.

der Schimmelpilz Igitt, das schimmelt! Wer einen weißen oder grauen Pelz auf Obst, Gemüse, Brot, Käse oder Wurst entdeckt hat, mag die Lebensmittel nicht mehr essen. Und das ist auch richtig so, denn Schimmelpilze sind giftig! Ausnahme: der Edelschimmel auf Weichkäse.

der Baumpilz Diese Pilzarten wachsen nicht in der Erde, sondern in oder an Holz. Vor allem kranke oder tote Baumstämme sind oft von den hutartigen Fruchtkörpern der Baumpilze bewachsen. „Zunderschwämme" sind solche Baumpilze. Sie sind luftig wie ein Schwamm und wurden schon vor Jahrtausenden benutzt, um Feuer anzuzünden – daher ihr Name.

die Politik

In der Politik geht es darum, wie die Menschen miteinander leben wollen und ihr Zusammenleben gestalten und organisieren. In einer Gemeinschaft muss sich jeder an bestimmte Regeln halten. Diese Regeln werden von der Politik festgelegt.

der Bundestag

Der Bundestag ist der Ort, an dem die Vertreter der Bevölkerung zusammenkommen, um Entscheidungen zu treffen. Die Vertreter nennt man Abgeordnete. Die Menschen entscheiden durch eine Abstimmung, wer sie im Bundestag vertreten soll. Diese Abstimmung nennt man Bundestagswahl, sie findet alle vier Jahre statt.

der Bundeskanzler

Der Bundeskanzler ist der Chef der Regierung. Er oder sie wohnt im Bundeskanzleramt. In Deutschland wird der Bundeskanzler vom Bundespräsidenten vorgeschlagen und vom Bundestag gewählt. Er entscheidet, in welche Richtung die Politik gehen soll. Außerdem sucht er sich die Minister aus, die ihn bei seiner Arbeit unterstützen sollen.

die Regierung

Die Regierung besteht aus dem Bundeskanzler und den von ihm ernannten Ministern. Zusammen leiten sie den Staat und treffen alle wichtigen Entscheidungen.

die Partei

In Parteien schließen sich Menschen zusammen, die gemeinsame Ziele haben. Sie wollen aktiv an der Politik mitarbeiten. Die Wähler können sich aussuchen, mit welchen Zielen sie einverstanden sind, und die entsprechende Partei wählen.

Wer wählt den Bundeskanzler?

der Minister

Ein Minister wird vom Bundeskanzler bestimmt. Er ist dann für einen bestimmten Teil der Politik zuständig. Der Finanzminister kümmert sich beispielsweise um das Geld im Staat.

der Bundespräsident

Der Bundespräsident ist in Deutschland der erste Mann im Staat. Sein Amtssitz ist das Schloss Bellevue in Berlin. Der Bundespräsident gehört nicht der Regierung an. Er repräsentiert Deutschland im Ausland und darf neue Gesetze verkünden und unterschreiben. Er wird alle fünf Jahre neu gewählt.

die Diktatur In einer Diktatur regiert ein Diktator ganz allein, ohne Rücksicht auf Parteien oder Wahlen zu nehmen. Er allein entscheidet, wie es für das Land weitergehen soll.

die Demokratie In einer Demokratie haben die Bürger ein Mitspracherecht bei der Auswahl der Regierung. Demokratie bedeutet „Herrschaft durch das Volk". In freien Wahlen dürfen sich die Bürger für oder gegen eine Partei oder einen Kandidaten aussprechen.

die Monarchie In einer Monarchie steht ein König oder eine Königin an der Spitze des Staates, z. B. in Großbritannien oder Schweden. In den europäischen Monarchien hat der König trotzdem nicht das alleinige Sagen, sondern übernimmt eher repräsentative Aufgaben. Er weiht z. B. Kindergärten ein oder eröffnet Ausstellungen.

die Bundestagswahl Alle vier Jahre wählen die Bürger ihre Vertreter in den Bundestag. Diese gehören meist einer Partei an. Die Partei mit den meisten Vertretern bildet die Regierung. Dazu muss sie mehr als die Hälfte aller Sitze erhalten. Wenn keine Partei mehr als die Hälfte erhält, müssen sich zwei oder mehr zu einer Koalition zusammenschließen.

A B C D E F G H I J K L M N O P Q R S T U V W X Y Z

die Polizei

Jedes Land hat Gesetze und Vorschriften. Die Polizei achtet darauf, dass diese Regeln auch eingehalten werden. Zur Polizei gehören mehrere Bereiche: Die Kriminalpolizei klärt Verbrechen auf, die Schutzpolizei beobachtet und überwacht den Verkehr, und die Bereitschaftspolizei kommt z. B. bei Fußballspielen zum Einsatz.

die Polizeiwache

Auf der Polizeiwache gehen die Anrufe ein. Von hier aus werden die Polizisten an die Orte geschickt, wo sie gebraucht werden. Auf der Wache werden auch Verdächtige verhört und Anzeigen aufgegeben.

die Verkehrspolizei

Die Verkehrspolizei kontrolliert, ob sich Autofahrer und Fahrradfahrer an die Verkehrsregeln halten. Sie überprüft etwa mit einem Radargerät die Geschwindigkeit der Autos oder regelt den Verkehr, wenn eine Ampel ausfällt.

der Polizeiwagen

Polizeiwagen sind silbern mit blauen Streifen. Wenn es schnell gehen muss, schaltet der Polizist das Blaulicht und die Sirene auf dem Dach ein. Die anderen Verkehrsteilnehmer sehen und hören das Polizeiauto dann schon von Weitem und können rechtzeitig an den Straßenrand fahren.

die Handschellen

Ein Paar Handschellen tragen die Polizisten immer an ihrem Gürtel. So können sie jederzeit eingreifen, wenn ein Verdächtiger verhaftet werden muss. Die Schlüssel für die Handschellen haben sie natürlich auch immer dabei.

die Kriminalpolizei

Der Teil der Polizei, der sich hauptsächlich um die Verfolgung und das Verhindern von schweren Straftaten kümmert, wird Kriminalpolizei genannt. Kriminalpolizisten tragen meist keine Uniform.

der Unfall

Wenn ein Unfall geschieht, sind Polizisten schnell vor Ort. Sie sichern die Unfallstelle, helfen Verletzten bis zum Eintreffen des Rettungsdienstes, leiten den Verkehr um die Unfallstelle herum und finden heraus, wie es zu dem Unfall kommen konnte.

Feuerwehr **66** Rettungsdienst **164**

die berittene Polizei Polizisten zu Pferd gelangen überall dorthin, wo Autos nicht fahren können: in enge Gassen und Fußgängerzonen, in Parks, Felder und Wälder. Vom Pferderücken aus haben die Polizisten einen guten Überblick. Spannend ist auch: Große Pferde beruhigen Menschen und flößen Respekt ein. So werden weniger Straftaten begangen, wenn die berittene Polizei in der Nähe ist.

die Wasserschutzpolizei Diese Polizisten sind im und am Wasser im Einsatz: auf Seen, Kanälen, Flüssen und dem Meer. Sie kontrollieren die Verkehrsregeln für Schiffe oder helfen bei Schiffsunfällen. Dabei sind sie oft mit dem Polizeiboot unterwegs.

die Uniform Schutzpolizistinnen und -polizisten tragen eine Uniform: dunkelblaue Hose, hellblaues Hemd, dunkelblaue Jacke mit Polizei-Schriftzug. Mütze und Schuhe sind bei allen gleich. Zur Ausrüstung gehören Pistole, ausziehbarer Einsatzstock, Pfefferspray, Handschelle, Funkgerät, Schutzweste und Notizblock.

110

der Notruf Die Polizei erreicht man in einem Notfall unter der 110. Unter der Nummer meldet sich die Leitstelle. Sie lenkt und überwacht die Einsätze. Um helfen zu können, muss die Polizei wissen, wer anruft, was wann passiert ist und wo Hilfe benötigt wird.

Weißt du, wo die nächste **Polizeiwache** steht?

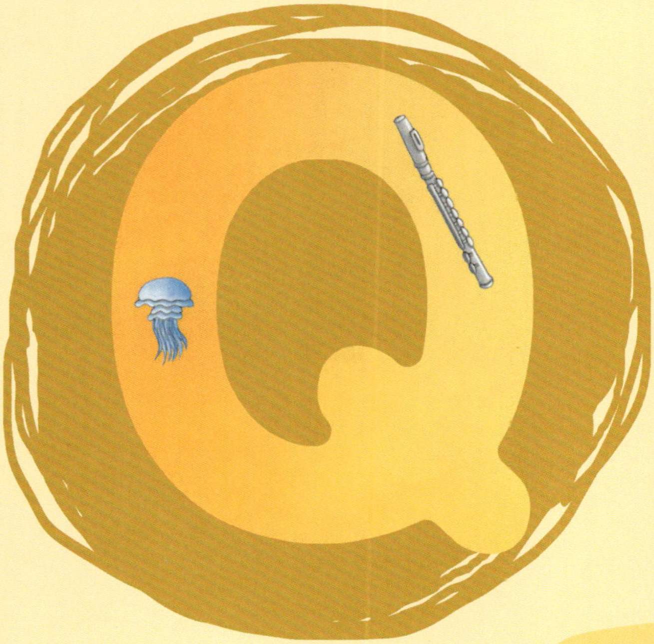

Das Q ist ein lustiger Buchstabe und taucht nie ohne das U auf.

Kennst du noch mehr Wörter, die mit Qu beginnen?

die Quarantäne
Unter Quarantäne wird ein Patient gestellt, wenn er eine sehr ansteckende Krankheit hat. Er kommt dann im Krankenhaus allein in ein Zimmer, darf keinen Besuch empfangen und auch nicht vor die Tür gehen, damit niemand anderes erkrankt.

die Quellwolke
Quellwolken (auch Schäfchenwolken genannt) haben eine flache Unterseite und strahlend weiße Blumenkohlköpfe auf der Oberseite. Sie bestehen aus Wassertröpfchen und befinden sich in den unteren Wolkenstockwerken. Quellwolken treten meist bei schönem Wetter auf, wenn die Luft etwas feuchter ist.

der Quark Quark ist ein Milchprodukt und wird in Molkereien hergestellt. Sehr lecker schmeckt er, wenn man ihn noch mit frischen Kräutern verfeinert. Aber auch mit Marmelade oder Honig ist Quark ein Genuss.

die Qualifikation
Für ein großes Turnier oder einen Wettkampf muss man sich zunächst qualifizieren. Das bedeutet, man muss beweisen, dass man gut genug für diesen Wettkampf ist.

die Qualle Quallen findet man in den Ozeanen der Welt. Sie bestehen zu 98 Prozent aus Wasser und haben einen Schirm mit langen Tentakeln. An den Tentakeln befinden sich meist Nesselzellen, die auf der Haut brennen, wenn man sie berührt.

die Quelle An einer Quelle entspringt ein kleiner Fluss oder Bach. Meist findet man diese Quellen im Gebirge. Je länger der Bach ins Tal läuft, desto größer und breiter wird er – bis er schließlich ein reißender Fluss geworden ist.

der Quastenflosser Diese Fische gab es schon vor 400 Millionen Jahren, aber sie leben immer noch auf der Erde. Sie haben zum Beispiel die Katastrophe überlebt, bei der die Dinosaurier ausstarben. Glück gehabt!

der Quarz Quarz ist ein Mineral, das heißt eine Art Gestein. Wie andere Minerale auch ist ein Quarz immer ganz gleichmäßig eckig geformt. Das nennt man einen Kristall. In Felsspalten in den Bergen kann man besonders schöne Quarzkristalle finden.

die Querflöte Dieses Musikinstrument bringt weiche, etwas rauchige Töne hervor. Sein Name kommt daher, dass man die Flöte quer vor den Mund hält. Querflöten werden heute aus silberfarbenem Metall gebaut, früher aber aus Holz. Deswegen gehören sie auch zu den Holzblasinstrumenten.

die Quitte Diese gelben Früchte sehen fast aus wie Äpfel. Roh sind sie sehr hart. Man muss sie kochen und entsaften. Den Saft kann man trinken oder daraus Gelee herstellen. Aus dem Rest des Fruchtfleischs macht man eine Süßigkeit ähnlich wie Gummibärchen: das Quittenbrot.

die Quappe Quappen sind Fische. Sie mögen es kühl und leben daher in tiefen Seen oder kalten Bergflüssen. Die Tiere sind vergleichsweise dünn und können 1,50 Meter lang werden – also etwa so lang wie du.

die Quaste Ein dickes Bündel Fäden, zusammengebunden und als Deko zum Beispiel an die Gardine gehängt: Das ist eine Quaste.

der Regenwald

Der Regenwald ist ein dichter, immergrüner Dschungel und er umgibt die Erde wie ein grüner Gürtel. Hier regnet es fast jeden Tag und es ist schön warm, darum können Pflanzen und Tiere gut gedeihen.

die Tropen So nennt man die Gegenden am Äquator. Hier steht die Sonne meist hoch am Himmel, es ist warm und es gibt keine Jahreszeiten wie bei uns. Die großen Regenwälder liegen alle in dieser Zone und werden deshalb auch tropische Regenwälder genannt.

der Schimpanse
Diese Menschenaffen sind unsere nächsten Verwandten. Die Tiere aus dem afrikanischen Regenwald sind ziemlich clever: Sie verwenden zum Beispiel Steine als Hammer und Stöcke als Schaufel oder Angel. Für die Nacht bauen sie sich im Baum ein gemütliches Nest aus Blättern.

der Sauerstoff
Menschen und Tiere atmen Sauerstoff ein und Kohlendioxid aus. Bei den Bäumen ist es genau anders herum. Sie wandeln das Kohlendioxid aus der Luft in Sauerstoff um. Deswegen sind Bäume für uns überlebenswichtig! Die tropischen Regenwälder sind für die ganze Erde wie eine Art Klimaanlage und es ist extrem wichtig, sie zu schützen.

→ Klima **106** Pflanzen **142** Tiere **192**

die Orchidee Diese Blumen wachsen auf Regenwaldbäumen und holen sich Wasser mit ihren hängenden Wurzeln aus der feuchten Luft. Orchideen haben wunderschöne Blüten in verschiedenen Farben, mit Tupfen oder sogar Tigerstreifen!

das Faultier Faultiere leben im südamerikanischen Regenwald. Viele Stunden am Tag hängen sie mit dem Rücken nach unten in den Bäumen. Sie können gut klettern und sogar schwimmen. Aber ihre Bewegungen sind alle sehr langsam. Das heißt aber nicht, dass sie faul sind. Sie sparen einfach Energie.

die Artenvielfalt
Im Regenwald leben unendlich viele Tierarten. Manchmal leben auf einem Baum bestimmte Insekten, Frösche oder Affen und auf dem nächsten Baum ganz andere. Forscher schätzen, dass es in den tropischen Regenwäldern etwa 30 Millionen Tierarten gibt. Dafür gibt es von jeder Art nur sehr wenige Tiere.

Habt ihr eine Orchidee zu Hause?

der Überständer Als Überständer bezeichnen Forscher die höchsten Bäume im Regenwald. Sie sind etwa 60 Meter hoch und ragen über die anderen Baumkronen hinaus. Darunter wachsen die Bäume in Schichten oder Stockwerken: Unterhalb der Überständer stehen große und kleinere Bäume, niedrige Sträucher und schließlich Moose und Farne auf dem Waldboden.

der Tiger Diese Großkatze fühlt sich im Regenwald, aber auch im Grasland oder Sumpf in Asien wohl. Mit ihrem Streifenfell ist sie im Dickicht nur schwer auszumachen. So kann sie sich fast unbemerkt an ihre Beute – zum Beispiel Wasserschweine oder Krokodile – heranschleichen. Es gibt nur noch wenige Tausend Tiger, sie sind vom Aussterben bedroht.

die Reise

Auf Reisen kann man viel Neues kennenlernen: Fremde Sprachen, neue Städte und leckere Speisen warten darauf, entdeckt zu werden.

der Pass Einen Pass braucht man, um ins Ausland zu reisen. Anhand des Passes überprüfen die Grenzbeamten, wer bei ihnen ins Land einreist. Bei Reisen innerhalb Europas reicht der Personalausweis. Kinder haben bis zu ihrem 12. Lebensjahr einen Kinderreisepass.

das Hotel Auf einer Reise buchen viele Urlauber ein Hotelzimmer. Hier können sie übernachten, haben genug Platz für ihren Koffer und bekommen am Morgen ein leckeres Frühstück serviert.

das Wohnmobil Fährt man mit einem Wohnmobil auf eine Reise, hat man sein eigenes Bett immer dabei. Größere Wohnmobile haben auch ein eigenes kleines Bad und eine Kochgelegenheit. Man benötigt nur einen guten Stellplatz für das Gefährt mit einem eigenen Strom- und Wasseranschluss.

Wo warst du im letzten **Urlaub?**

der Koffer Für eine Urlaubsreise müssen vorher Kleidungsstücke, Schuhe und andere Dinge, die für die Reise benötigt werden, in den Koffer gepackt werden. Je nachdem wie das Wetter im Urlaub ist, dürfen Bikini, Badeanzug, kurze Hosen oder auch warme Kleidung nicht fehlen. Für eine Städtereise sollten auf alle Fälle bequeme Schuhe eingepackt werden.

Englisch **48** Meer **130**

der Eiffelturm

die Tower Bridge

die Sehenswürdigkeit

Sehenswürdigkeiten sind besonders wichtige oder spannende Gebäude, Brunnen oder Statuen, die Touristen in einer Stadt gern anschauen. Berühmte Sehenswürdigkeiten sind z. B. die Tower Bridge in London, der Eiffelturm in Paris, das Kolosseum in Rom oder auch die Freiheitsstatue in New York.

das Kolosseum

die Freiheitsstatue

die Paella

die internationalen Spezialitäten

Viele Urlauber freuen sich darauf, fremde Spezialitäten und leckere Gerichte aus ihrem Urlaubsland zu probieren, z. B. polnische Piroggen, spanische Paella oder Wiener Sachertorte.

das Zelt

Manche Menschen schlafen im Urlaub auf einem Campingplatz im Zelt. Ein Zelt lässt sich ganz klein zusammenpacken und ist somit leicht zu transportieren.

der Fotoapparat

Ein Fotoapparat hält die wichtigsten Urlaubserinnerungen in Bildern fest. Außerdem können lustige Schnappschüsse und tolle Erlebnisse aufgenommen werden. Fotoapparate sind mittlerweile so klein, dass sie ganz einfach in eine kleine Tasche passen.

der Reiseführer

Der Reiseführer ist ein Buch, in dem alle wichtigen Orte, Plätze und Sehenswürdigkeiten einer Stadt oder eines Landes aufgeschrieben sind. Neben Stadtplänen findet man Pläne für die öffentlichen Verkehrsmittel, damit man sich schnell zurechtfindet.

die Religion

Immer wieder fragen sich die Menschen, woher sie kommen und was nach dem Tod passiert. Religionen geben Antworten auf diese Fragen. Es gibt fünf große Weltreligionen: Christentum, Judentum, Hinduismus, Buddhismus und Islam.

das Judentum Juden lesen in ihrem Gotteshaus, der Synagoge, aus der Heiligen Schrift, der Thora. Die Thora beinhaltet die 5 Bücher Mose, die auch in der Bibel zu finden sind. Das Judentum war vor etwa 4.000 Jahren die erste Religion, die nur einen Gott verehrte, Jahwe. Frühere Religionen glaubten immer an mehrere Gottheiten.

der Atheismus
Anhänger des Atheismus sind davon überzeugt, dass es keinen Gott und keine Götter gibt.

der Islam Die Anhänger des Islam heißen Muslime. Sie beten in ihrem Gotteshaus, der Moschee. Die Heilige Schrift des Islam ist der Koran. Der Islam wurde vom Propheten Mohammed etwa vor 1.400 Jahren in der Stadt Mekka gegründet. Die Muslime glauben an einen Gott, den sie Allah nennen. Sie beten zu ihm auf einem Gebetsteppich, der immer nach Mekka zeigt. Die Muslime glauben, dass sie nach ihrem Tod wieder auferstehen. Haben sie ihr Leben gut und aufrecht geführt, kommen sie ins Paradies.

der Hinduismus Der Hinduismus und seine Anhänger, die Hindu, sind vor allem in Indien verbreitet. Ihre Religion hat viele Götter. Sie werden in unterschiedlichen Tempeln verehrt. Die Hindu glauben, dass man nach dem Tod in einem anderen Lebewesen erneut geboren wird: Haben sie ihr Leben gut geführt, werden sie im nächsten Leben dafür belohnt. Haben sie sich nicht richtig verhalten, werden sie im nächsten Leben dafür bestraft.

der Buddhismus Der Buddhismus geht auf den Fürstensohn Siddharta Gautama zurück. Er lebte in Nepal und wird als Gründer des Buddhismus verehrt. Die Buddhisten glauben an keinen Gott, aber sie glauben an die Wiedergeburt. In buddhistischen Tempeln können sie für ihren Weg ins Nirwana beten. Das Nirwana ist das Paradies, dort gibt es kein Elend und Leid. Buddhisten glauben, dass sie ins Nirwana gelangen, wenn sie keine Wünsche mehr haben. In der Stupa wurden früher heilige Gegenstände von Buddha aufbewahrt.

das Christentum Die Christen glauben an einen Gott, seinen Sohn Jesus Christus und den Heiligen Geist. Die Geschichten über Gott und seinen Sohn Jesus findet man in der Bibel. Dort steht geschrieben, dass Jesus vor etwa 2.000 Jahren unter den Menschen lebte. Nach seinem Tod am Kreuz wurde er von Gott auferweckt und ist in den Himmel hinaufgefahren. Daher glauben viele Christen, dass auch sie nach dem Tod von Gott erweckt werden. Die Heilige Schrift der Christen wird im Gotteshaus, der Kirche, verlesen.

das Reptil

Reptilien werden auch Kriechtiere genannt. Sie sind mit den Dinosauriern verwandt. Die Reptilien setzen sich aus vier Gruppen zusammen: Echsen, Schildkröten, Schlangen sowie Krokodile und Alligatoren.

das Chamäleon

der Leguan

die Echse Alle Echsen haben vier Beine und einen Schwanz – außer der Blindschleiche. Diese sieht eher einer Schlange ähnlich. Außerdem gehören zu den Echsen der Gecko, das Chamäleon und der Leguan.

die Blindschleiche

der Gecko

Hast du schon einmal eine **Schildkröte** angefasst?

das Krokodil Krokodile leben im und am Wasser. Ihr langer Körper gleitet lautlos im Wasser voran. Nur die Nasenlöcher der langen Schnauze schauen empor. Bei den Krokodilen hängt es von der Bruttemperatur ab, ob sich Jungen oder Mädchen aus den Eiern entwickeln. Temperaturen von 28 bis 31 Grad Celsius führen zu Mädchen, von 31 bis 34 Grad Celsius zu Jungen.

die Haut Die Haut der Reptilien sieht aus, als sei sie von einem Panzer umgeben. Diese charakteristischen Schuppen sind jedoch Hautfalten. Bei manchen Tieren werden sie durch Knochenplättchen verstärkt. Damit sind die Reptilien gut geschützt. Im Gegensatz zu den Lurchen ist die Haut der Reptilien trocken und nicht von einer Schleimschicht überzogen.

Dinosaurier **40** Tiere **192**

das Vorkommen Mit Ausnahme der kalten Polargebiete bewohnen die Reptilien alle Klimazonen. Weil sie ihre Körpertemperatur durch die Sonne erhöhen, brauchen sie viel weniger Energie als ein vergleichbar großes Säugetier. Deshalb benötigen sie viel weniger Nahrung und können auch in kargen Lebensräumen zurechtkommen. So leben beispielsweise viele Reptilienarten in der Wüste.

die Atmung Die meisten Reptilien atmen über ihre Lungen und haben keine Kiemen, mit denen sie unter Wasser atmen könnten. Selbst Krokodile, die die meiste Zeit des Tages im Wasser liegen, atmen durch die Nasenlöcher ein und sind damit Lungenatmer.

das Ei Reptilien legen Eier, aus denen ihre Jungen schlüpfen. Diese Eier legen sie an Land ab. Junge Reptilien sehen den erwachsenen Tieren bereits sehr ähnlich.

die Wasserschildkröte

die Schildkröte Es gibt Wasserschildkröten und Landschildkröten. Auffällig ist ihr Panzer, der aus Knochenplatten besteht.

die Landschildkröte

die Körpertemperatur Reptilien haben keine feste Körpertemperatur. Sie wärmen sich durch die Sonne auf. Reptilien sind also wechselwarme Tiere.

die Klapperschlange

die Kreuzotter

die Schlange Schlangen haben keine Beine, sondern bewegen sich durch das rhythmische Schlängeln ihres Körpers fort. Es gibt sehr giftige Schlangen wie die Klapperschlange, Würgeschlangen wie die Python und harmlose Tiere.

die Python

der Rettungsdienst

Wer einen Unfall hat, an einer plötzlichen schweren Krankheit leidet oder etwas Giftiges zu sich genommen hat, der kann mit der Nummer 110 den Rettungsdienst rufen. Binnen weniger Minuten ist Hilfe unterwegs.

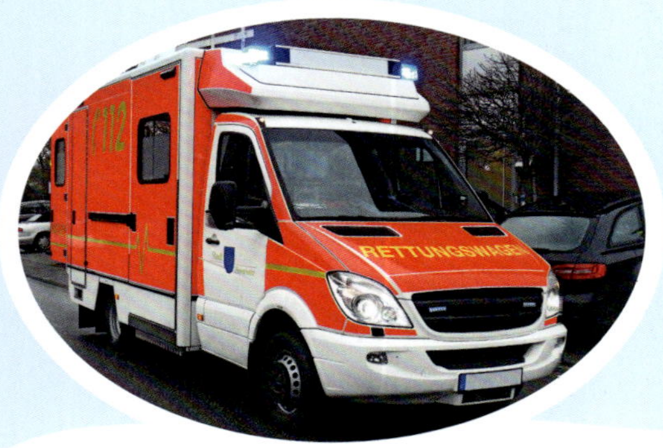

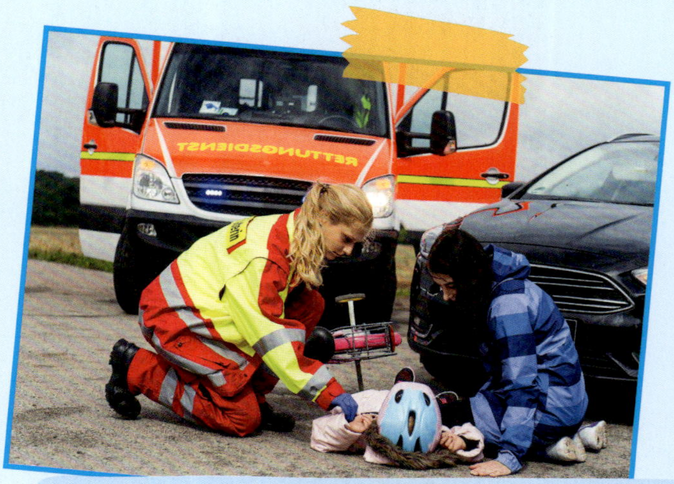

der Rettungswagen Im Rettungswagen ist alles Notwendige verstaut, um Kranken oder Verletzten zu helfen: Verbandsmaterial, Medikamente, Spritzen und vieles mehr. Wenn ein Rettungswagen mit Blaulicht und Sirene angefahren kommt, machen alle anderen Verkehrsteilnehmer Platz. So bekommt der Patient so schnell wie möglich Hilfe.

der Sanitäter Die Sanitäter fahren im Rettungswagen zum Patienten. So schnell sie können, versorgen sie Verletzungen, geben etwas gegen Schmerzen oder helfen bei der Atmung.

die Notaufnahme Wer plötzlich ins Krankenhaus eingeliefert wird, kommt zuerst in die Notaufnahme. Dort führen Ärzte die ersten Untersuchungen durch. Dann entscheiden sie, auf welche Station im Krankenhaus der Patient kommt oder ob er wieder nach Hause kann.

der Notarzt Ein Arzt hat Medizin studiert und weiß daher noch etwas mehr über Krankheiten und Verletzungen als die Sanitäter. Mit seinem schnellen Wagen ist er meist als Erster vor Ort, um dem Patienten zu helfen. Den Transport ins Krankenhaus übernehmen aber die Sanitäter.

→ Arzt 6 Krankenhaus 114

der Rettungshubschrauber
Ein Rettungshubschrauber kommt immer dann zum Einsatz, wenn ein Rettungswagen zu langsam wäre oder gar nicht fahren könnte (zum Beispiel im Gebirge). Hubschrauber brauchen nicht viel Platz und können einfach auf einer Wiese, einem Berghang oder dem Schulhof landen. Und dann geht es ruck-zuck ins nächste Krankenhaus.

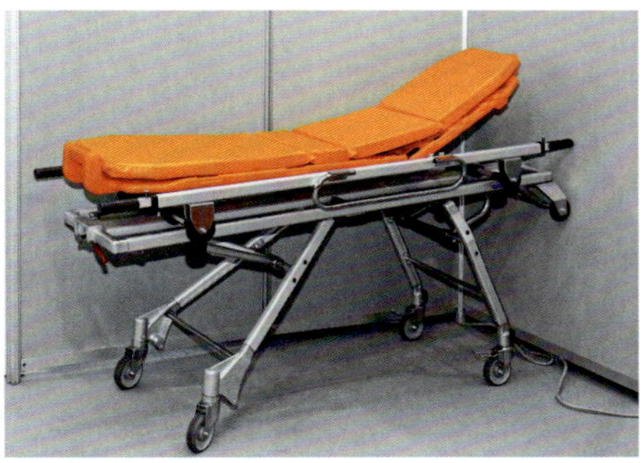

die Trage Dieses Bettgestell mit Rollen können die Sanitäter leicht aus dem Rettungswagen holen, den Patienten darauf legen und es wieder ins Fahrzeug schieben.

die Seenotrettung Wenn ein Schiff bei einem Sturm oder einem Unfall unterzugehen droht, fahren Seenotretter mit ihren Booten aufs Meer hinaus. Sie holen die Schiffbrüchigen zu sich an Bord oder suchen nach Vermissten.

die Wasserrettung
Die Wasserrettung kümmert sich um alle Probleme beim Baden und Schwimmen, beim Wassersport oder im Winter bei Unfällen auf dem Eis. Mit Motorboot und Rettungsring oder als Rettungsschwimmer helfen sie in Not geratenen Menschen.

A B C D E F G H I J K L M N O P Q R S T U V W X Y Z

der Roboter

Roboter nehmen dem Menschen Arbeit ab. Sie können aber mehr als Maschinen: Sie lernen, denken und entscheiden selbst, was sie wie tun. Das elektronische Gehirn funktioniert allerdings (noch) nicht ganz so gut wie ein menschliches.

der Spielzeugroboter
Kleine Roboter zum Spielen gibt es in allen möglichen Formen: ein kleiner Hund, eine Puppe oder eine Figur zum Umbauen. Manche kann man sogar über einen Computer selbst programmieren.

der Medizinroboter Diese Maschinen kommen bei Operationen zum Einsatz. Sie werden von einem Arzt ferngesteuert. Er sieht auf einem Bildschirm alles über eine Kamera – aber stark vergrößert! Praktisch ist auch, dass der Arzt bequem sitzen kann. Das ist bei einer stundenlangen OP ein großer Vorteil.

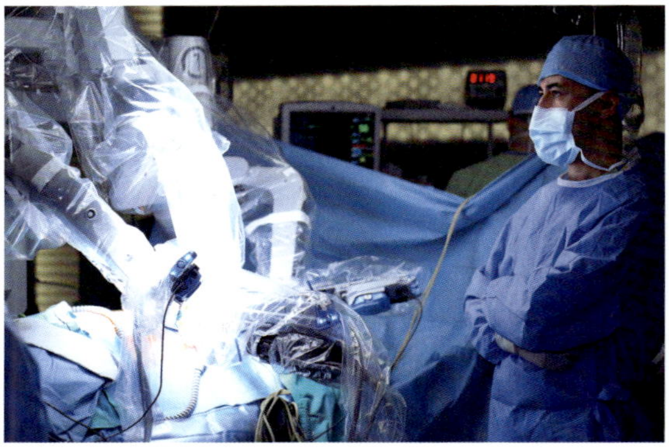

der Industrieroboter Diese Roboter stehen in Fabriken. Sie sind meist fest an ihrem Arbeitsplatz verschraubt, auch ihr Werkzeug ist fest montiert. Das kann zum Beispiel ein Greifer sein, um etwas zu nehmen, oder ein Schweißgerät, um etwas zu verbinden.

Hast du schon einen echten Roboter gesehen?

Computer 36 Technik 186

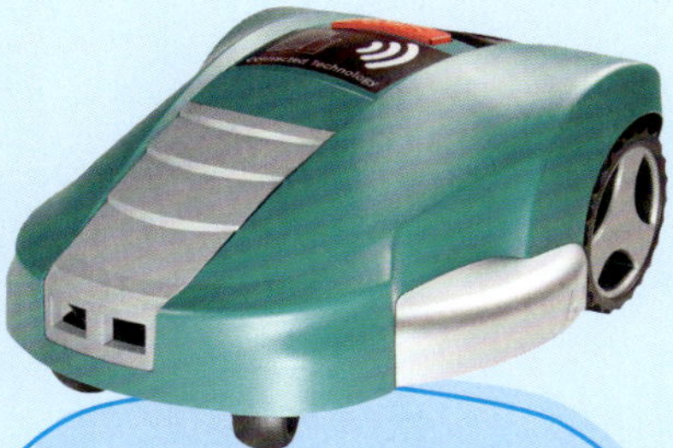

der Mähroboter Dieses kleine Gerät mäht den Rasen. Es entscheidet selbst, wo das Gras als Nächstes geschnitten wird. Auch Regen bemerkt er, dann fährt er zurück an seine Station, wo auch der Akku geladen wird. Der kleine Roboter „denkt" also mit! Rasenmähroboter gibt es für verschieden große Gärten in unterschiedlichen Größen.

der Saugroboter Er ist der erste Roboter, der bei vielen Menschen zu Hause arbeitet. Das Gerät wird so klein und flach gebaut, dass es zwischen Stuhlbeine und unter Betten passt. Dort saugt oder wischt er Schmutz auf. Er speichert Informationen über das Zimmer, in dem er herumfährt, sodass er beim nächsten Mal zum Beispiel nicht gegen eine Kante fährt. Er „lernt" also.

der Roboterfußball Tor, Tor! Beim RoboCup sind die Spieler aus Plastik, Metall und Drähten, aber Tore schießen wollen sie auch. Das glaubst du nicht? Stimmt aber: Es gibt wirklich eine Weltmeisterschaft im Roboterfußball. Die Erfinder der Fußballroboter möchten künstliche Wesen bauen, die so sportlich und clever sind, dass sie eines Tages den menschlichen Fußballweltmeister besiegen. Ob ihnen das gelingen wird?

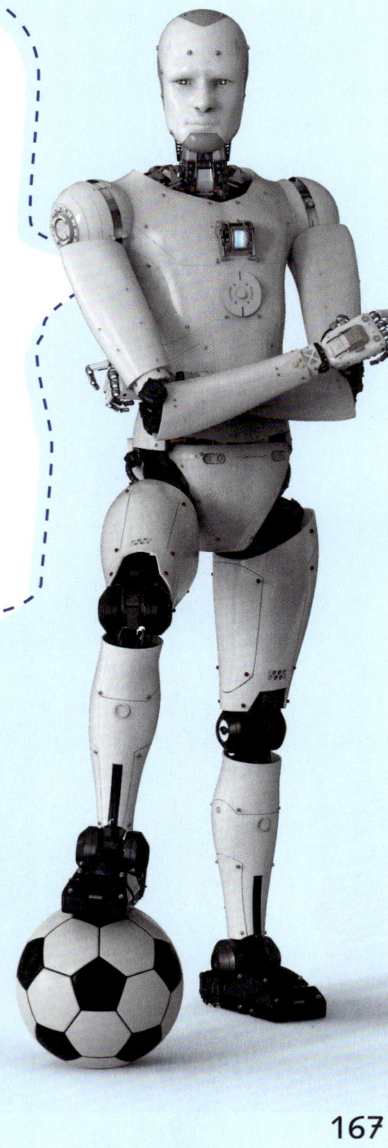

das autonome Fahren Stell dir mal vor, deine Eltern könnten sich auf dem Fahrersitz gemütlich zurücklehnen, etwas lesen oder mit dir Karten spielen, anstatt das Auto zu lenken. Klingt wie Zukunftsmusik, oder? Autonomes Fahren bedeutet, dass Fahrzeuge ohne Fahrer unterwegs sind. In U-Bahnen gibt es das heute schon, bei Autos, Bussen und Lkws muss noch ein wenig geforscht werden.

das Säugetier

Die Gruppe der Säugetiere umfasst etwa 4.000 Arten. Die meisten von ihnen leben an Land. Auch der Mensch zählt zu den Säugetieren. Es gibt drei Unterarten von Säugetieren: Kloakentiere (Ursäuger), Beuteltiere und höhere Säugetiere.

das Schnabeltier

das Fell Säugetiere sind die einzigen Lebewesen, die ein Fell aus Haaren besitzen, auch wenn bei manchen Arten, wie z. B. dem Wal, dieses Fell kaum noch zu sehen ist. Haare dienen zur Wärmeregulierung, zum Filtern und manchmal auch zum Unterscheiden der Geschlechter.

das Kloakentier Zu den Kloakentieren gehören der Ameisenigel und das Schnabeltier. Sie zählen zur Klasse der Säugetiere und unterscheiden sich nur in einem Merkmal von ihnen: Sie legen Eier. Sobald die Jungen aus den Eiern geschlüpft sind, werden sie von den Müttern gesäugt.

der Ameisenigel

der Koala

das Beuteltier Zu der Gruppe der Beuteltiere zählen unter anderem das Känguru und der Koala. Ihre Babys werden lebend geboren, sind aber allein nicht lebensfähig, weil sie so winzig klein sind. Nach der Geburt krabbeln die kleinen Tiere deshalb in den Beutel der Mutter. Dort werden sie warm gehalten und gesäugt.

das Känguru

der Igel Die Stacheln der Igel bestehen aus Horn wie menschliche Haare. Bei der Geburt sind die Stacheln der Babys noch sehr weich. So können sie ihre Mutter nicht verletzen.

Tiere 192

der Delfin Auch der Delfin gehört zu den Säugetieren. Deswegen muss er auch immer wieder zum Luftholen an die Oberfläche tauchen. Delfine leben in Gruppen, sogenannten Schulen, im Meer zusammen.

die Fledermaus Fledermäuse sind etwas ganz Besonderes: Sie sind die einzigen Säugetiere, die fliegen können! Ihre Flügel sind eigentlich die Hände. Zwischen den langen Fingern wachsen Flughäute.

die Jungen Das besondere an Säugetieren ist, dass ihre Jungen gesäugt werden. Sie suchen die Zitzen der Mutter und trinken in der ersten Zeit die Milch, die die Mutter in ihrem Körper produziert.

die Körpertemperatur Die Körpertemperatur bei Säugetieren bleibt immer gleich, egal wie warm oder kalt es in der Umgebung ist. Säugetiere sind gleichwarme Tiere. Daher können sie in allen Regionen der Welt leben.

Welches ist dein Lieblingstier?

das Gehirn Das Gehirn der Säugetiere ist deutlich ausgeprägter und größer als das anderer Tierklassen. Deshalb können sie schnell und gut lernen.

der Löwe Der Löwe ist eine große Katze. Männliche Löwen erkennt man an ihrer Mähne.

das Pferd Es gibt verschiedene Pferderassen mit unterschiedlichen Fellfarben. Pferde werden schon seit langer Zeit als Haus- und Nutztiere, z. B. zum Reiten, gehalten.

A B C D E F G H I J K L M N O P Q R S T U V W X Y Z

das Schiff

Schiffe transportieren Menschen und Gegenstände über Flüsse, Seen und Ozeane.

die Ladung Als Ladung bezeichnet man die Ware, die mit einem Schiff transportiert wird. Geraten Containerschiffe in einen Sturm, fällt ein Container manchmal über Bord.

das Kreuzfahrtschiff

das Segelschiff

die Fähre

das Schiff Schiffe fahren auf dem Wasser. Durch ihren hohlen Rumpf drücken sie das Wasser nach unten. Das Wasser drängt zurück und trägt dadurch das Schiff an der Wasseroberfläche. So können selbst schwere Ozeanriesen schwimmen. Für jeden Anlass gibt es das richtige Schiff: Ein Containerschiff transportiert viele und schwere Gegenstände. Ein Ausflug mit Freunden macht auf einem Motor-, Ruderboot oder Segelschiff Spaß. Eine Fähre bringt die Passagiere auf eine Insel und auf einem Kreuzfahrtschiff kann man Urlaub machen.

das Containerschiff

das Motorboot

das Ruderboot

das Rettungszubehör Auf allen Schiffen gibt es eine Sicherheitsausrüstung für den Notfall. Leuchtsignale sollen im Ernstfall die Position des Schiffes anzeigen. Rettungswesten für alle Passagiere und Mannschaftsmitglieder an Bord halten auch Nichtschwimmer über Wasser. Rettungsboote nehmen die Passagiere auf, wenn das Schiff zu sinken droht.

der Anker der Anker ist ein großer Haken an einer langen Kette. Möchte ein Schiff an einer bestimmten Stelle bleiben, wirft man den Anker ins Wasser. Am Meeresboden verhakt er sich mit seinen Zacken und hält das Schiff über die Kette an einem Ort fest.

Reisen 158

der Kai Ein Kai ist eine befestigte Ufermauer, an der Schiffe anlegen können. Dafür muss das Wasser vor der Mauer tief genug sein, damit die Schiffe nicht auf Grund laufen.

der Hafen In einem Hafen legen Schiffe an und werden be- oder entladen. Häfen werden auf unterschiedliche Weise genutzt: Legen vor allem Containerschiffe mit Waren an, nennt man das Handelshafen, legen große Passagierschiffe oder Autofähren an, spricht man von einem Passagierhafen.

Bist du schon einmal mit einem Schiff gefahren?

der Antrieb Manche Schiffe werden durch Motoren angetrieben. Diese Motoren bewegen die Schiffsschraube am hinteren Ende des Schiffes und es fährt. Dieser Antrieb funktioniert unabhängig vom Wetter. Bei einem Segelschiff ist man auf Wind angewiesen.

die Navigation In früheren Zeiten haben sich die Seefahrer an den Sternen orientiert, um in die richtige Richtung zu fahren. Heutzutage sind die Schiffe mit modernen Geräten ausgestattet, die ihnen zu jeder Zeit die genaue Position anzeigen können und ihnen – ähnlich wie das Navigationssystem eines Autos – den Weg zeigen.

der Kapitän Auf einem Schiff hat der Kapitän das Sagen. Er gibt der Mannschaft an Bord Befehle und überprüft den gefahrenen Kurs des Schiffes. Sein Arbeitsplatz ist die Kommandobrücke. Von hier aus hat er alles im Blick und steuert die Maschinen.

die Werft In einer Werft werden Schiffe gebaut und repariert. Große Schiffe werden in Schwimmdocks repariert. Das sind große Wannen mit Tanks in den Wänden. Fährt ein Schiff hinein, wird das Wasser aus den Tanks abgelassen und das Dock hebt sich. So können die Schiffsbauer auch die Teile untersuchen, die normalerweise unter Wasser liegen.

die Schule

Jedes Kind muss mit sechs Jahren in die Schule gehen. Alle Kinder beginnen in der Grundschule. Anschließend wechselt man je nach Interessen, Stärken und dem späteren Berufswunsch auf eine weiterführende Schule.

das Schulhaus Ein Schulhaus besitzt verschiedene Klassenzimmer. Außerdem gibt es ein eigenes Zimmer für die Lehrer, das Lehrerzimmer. Hier können sich die Lehrer zwischen den Stunden ausruhen und ihre Stunden vorbereiten. Meistens gibt es noch spezielle Werkräume, Computerräume, eine Küche und eine Aula, in der bei Veranstaltungen viele Schüler Platz haben.

der Stundenplan
Auf dem Stundenplan kann jedes Kind schauen, welches Fach es am heutigen Tag in der Schule haben wird. So kann es die notwendigen Bücher und Hefte in den Schulranzen einpacken.

Welches ist dein Lieblingsfach?

der Kindergarten Im Kindergarten lernen die Kinder bereits Dinge, die sie später in der Schule brauchen. So können die meisten Kindergartenkinder bereits ihren Namen schreiben, wenn sie in die Schule kommen.

der Lehrer / die Lehrerin
Für jede Klasse gibt es eine Klassenlehrerin. Sie ist für die Klasse verantwortlich und hält auch die meisten Unterrichtsstunden. In der Grundschule gibt es manchmal auch Fachlehrer. Die unterrichten bestimmte Fächer wie z. B. Religion oder Sport.

Beruf 22

die Tafel Die Tafel ist ganz vorne im Klassenzimmer angebracht, damit alle Kinder gut zu ihr hinschauen können. An die Tafel notiert die Lehrerin z. B. die Hausaufgaben, Rechenaufgaben oder wichtige Informationen, die die Kinder dann in ihr Heft schreiben.

das Klassenzimmer
Jede Klasse hat ihr eigenes Klassenzimmer. Hier finden die meisten Unterrichtsstunden statt. An den Wänden hängen selbst gemalte Bilder. Im Klassenzimmer hat jeder seinen festen Sitzplatz. Die Sitzordnung wird meist mit der Lehrerin entschieden. Vorne am Lehrerpult sitzt die Lehrerin. Daneben findet man die Tafel.

das Zeugnis Nach einem halben Jahr und am Ende jeder Klassenstufe bekommen die Kinder ein Zeugnis. In diesem steht, wie gut sie in den einzelnen Fächern waren und was sie noch verbessern können. Bei den älteren Schülern stehen Noten von 1 bis 6 in den Zeugnissen: eine 1 bedeutet „sehr gut" und eine 6 bedeutet „ungenügend".

die Schultüte An ihrem ersten Schultag bekommen Erstklässler von ihren Eltern eine Schultüte. Darin sind oft Süßigkeiten und Dinge, die man für die Schule gebrauchen kann, wie z. B. ein Anspitzer oder neue Stifte.

die Ferien In den Ferien hat man keine Schule und kann den ganzen Tag machen, was man möchte. Alle Schulkinder haben z. B. lange Sommerferien und über Weihnachten und Neujahr Weihnachtsferien.

der Schulranzen In den Schulranzen steckt man das Federmäppchen und alle Bücher und Hefte, die man an diesem Tag in der Schule braucht.

die Schweiz

Die Schweiz ist Deutschlands südlicher Nachbar. Das Land ist vor allem bekannt für die schönen Seen und Berge sowie den Schweizer Käse. Hier leben über 8 Millionen Menschen.

der Kanton Die Schweiz ist genau wie Österreich und Deutschland ein Zusammenschluss aus kleineren Ländern. Diese heißen in der Schweiz Kantone. Die Schweiz besteht aus 26 Kantonen. Regierung und Parlament der Eidgenossenschaft tagen im Berner Bundeshaus.

der Jura Der Jura ist ein Gebirge. Es ist lang und schmal und liegt an der Grenze zu Frankreich im Nordwesten der Schweiz. Der höchste Berg im Schweizer Jura ist 1.679 Meter hoch und heißt Mont Tendre.

die Milch Die Schweiz ist berühmt für leckeren Käse. Die Milch dafür liefern mehr als 680.000 Milchkühe. Sie fließt auch in die Schokolade, eine weitere Schweizer Spezialität.

→ Berg 20 Deutschland 38 Käse 100 Österreich 140 Politik 150

die Alpen Die Alpen nehmen einen Großteil des Landes ein. Der höchste Berg der Schweiz, die Dufourspitze, ragt 4.634 Meter hoch in den Schweizer Himmel. Wie in Österreich gibt es in den Schweizer Alpen mächtige Flüsse aus Eis, die Gletscher. Der Große Aletschgletscher im Kanton Wallis ist der größte und längste Gletscher der Alpen.

der Genfersee In der Schweiz gibt es ungefähr 1.500 Seen. Viele sind kleine Gebirgsseen, aber manche sind auch so riesig, dass Schiffe darauf fahren. Der größte See ist der Genfersee an der Grenze zu Frankreich. Weitere große Gewässer sind der Neuenburgersee, der Vierwaldstättersee und der Zürichsee.

die Amtssprache
In der Schweiz gib es vier offizielle Amtssprachen: Deutsch, Französisch, Italienisch und Rätoromanisch (mit Italienisch und Französisch verwandt). Die Flagge der Schweiz zeigt ein weißes Kreuz auf rotem Grund.

das Mittelland Das flache, leicht hügelige Gebiet zwischen Jura und Alpen heißt Mittelland. Hier liegen die größten Städte der Schweiz: Zürich, Genf, Bern und Lausanne. Etwa 5 Millionen Menschen leben im Mittelland. Außerdem werden auf dem fruchtbaren Boden Weizen, Mais, Kartoffeln, Gemüse und Wein angebaut.

das Spielzeug

Kinder beschäftigen sich in ihrer Freizeit gerne mit Spielsachen. Allein oder gemeinsam wird gebastelt, gepuzzelt und gespielt.

die Inlineskates Inlineskates sind Rollschuhe, bei denen die Rollen in einer Reihe hintereinander liegen. Damit kann man längere Strecken fahren und wird nicht so schnell müde. Knie- und Ellenbogenschoner sind beim Fahren genauso wichtig wie ein Helm.

das Brettspiel Ein Brettspiel besteht aus einem Spielbrett, Spielsteinen, einem Würfel und oft weiterem Zusatzmaterial. Mit seinem Spielstein versucht der Spieler alle Aufgaben des Brettspiels zu erfüllen. Welche das genau sind und wann man gewonnen hat, erfährt man aus der Spielanleitung.

die Puppe Puppen sind kleine Nachbildungen von Menschen. Für Puppen gibt es Anziehsachen, Kinderwagen und Möbel zu kaufen.

Was spielst du am liebsten?

das Basteln Vor größeren Festen, wie z. B. Ostern und Weihnachten, wird zu Hause viel gebastelt und gemalt. Nach Vorlagen entstehen dann aus buntem Ton- und Krepppapier schöne Anhänger und Fensterbilder. Neben dem Papier benötigt man dazu Schere, Kleber und verschiedene Stifte.

der Roller Ein Roller besteht aus zwei oder drei Rädern, einem Trittbrett und einem Lenker. Moderne Tretroller werden auch Kickboard oder Scooter genannt. Manche lassen sich zusammenklappen und sind so leichter zu transportieren.

der Baukoltz Mit Bauklötzen aus Holz lassen sich ganze Städte auf den Kinderzimmerboden bauen. Die Bauklötze gibt es in vielen bunten Farben und unterschiedlichen Größen.

→ Buch 30 Roboter 166

das Buch Bücher enthalten Geschichten oder Informationen über ein bestimmtes Thema. Bilderbücher sind besonders für jüngere Kinder gedacht, die noch nicht selbst lesen können. In Bilderbüchern erzählen zahlreiche Bilder die Geschichte. Auch für Leseanfänger gibt es spezielle Bücher, die eine große Schrift haben, damit die jungen Leser die Texte gut entziffern können.

das Kuscheltier Jedes Kind hat ein Lieblingskuscheltier zu Hause. Das kann ein Teddybär, ein kleines Kuschelmonster oder eine Stoffprinzessin sein. Ein Kuscheltier hilft beim Einschlafen und ist bei vielen Ausflügen mit dabei.

die Stecksteine Mit den bunten Steinen aus Plastik kann man alles bauen, was die Fantasie hergibt: Wohn- und Geschäftshäuser, Autos und Lkws, Flugzeuge und Hubschrauber, Raumschiffe und U-Boote, Roboter, Drachen und und und. Es gibt die Steine in allen möglichen Formen und Farben. Dass alles mit einem Klick zusammenhält, verdanken wir einem cleveren System aus Erhebungen (an der Oberseite der Steine) und Vertiefungen (an der Unterseite): Sie passen haargenau ineinander.

das Spielzeugauto Spielzeugautos gibt es in zahlreichen Modellen. Sie sehen richtigen Autos oft zum Verwechseln ähnlich und sind meist aus Metall mit Gummireifen. Auch Bagger und Lkws gibt es im Spielzeugformat.

der Ball Mit einem Ball kann man viele Spiele machen. Fußball, Völkerball und einfache Fangspiele machen fast jedem aus der Familie Spaß. Bälle gibt es aus verschiedenen Materialien: Leder, Kunststoff und auch Schaumstoff.

das Puzzle Ein Puzzle ist ein Bild oder eine Vorlage, das aus unterschiedlich vielen Teilen besteht. Es gibt Puzzles mit 20, 50, 100 und auch 10.000 Teilen. Ziel eines Puzzles ist es, alle Teile so zusammenzusetzen, dass man das komplette Bild sehen kann.

der Sport

Beim Sport bewegt man seinen Körper. Das ist gesund und macht gleichzeitig Spaß.

das Schwimmen

das Rudern

der Wassersport

Wassersportarten finden rund ums Wasser statt. Rudern, Segeln, Wasserski- oder Kanufahren werden auf dem Wasser betrieben. Schwimmen, Turmspringen oder Wasserball finden im Wasser statt.

der Wasserball

das Wakeboarden

Welchen **Sport** magst du?

das Eishockey

der Wintersport

Für Wintersportarten benötigt man Schnee oder Eis. Dazu zählen z. B. Skifahren, Langlaufen, Eislaufen, Biathlon, Eishockey, Skispringen, Snowboardfahren und Rodeln. Häufig braucht der Wintersportler eine entsprechende Ausrüstung: Skier, Snowboards, Schlitten, Schlittschuhe und warme Kleidung.

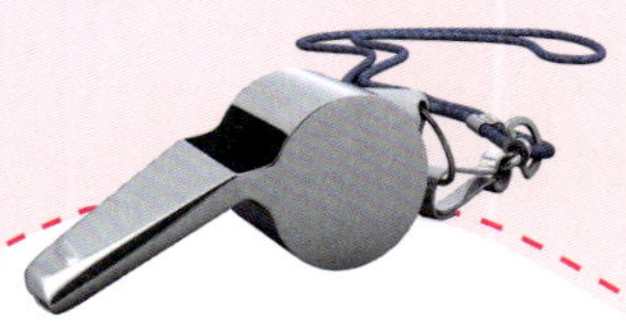

der Schiedsrichter

Für jede Sportart gibt es Regeln. In diesen ist z. B. festgeschrieben, wie groß die Spielfelder sein dürfen, wann ein Tor erzielt wurde und wann ein Spieler oder ein Team gewinnt. Bei Wettkämpfen achtet ein Schiedsrichter darauf, dass die Regeln eingehalten werden. Er weist die Spieler auf falsches Verhalten hin.

das Snowboarden

das Skifahren

Fußball **78** Gesundheit **88** Sport **180**

der Fußball

das Tischtennis

die Ballsportarten Bei den Ballsportarten steht ein Ball im Mittelpunkt. Er muss in ein Tor oder einen Korb geworfen oder einfach hin und her gespielt werden. Fußball ist wahrscheinlich die beliebteste Ballsportart. Außerdem zählen Handball, Volleyball, Tennis, Tischtennis, Hockey und Basketball dazu.

der Volleyball

der Sportverein
Alle Sportarten kann man in einem Sportverein ausüben und trainieren. Im Verein helfen Sportlehrer und Trainer die eigene Technik zu verbessern und bereiten die Sportler auf Wettkämpfe vor. Beim gemeinsamen Trainieren im Verein stehen Spaß und die Freude am Sport im Vordergrund.

der Hochsprung

die Leichtathletik Bei der Leichtathletik gibt es viele unterschiedliche Varianten. Man unterteilt sie in drei Bereiche: die Wurf-, die Sprung- und die Laufdisziplinen. Zu den Wurfdisziplinen gehören z. B. das Hammerwerfen und das Speerwerfen. Hoch- und Weitsprung zählt man zu den Sprungdisziplinen, und die Läufer von 100 Metern bis hin zum Marathon bewundert man in den Laufdisziplinen.

das Sprinten

das Speerwerfen

die Sportart
Es gibt so viele Sportarten, da ist für jeden die richtige dabei. Man unterscheidet Mannschafts- und Einzelsportarten, je nachdem ob sie allein oder zusammen in einer Gruppe ausgeübt werden.

der Sport

der Leistungssport Menschen, die von Beruf Sportler sind, betreiben Leistungssport. Sie nehmen an wichtigen Turnieren und Wettkämpfen teil und bekommen Geld dafür. So wie andere Leute zur Arbeit gehen, trainieren sie täglich in ihrer Sportart. Darin unterscheiden sie sich von Freizeitsportlern, die einen ganz anderen Beruf haben und den Sport nur nach Feierabend oder am Wochenende ausüben.

das Training Damit ein Sportler Höchstleistungen erzielen kann, muss er viel trainieren. Am besten ist ein ausgewogener Trainingsplan, der den Sportler rundum fit hält. Ein Speerwerfer sollte z. B. im Training nicht nur mit einem Arm seinen Speer werfen, sondern auch seine Ausdauer und die Beine trainieren. Der ganze Körper sollte fit sein.

der Wettkampf Im Sport gibt es nationale und internationale Wettkämpfe. National bedeutet, dass die Teilnehmer nur aus einem Land kommen. Bei internationalen Wettkämpfen kommen die Teilnehmer aus verschiedenen Ländern. Häufig treten die Nationalmannschaften der Länder gegeneinander an.

der Rekord Sportler trainieren, um zu gewinnen, und hoffen, mit ihren Leistungen eine besonders gute Zeit, eine große Weite oder viele Tore zu erzielen. Ist ein Sportler so gut wie sonst noch niemand auf der Welt vor ihm, hat er einen neuen Weltrekord erzielt.

Gesundheit **88** Sport **178**

die Fernsehübertragung
Wichtige Wettkämpfe werden im Fernsehen übertragen. So können viel mehr Zuschauer mitfiebern, als nur die Besucher vor Ort. Für die Sportler sind natürlich die Menschen im Stadion oder in der Halle wichtig. Sie erzeugen die Stimmung, die die Sportler zu Höchstleistungen anspornt.

die Nationalmannschaft
In der Nationalmannschaft spielen besonders gute Spieler aus einem Land und messen sich mit anderen Ländern in einer bestimmten Sportart. Nationalspieler tragen das Trikot ihres Landes.

die Olympischen Spiele Die Olympischen Spiele sind große internationale Wettkämpfe, die nur alle vier Jahre stattfinden, jedes Mal in einem anderen Land. Sportler aus aller Welt nehmen an diesen Wettkämpfen teil. Es gibt Winter- und Sommerspiele. Das Symbol der Olympischen Spiele sind fünf ineinander verschränkte Ringe.

die Weltmeisterschaft
Bei einer Weltmeisterschaft treten verschiedene Mannschaften oder Einzelsportler aus aller Welt gegeneinander an. An einer Europameisterschaft hingegen nehmen nur Mannschaften oder Spieler aus Europa teil. Der Sieger des Turniers erhält je nach Disziplin eine Medaille oder einen Pokal.

Wie oft finden die Olympischen Spiele statt?

die Extremsportarten Als Extremsportarten bezeichnet man Sportarten, die ein erhöhtes Verletzungsrisiko haben. Dazu zählen z. B. das Bungeespringen, das Fallschirmspringen, das Klettern ohne Sicherung, das Tieftauchen ohne Sauerstoffflasche oder das Wildwasserkajakfahren. Diese Sportarten sollte man nur mit viel Training und den entsprechenden Sicherheitsvorkehrungen ausführen.

die Stadt

Wenn viele Menschen an einem Ort zusammenleben, spricht man von einer Stadt. Hier gibt es viel zu sehen: Geschäfte, Hochhäuser und Fabriken, aber auch Theater, Museen oder Sportstadien.

die Straße Zwischen den einzelnen Gebäuden verlaufen Straßen, damit man überallhin gelangen kann. Ampeln und Hinweisschilder erleichtern den Weg durch die Stadt.

die Fabrik Fabriken sind große Gebäude, die meist am Stadtrand stehen. Hier werden die unterschiedlichsten Dinge hergestellt. Das können z. B. Stifte, Schuhe oder Autoteile sein. Da oft Materialien erhitzt oder gekühlt werden müssen, steigt dicker Rauch oder Dampf aus den Schornsteinen der Fabrik.

Welche Gebäude gibt es in der Stadt?

das Stadion Im Stadion finden große Konzerte und Sportveranstaltungen wie etwa die Begegnungen des lokalen Fußballvereins statt. Das Stadion hat Besucherränge und einen Rasenplatz in der Mitte.

das Theater In einem Theater werden Theaterstücke, Musicals oder Konzerte aufgeführt. Im Inneren gibt es einen großen Saal mit vielen Stühlen und eine Bühne. Auf dieser Bühne treten die Schauspieler auf.

der Park Ein Park ist eine grüne Oase für jede Stadt. Dort findet man Liegewiesen, auf denen man bei schönem Wetter ein Picknick machen oder sich sonnen kann. Auch Frisbee- oder Fußballspielen ist im Park erlaubt. In einigen Parks gibt es wunderschöne Blumenbeete, die man sich anschauen und von einer Parkbank aus genießen kann.

→ Straßenverkehr 184

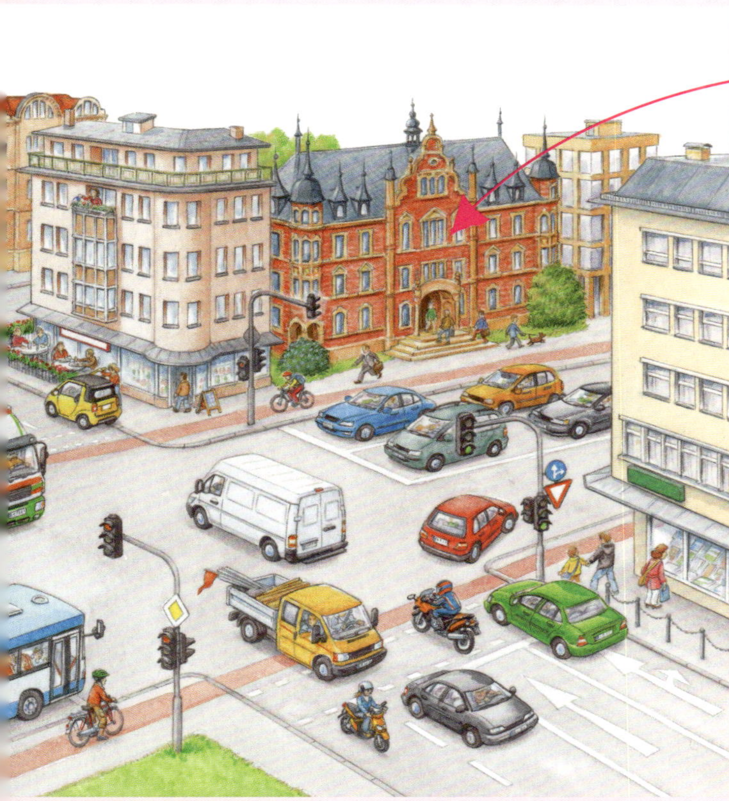

das Rathaus Im Rathaus arbeitet der Bürgermeister. Er ist für die Stadt und seine Bewohner verantwortlich. Zusammen mit dem Gemeinderat bestimmt er z. B., welche Straßen erneuert werden und wo ein neuer Kindergarten gebaut wird.

der Spielplatz In einer Stadt finden sich viele Spielplätze für Kinder. Meist stehen dort ein Klettergerüst und ein großer Sandkasten. Andere Spielplätze haben eine Schaukel und eine Rutsche. Auf der Leiter klettern die Kinder an der Rutsche hoch und rutschen dann in einen kleinen Sandkasten hinein.

der Zoo Große Städte besitzen oft einen Zoo, auch Tiergarten genannt. Dort leben unterschiedliche Tierarten. Der Zoo kümmert sich um die Tiere und gibt ihnen genug zu fressen und genügend Auslauf in ihren Gehegen.

die Fußgängerzone Eine Fußgängerzone ist ein Platz oder eine Straße, die für Autos gesperrt ist. Sie liegt meist mitten in der Stadt. Hier gibt es viele Geschäfte, in denen man einkaufen kann: Kaufhäuser, Modegeschäfte oder auch Spielzeug- und Schreibwarenläden.

die Post In der Post kauft man Briefmarken, Paketmarken und Verpackungen. Einen Brief mit Briefmarke kann man aber auch überall in der Stadt in Briefkästen werfen. Die Post leert diese Briefkästen und verschickt die Briefe dann.

das Gebäude
In einer Stadt gibt es unterschiedliche Gebäude: Schulen, Bürogebäude, Wohnhäuser, Museen und Theater, Restaurants, Hotels und Parkhäuser.

der Straßenverkehr

Im Straßenverkehr sind Lastwagen, Autos, Fahrräder und Fußgänger gemeinsam unterwegs. Da musst du gut achtgeben!

die Ampel Ampeln regeln den Verkehr. Die drei Lichter an der Ampel, Rot, Gelb und Grün, zeigen den Verkehrsteilnehmern an, wann sie anhalten müssen. Rot ist das Zeichen für Stopp, die Fahrer müssen halten. Gelb zeigt den Fahrern an, dass sie vorsichtig fahren müssen, da sich die Farbe bald ändert. Grün hingegen signalisiert freie Fahrt.

das Fahrrad Auch Fahrräder nehmen am Straßenverkehr teil. Wichtig ist, dass am Fahrrad Vorder- und Rücklicht leuchten, mehrere Katzenaugen in den Speichen angebracht sind und die Bremsen gut funktionieren. Auf manchen Straßen gibt es spezielle Fahrradwege für Fahrradfahrer.

der Schülerlotse Diese Verkehrshelfer sorgen dafür, dass Grundschüler sicher über die Straße kommen. Wenn sich eine Lücke im Autoverkehr öffnet, lotsen sie die Kinder nach drüben. Die Autofahrer müssen ein Weilchen warten. Dank eines blauen Verkehrsschilds sind sie schon vorgewarnt und passen gut auf.

der Zebrastreifen Ein Zebrastreifen ist auf der Straße eingezeichnet. Breite weiße Streifen sind auf dem Asphalt aufgezeichnet. Autofahrer werden mit einem Verkehrsschild auf den Zebrastreifen aufmerksam gemacht. Betritt ein Fußgänger den Zebrastreifen, müssen Autos anhalten und ihn vorbeilassen.

Auto **8** Stadt **182** Verkehrsschild **198**

das Motorrad Ein Motorrad fährt auf zwei Rädern. Höchstens zwei Personen können auf einem Motorrad sitzen. Möchte man ein Motorrad fahren, muss man einen extra Führerschein machen und für die Fahrt einen Motorradhelm und eine besondere Schutzkleidung tragen.

die Straßenbahn Straßenbahnen fahren meist über der Erde auf Schienen durch die Stadt. U-Bahnen dagegen sind unter der Oberfläche in Tunneln zu finden. Das U in ihrem Namen steht für Untergrund. Sowohl Straßen- als auch U-Bahnen fahren von Station zu Station. An jeder Haltestelle können Fahrgäste ein- oder aussteigen.

die Verkehrsregeln
Verkehrsteilnehmer müssen die Verkehrsregeln kennen und wissen, was die einzelnen Straßenschilder bedeuten. Sie müssen immer auf der rechten Straßenseite fahren und die Rechts-vor-links-Regel beherrschen. Diese besagt, dass ein Auto oder ein Fahrrad an einer Straße ohne Ampel oder Verkehrsschild Vorfahrt hat, wenn es von rechts aus einer Straße kommt.

Kannst du Fahrrad fahren?

der Bus Ein Bus fährt auf der Straße. Spezielle Haltebuchten am Straßenrand sind die Haltestellen. Meist findet man an einer Haltestelle ein kleines Wartehäuschen. Hier können sich die wartenden Fahrgäste bei schlechtem Wetter unterstellen. Der Fahrplan für den Bus ist ebenfalls im Häuschen angebracht. Hier schauen Fahrgäste nach, wann der nächste Bus kommt.

das Schild In den Straßen gibt es viele Straßen- und Verkehrsschilder. Die Straßenschilder zeigen den Namen der Straße an. Verkehrsschilder helfen einem, sich im Verkehr zurechtzufinden. Sie zeigen an, wo Vorfahrt herrscht, wie schnell man fahren darf und wo man anhalten muss.

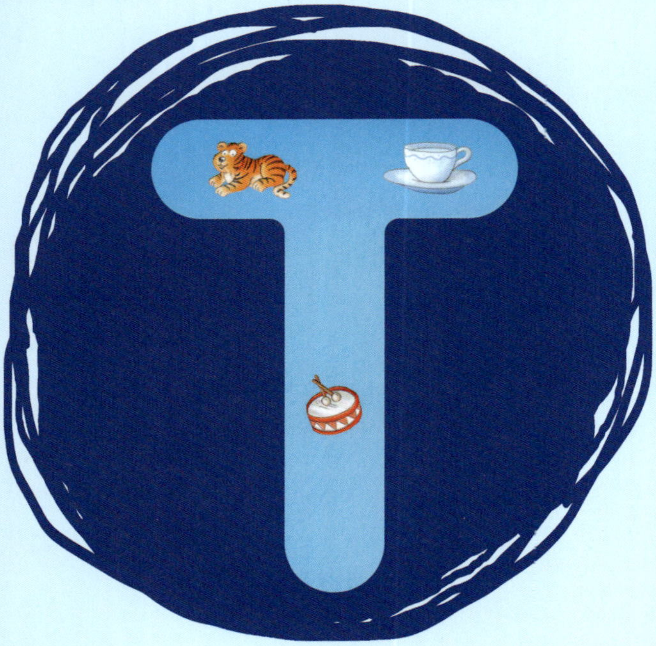

die Technik

In unserem Leben steckt mittlerweile genauso viel Technik wie in großen Industrieanlagen. Sieh dich doch mal zu Hause um: Welche Geräte werden mit Strom betrieben und was können sie?

die elektrische Zahnbürste

Die elektrische Zahnbürste erleichtert das Zähneputzen. Im Stiel der Zahnbürste ist ein kleiner Akku eingebaut. Dieser sorgt nach dem Einschalten dafür, dass die Bürste wackelt und die Zähne schrubbt. Stellt man die Zahnbürste wieder auf die Station, wird der Akku aufgeladen.

der Elektroherd Beim Einschalten des Elektroherds fließt Strom in die Heizleiter der Platten oder die Heizstäbe im Backofen. Dort wird der Strom in Wärme umgewandelt. Schaltet man den Strom wieder ab, gehen die Platten und der Ofen aus. Die Heizleiter brauchen ein bisschen Zeit, bis sie abkühlen. Deshalb sind die Platten nach dem Abschalten immer noch heiß.

der Föhn Ein Föhn dient zum Trocknen nasser Haare. Er besteht aus einem kleinen Ventilator, einem Motor und Heizdrähten. Schaltet man ihn ein, beginnen die Heizdrähte zu glühen und der Ventilator bläst Luft durch den Föhn. Die Luft läuft durch die Heizdrähte und wird erwärmt.

die Waschmaschine

Die Waschmaschine ist ein praktisches Haushaltsgerät, das die Kleidung reinigt. Es gibt verschiedene Waschprogramme, je nachdem wie dreckig die Wäsche ist. Mit einem Riemen dreht der Motor die Trommel, in der die Kleidung liegt. Eine Heizspirale erhitzt das Wasser, damit alles schön sauber wird. Eine Pumpe pumpt sauberes Wasser hinein und schmutziges heraus.

Forschen **76** Medien **128**

die Geschirrspülmaschine In einer Spülmaschine wird das Geschirr sauber gespült. Dafür läuft Wasser in die Maschine. Das Wasser wird durch einen Heizstab erhitzt und mit Spülmittel vermischt. Die Sprüharme spritzen das Wasser über das Geschirr. Danach wird noch einmal mit klarem Wasser nachgespült. Das dreckige Wasser wird abgepumpt. In der Maschine trocknet eine Heizung das Geschirr.

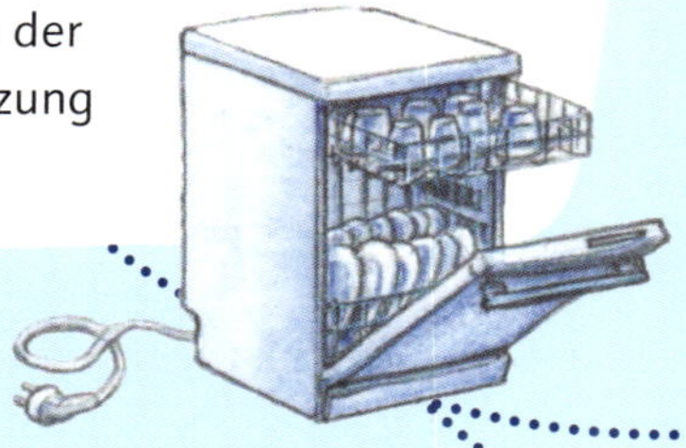

das Mikrowellengerät
Ein Mikrowellengerät erhitzt sehr schnell Essen. Die Mikrowellen bringen das Wasser in den Lebensmitteln zum Schwingen und erwärmen dadurch das Essen.

das Bügeleisen Ein Bügeleisen glättet durch Hitze Falten in der Kleidung. Jedes Bügeleisen besteht aus einem Griff und einer Sohle. In dieser Sohle befindet sich eine beheizbare Platte. Über einen Knopf kann man einstellen, wie heiß die Platte werden soll.

der Wasserkocher
Wasserkocher können Wasser innerhalb kürzester Zeit zum Kochen bringen. Dafür haben sie in ihrem Inneren eine Heizspirale oder eine beheizbare Bodenplatte, die sich beim Anschalten erwärmt und das Wasser zum Kochen bringt.

die Kaffeemaschine
Bei einer Filterkaffee-Maschine wird Wasser in einen Tank gefüllt. Dort wird es erhitzt und läuft schließlich über ein Steigrohr in den Filter, in dem sich das Kaffeepulver befindet. Dort tröpfelt es durch das Kaffeepulver und nimmt dessen Geschmack an, ehe es in die Kaffeekanne hineinläuft.

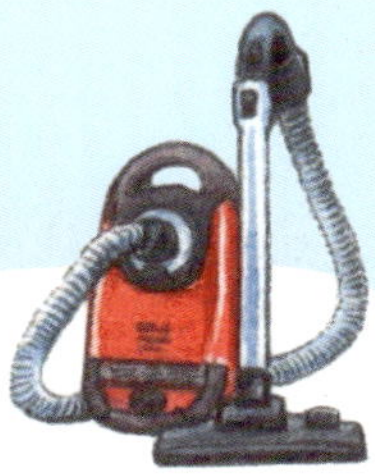

der Staubsauger Ein Staubsauger ist eine komplexe Maschine, mit der der Boden gereinigt wird. Im Inneren sitzt ein Motor, der einen Ventilator betreibt. Dieser pustet Luft aus dem Staubsauger heraus. Ein Ventilator zieht aber auch immer Luft an. Dieses Ansaugen geschieht über das Saugrohr und den Schlauch des Staubsaugers. Der Dreck und die Krümel werden dabei vom Boden aufgesaugt und in den Staubsauger gezogen. Im Filter, dem Staubbeutel, bleibt dieser Dreck hängen.

die Technik

die Nähmaschine

Wer mit der Maschine nähen will, muss das Fußpedal drücken. Es treibt eine Nähnadel an, die rasend schnell hoch und runter durch den Stoff pikst. Dabei führt sie einen Faden mit, der unter dem Stoff mit einem zweiten Faden verschlungen wird.

die Küchenmaschine

Sie übernimmt viele Tätigkeiten beim Kochen und Backen: Sie kann Teig kneten oder rühren, Lebensmittel hacken, pürieren (fein zerkleinern) und entsaften. Meist hat die Maschine eine große Schüssel und einen Arm, an dem verschiedene Geräte angebaut werden, zum Beispiel Knethaken, Rührbesen oder Mixmesser.

der Rasierapparat

Vorne am Rasierapparat bewegen sich viele sehr kleine, aber sehr scharfe Messerchen. Sie schneiden die Barthaare dicht über der Haut ab, ohne sie zu verletzen.

Was ist das Leckerste in eurem Kühlschrank?

der Kühlschrank

In den Röhrchen auf der Rückseite des Kühlschranks wird Gas verflüssigt, das dann durch Leitungen im Inneren gepumpt wird. Dort wird das Kältemittel wieder gasförmig und nimmt dabei die Wärme aus der Kühlschrankluft auf. Im Kühlfach wird es nun schön kalt und unsere Lebensmittel bleiben frisch. Im Gefrierfach werden Lebensmittel tiefgefroren und halten so noch länger.

Roboter **1666** Technik **186**

der Rasenmäher Der Rasenmäher hat einen Motor, der mit Strom oder Benzin angetrieben wird. Der Motor dreht ein scharfes Messer im Kreis und das schneidet den Rasen kurz. Bei manchen Geräten ist der Motor außerdem mit den Rädern verbunden, sodass der Mäher von selbst vorwärts fährt.

der Wäschetrockner Im Trockner wird warme Luft in die nasse Wäsche gepustet. Sie nimmt die Feuchtigkeit aus der Kleidung mit. Dann wird sie gekühlt und gibt das Wasser wieder ab. Es wird in einem Behälter gesammelt. Die Luft kann nun von Neuem erwärmt und in die Wäsche gepustet werden. Das geht so lange, bis alles trocken ist.

das Waffeleisen Es besteht aus zwei beheizten Platten. Der flüssige Teig wird auf die untere Platte gegossen. Dann wird die obere Platte heruntergeklappt, sodass der Teig von beiden Seiten gebacken wird. Für den Teig brauchst du: 125 g weiche Butter, 75 g Zucker, 1 Päckchen Vanillezucker, 1 Prise Salz, 3 Eier, 250 g Mehl, 2 gestrichene TL Backpulver und 200 ml Milch. Die Zutaten musst du in einem Rührgerät vermischen. Lass dir beim Waffelbacken von einem Erwachsenen helfen.

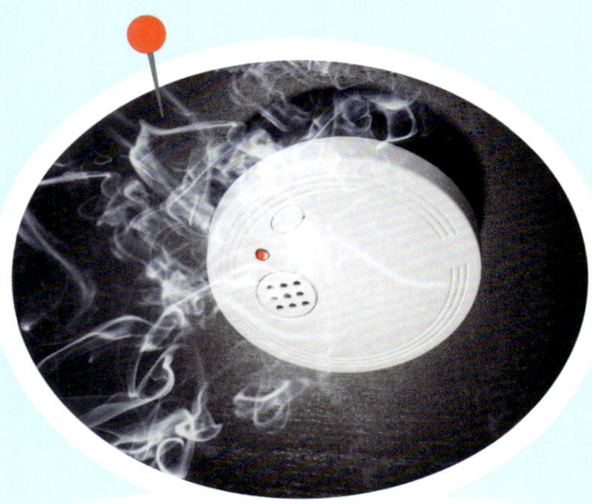

der Rauchmelder
Im Inneren des Rauchmelders blinkt ab und zu ein rotes Licht auf. Wenn alles in Ordnung ist, strahlt das Licht einfach geradeaus. Befindet sich aber Rauch im Gerät, prallt das Licht an den schmutzigen Rußteilchen ab und wird nach links und rechts verteilt oder gestreut. Sensoren schlagen dann Alarm: Ein lauter, hoher Ton warnt die Menschen vor dem Feuer.

A B C D E F G H I J K L M N O P Q R S T U V W X Y Z

das Theater

Im Theater werden spannende, komische, traurige, gruselige oder rührende Geschichten von Schauspielern vorgespielt. Die Zuschauer fiebern mit, applaudieren oder buhen die Vorstellung aus.

die Oper Ein Theaterstück mit Musik und Gesang nennt man Oper. Die Darsteller müssen gleichzeitig gute Schauspieler und hervorragende Sänger sein.

der Schauspieler Der Schauspieler schlüpft in verschiedene Rollen. Auf der Bühne muss er ganz unterschiedliche Menschen überzeugend darstellen. Dafür trägt er nicht nur den Text des Stückes vor, sondern er benutzt auch Bewegungen und Gesichtsausdrücke.

der Regisseur
Der Regisseur leitet die gesamte Theateraufführung. Er sucht die Schauspieler aus, übt mit ihnen das Stück ein und entscheidet über die Kostüme und das Bühnenbild.

das Bühnenbild Alle Gegenstände, die auf der Bühne zu sehen sind, gehören zum Bühnenbild. Das können Hintergründe sein (zum Beispiel eine Zimmerwand oder eine Landschaft), Möbel und Requisiten (kleinere Gegenstände). In den Pausen wird das Bühnenbild manchmal umgebaut. Alles wird so ausgewählt, dass es zum Stück passt und zu der Botschaft, die der Regisseur vermitteln möchte.

das Stück
Ein Theaterstück ist wie eine Geschichte mit verteilten Rollen. Alles, was geschieht, wird von den Schauspielern gesprochen oder vorgespielt. Es gibt jahrtausendealte und ganz neue Theaterstücke.

→ Kunst **116** Musik **134**

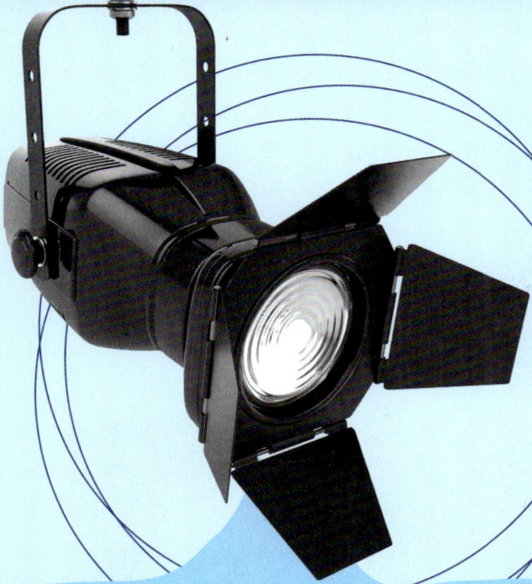

der Beleuchter Das richtige Licht lässt bei Schauspielern und Zuschauern die zum Stück passende Stimmung aufkommen. Darum steuern Beleuchter die Lampen und Scheinwerfer im Saal und tauchen die Bühne in strahlendes, helles, dämmriges oder gedämpftes Licht.

der Vorhang Vor und nach der Vorstellung verdeckt ein Vorhang die Bühne. Er kann automatisch zur Seite oder nach oben hin geöffnet werden.

der Applaus Am Ende der Aufführung treten die Zuschauer vor das Publikum und verneigen sich. Die Zuschauer zeigen mit Händeklatschen, ob ihnen das Stück gefallen hat. Je lauter und schneller der Applaus, umso besser war es. Manchmal beginnt das Publikum sogar zu johlen, mit den Füßen zu trampeln oder aufzustehen. Gefällt es den Zuschauern im Theater nicht, werden die Schauspieler ausgebuht: „Buh, buh …!", ruft es dann aus dem Publikum.

der Hairstylist Mit einer Perücke oder einer interessanten Frisur werden die Schauspieler passend zu ihrer Rolle verwandelt. Das übernehmen im Theater die Hairstylisten.

Kennst du ein Theaterstück?

der Maskenbildner Die passende Schminke kann den Gesichtsausdruck der Schauspieler hervorheben. Maskenbildner kümmern sich darum, dass niemand ungeschminkt auf die Bühne tritt.

A B C D E F G H I J K L M N O P Q R S T U V W X Y Z

das Tier

Auf der Welt gibt es die unterschiedlichsten Tiere, die sich alle nach Aussehen, Größe und verschiedenen anderen Merkmalen unterscheiden.

das Eichhörnchen

die Säugetiere

Säugetiere bringen lebende Jungen zur Welt. Diese werden von ihren Müttern mit Milch gesäugt. Die meisten Säugetiere haben ein Fell aus Haaren, das den gesamten Körper bedeckt. Nur Wale und Delfine haben keine Behaarung. Die Körpertemperatur der Säugetiere ist nicht von der Außenwelt abhängig, sondern bleibt immer gleich. Zu den Säugetieren gehören z. B. Katzen, Eichhörnchen und Bären. Auch der Mensch ist ein Säugetier.

der Bär

die Katze

die Möwe

das Rotkehlchen

die Vögel

Vögel sind die einzigen Tiere, die Federn besitzen. Dazu zählen z. B. die Möwe, der Flamingo oder das Rotkehlchen. Vogeljunge kommen in Eiern zur Welt, die ausgebrütet werden. Vögel haben Flügel und können fliegen, sie halten ihre Körpertemperatur immer gleich warm.

der Flamingo

die Wirbeltiere

Wirbeltiere haben alle ein Skelett, das im Inneren des Körpers liegt. Dazu zählen Amphibien, Reptilien, Fische, Vögel und die Säugetiere.

der Laubfrosch

die Lurche

Lurche werden auch Amphibien genannt. Ihre Jungen schlüpfen aus dem Laich, den die Eltern am Wasser ablegen. Auf dem Weg zu einem ausgewachsenen Tier machen Lurche eine Metamorphose durch. Das bedeutet, dass sie ihre Gestalt ändern. Amphibien haben immer eine feuchte Haut und leben in der Nähe des Wassers, wie z. B. der Laubfrosch und der Feuersalamander.

der Feuersalamander

→ Fische **68** Lurche **124** Reptilien **162** Säugetiere **168** Vögel **200**

der Aal

die Forelle

die Fische

Fische verbringen ihr Leben im Wasser. Über ihre Kiemen können sie unter Wasser atmen. Die meisten Fische haben Schuppen und Flossen. Damit können sie sich sicher im Wasser fortbewegen. Ihre Jungen schlüpfen aus Eiern (dem Laich), den sie im Wasser ablegen.

das Seepferdchen

das Krokodil

die Wasserschildkröte

die Reptilien

Reptilien werden auch Kriechtiere genannt. Sie legen Eier, aus denen die Jungen schlüpfen. Sie haben eine schuppige Haut, vier Beine und einen Schwanz. Nur die Schlange hat ihre Beine im Laufe der Entwicklung verloren. Die Beine der Reptilien liegen neben dem Körper. Daher können sie nicht so schnell laufen. Ihr Körpertemperatur ist von der Temperatur der Umgebung abhängig. Das Krokodil, die Kreuzotter und die Wasserschildkröte sind Vertreter der Reptilien.

die Kreuzotter

der Regenwurm

die wirbellosen Tiere

Die meisten Tiere der Welt sind wirbellose Tiere. Das bedeutet, dass sie kein inneres Skelett haben. Würmer, Schnecken, Insekten und Spinnen zählt man zu den Wirbellosen. Sie haben andere Möglichkeiten gefunden, ihren Körper zu stützen. Sie schützen sich beispielsweise durch eine feste Schale, wie die Muschel, oder durch ein stabiles Außenskelett, wie die Insekten.

die Hummel

die Spinne

die Uhr

Wann muss ich aufstehen? Wie lange noch bis zum Mittagessen? Wann kann ich endlich spielen? Solche Fragen beantworten wir mithilfe einer Uhr. Sie zeigt uns die Tageszeit und verrät, wie viel Zeit schon vergangen ist.

der Sekundenzeiger

Nicht alle Uhren haben einen Sekundenzeiger, aber wenn, dann ist er lang und dünn. Er läuft in einer einzigen Minute einmal um die ganze Uhr herum. Jeder kleine Schritt dieses Zeigers zeigt eine Sekunde an, von einer Ziffer zur nächsten vergehen fünf Sekunden.

der große Zeiger

Der große Zeiger zeigt die Minuten an. Er wandert jede Stunde einmal um die ganze Uhr herum, angefangen oben bei der 12. Immer wenn er die nächste Zahl erreicht, sind fünf Minuten vergangen. Um die genaue Uhrzeit zu kennen, müssen wir den großen und den kleinen Zeiger beachten.

der kleine Zeiger

Der kleine Zeiger zeigt die Stunden an. Steht er zum Beispiel auf der 3, ist es 3 Uhr. Steht er zwischen der 3 und der 4, ist es zwischen 3 und 4 Uhr. Jede Stunde wandert der große Zeiger von einer Zahl bis zur nächsten.

das Ziffernblatt

Die runde Scheibe mit den Zahlen ist das Ziffernblatt. Darauf stehen die Stunden von 1 bis 12. Ob es gerade zwischen 1 Uhr nachts und 12 Uhr mittags oder zwischen 1 Uhr mittags und 12 Uhr in der Nacht ist, müssen wir selbst wissen.

Zeit 224

die Digitaluhr Eine Digitaluhr hat kein Ziffernblatt und keine Zeiger, sondern eine Anzeige mit Zahlen. Die erste Zahl nennt die Stunde, die Zahl nach dem Doppelpunkt die Minuten. Manchmal blinkt noch eine dritte Zahl, sie zeigt dann die Sekunden. Der Unterschied zur Uhr mit Ziffernblatt ist: Die Stunden werden von 0 bis 23 gezählt, also von Mitternacht bis 11 Uhr am nächsten Abend.

der Wecker Schon Zeit zum Aufstehen? Den Wecker stellst du auf eine bestimmte Zeit ein und er weckt dich dann mit einem Klingelton, Musik oder sanftem Licht.

die Kuckucksuhr Diese Wanduhr ist meist aus Holz und kunstvoll verziert. Ihre Form erinnert an ein Häuschen. Zu jeder vollen Stunde öffnet sich eine Klappe. Ein Holzvogel kommt heraus und ruft so oft „Kuckuck!", wie es zur Uhrzeit passt. Kuckucksuhren kommen aus dem Schwarzwald und sind in der ganzen Welt bekannt.

die Turmuhr An den meisten Kirchen gibt es eine große Turmuhr. Das war vor allem früher praktisch, als noch nicht alle Menschen eine Armbanduhr oder ein Handy mit Zeitanzeige hatten. Sie konnten unterwegs oder bei der Arbeit schnell einen Blick auf die Turmuhr werfen. Die Glocke, die regelmäßig zur Viertel-, vollen oder halben Stunde schlägt, machte die Zeit sogar hörbar.

die Sonnenuhr Die Sonnenuhr zeigt mithilfe des Sonnenlichts die Uhrzeit an. Sie besteht aus einem Zeiger und einem Ziffernblatt. Wenn die Sonne auf den Zeiger scheint, wirft dieser Stab einen Schatten auf das Ziffernblatt. So wie die Sonne im Laufe eines Tages über den Himmel wandert, so bewegt sich auch der Schatten über die Stundenzahlen auf dem Ziffernblatt. Das Prinzip der Sonnenuhr war bereits den Menschen im alten Griechenland bekannt. Du findest Sonnenuhren häufig an der Fassade alter Gebäude.

die Umwelt

Die Umgebung, in der wir leben, nennen wir Umwelt. Wir müssen auf die Umwelt gut aufpassen und dürfen sie nicht verschmutzen, da sonst Pflanzen und Tiere nicht mehr leben können.

der Klimawandel Das Klima auf der Welt verändert sich und wird wärmer. Man sagt dazu auch Klimawandel. Der Klimawandel wird durch die vielen Abgase verursacht, die Autos und Fabriken in die Luft ausstoßen. Wenn das Klima überall auf der Welt wärmer wird, schmelzen die Eismassen an den Polen und es gibt mehr Unwetter auf der Welt. Um den Klimawandel zu verlangsamen, gibt es z. B. für Fabriken Umweltauflagen und ältere Autos dürfen nicht mehr in alle Städte fahren.

die Luftverschmutzung Aus Fabriken und Autos gelangen Abgase in die Luft. Diese Gase schaden der Gesundheit, deshalb heißen sie auch Schadstoffe. Besonders in Großstädten sammeln sich manchmal so viele Schadstoffe in der Luft, dass sie als Nebel sichtbar werden. Das nennt man Smog.

das Naturschutzgebiet Um bestimmte Tiere und auch Pflanzen in der Natur zu schützen, gibt es Naturschutzgebiete. In diesen darf man die Wege nicht verlassen und sollte sich ruhig verhalten, weil die Tiere sonst gestört werden. Naturschutzgebiete werden durch Schilder angezeigt.

→ Energie **46** Gesundheit **88** Müll **132**

der Umweltschutz
Jeder kann die Umwelt schützen. Wenn man Strom und Wasser spart, Müll vermeidet und Gegenstände und Geräte möglichst lange nutzt, verschwendet man keine Rohstoffe.

der Umweltsatellit Um die Umwelt zu beobachten, setzen Wissenschaftler immer häufiger Satelliten ein. Sie beobachten unseren Planeten aus dem All, sammeln Daten über das Wetter und den Klimawandel und spüren Veränderungen an der Erdoberfläche auf. Mithilfe ihrer Bilder sieht man etwa, wenn im Regenwald großflächig Brandrodung betrieben wird, wie sich die Polkappen entwickeln oder ob vermehrt Algen in unseren Ozeanen wachsen.

das Ozonloch Ozon ist eine besondere Form des Sauerstoffs und kommt vor allem in der Stratosphäre der Luft vor – also 10 bis 15 Kilometer über dem Erdboden. Das Ozon schützt die Erde vor der Strahlung der Sonne. Man kann sich das wie einen Sonnenschirm vorstellen. Durch ungesunde Stoffe aus Spraydosen, Kühlschränken und Gefriertruhen wird die Ozonschicht zerstört und bekommt Löcher. So ein Loch liegt z. B. über dem Nordpol. Dort wird es nun wärmer und die Sonne schmilzt das Eis an den Polen.

die Wasserverschmutzung
Durch Abwasser, Erdöl oder Bakterien wird das Wasser verschmutzt und die Qualität des Wassers verschlechtert sich. Dadurch wird das Wasser für den Menschen und die Tiere nicht mehr nutzbar. Öl kann im Gefieder der Vögel kleben bleiben, sodass sie nicht mehr fliegen können. Das dreckige Wasser kommt aus den Wohnhäusern, der Industrie und der Landwirtschaft.

das Verkehrsschild

Überall auf Straßen, Plätzen und Grundstücken stehen Verkehrsschilder. Sie regeln den Verkehr und sagen zum Beispiel, wer gerade fahren darf und wer warten muss. Kennst du schon diese Schilder?

die Vorfahrtsstraße Auf einer Straße mit diesem Schild hast du Vorfahrt. Wer von links oder rechts kommt, muss dich vorlassen.

Stop An diesem Schild musst du auf jeden Fall anhalten! Rolle dann ganz vorsichtig vorwärts, bis du sehen kannst, ob die Straße für dich frei ist oder nicht. Kommt jemand von rechts oder links, musst du warten.

der Gehweg Dieser Weg ist nur für Fußgänger. Kinder dürfen hier bis zu ihrem zehnten Geburtstag Rad fahren, alle anderen Radler müssen schieben.

der Fahrradweg
Dieser Weg ist nur für Radler.

der getrennte Fuß- und Radweg Auf diesem Weg benutzen Fußgänger die eine und Radfahrer die andere Seite. Die beiden Wege sind durch einen weißen Strich oder farbiges Pflaster getrennt.

der gemeinsame Fuß- und Radweg Auf diesem Weg sind Fußgänger und Radler zusammen unterwegs. Da heißt es: gut aufpassen und Rücksicht nehmen!

Auto **8** Fahrrad **58** Straßenverkehr **180**

die Spielstraße

In dieser Straße ist es erlaubt, auf der Straße zu spielen, mit dem Rad oder Inlineskates zu fahren. Die Autos müssen ganz langsam fahren und Rücksicht nehmen. Pass aber trotzdem gut auf!

die Fußgängerzone

Eine Fußgängerzone gibt es meist in der Innenstadt, damit die Menschen in Ruhe einkaufen gehen können. Autos dürfen hier nur morgens und abends fahren, um Geschäfte und Restaurants zu beliefern. Und auch dann müssen sie die Fußgänger stets vorlassen.

der Fußgängerüberweg

Am Zebrastreifen darfst du über die Straße gehen. Autos müssen anhalten und dich vorbeilassen. Dennoch gilt: erst am Straßenrand anhalten und nach links und rechts schauen, dann gehen.

der Bahnübergang

Achtung, hier verläuft eine Bahnstrecke! Auch wenn es eine Schranke gibt, musst du immer sorgfältig nach links und rechts gucken, bevor du die Schienen überquerst.

Vorfahrt gewähren

Wenn du an eine Kreuzung mit diesem Zeichen kommst, musst du warten, bis der Verkehr von rechts oder links vorbei ist. Die anderen haben Vorfahrt!

Gibt es bei euch eine Fußgänger-zone?

Geschwindigkeitsbeschränkung

Dieses Schild zeigt, wie schnell man allerhöchstens fahren darf: 30 km/h.

der Vogel

Vögel gehören zu den Wirbeltieren. Sie haben ein inneres Skelett und sind außen ganz mit Federn bedeckt.

der Spatz Der eigentliche Name des Spatzen lautet Haussperling. Er ist ein Singvogel und überall dort zu finden, wo es Menschen gibt – außer in den Tropen.

der Singvogel Mit über 4.000 Arten sind die Singvögel eine große Untergruppe der Vögel. Diese Vögel haben einen besonders ausdauernden Gesang, wie z. B. das Rotkehlchen.

der Strauß Der Strauß ist ein Vogel, der nicht fliegen kann. Dafür kann er mit seinen langen Beinen sehr schnell rennen.

der Kolibri Der Kolibri ist die kleinste Vogelart der Welt. Ein Kolibri wird nur wenige Zentimeter groß.

die Amsel Die Amsel ist einer der bekanntesten Vögel weltweit. Die Männchen besitzen ein schwarzes Federkleid, während die Federn der Weibchen braun sind.

der Tukan Tukane haben auffällig bunte Schnäbel. Sie leben vor allem in tropischen Regionen auf Bäumen. Zu ihren Lieblingsspeisen gehören tropische Früchte.

der Falke Der Falke zählt zu den Greifvögeln. Bei der Jagd stürzt er sich aus großer Höhe auf sein Beutetier.

Tiere 192

der Flügel
Alle Vögel haben Flügel. Die Flügel sind vor langer Zeit aus den Vorderarmen der Tiere entstanden. Kräftige Muskeln und sehr leichte Knochen sorgen dafür, dass Vögel durch das Bewegen der Flügel fliegen können.

der Schnabel
Der Schnabel eines Vogels besteht aus Horn. Die Vögel verwenden ihn vor allem zum Greifen oder Abreißen der Nahrung.

die Zehen Vögel haben sehr unterschiedliche Füße. Je nach Art besitzen sie zwischen zwei und vier Zehen, die mit spitzen Krallen enden.

die Feder Die Federn werden von der obersten Hautschicht der Vögel gebildet und sind aus Horn. Ein Vogel hat an seinem Körper unterschiedlich geformte Federn: Deckfedern schützen die unteren Federn vor Dreck und Nässe, während die Daunen den Vogel vor Kälte schützen.

Hast du schon einmal ein **Vogelnest** gefunden?

der Nesthocker
Jungvögel, die nach der Geburt noch Hilfe und Pflege benötigen, nennt man Nesthocker. Das sind z. B. Störche und Tauben. Enten und Schwäne können direkt nach der Geburt schwimmen und das Nest verlassen. Sie nennt man Nestflüchter.

die Eier Vögel legen Eier. Diese müssen warm gehalten (bebrütet) werden, bis die jungen Vögel schließlich die Schale durchbrechen und schlüpfen. Viele sind nach ihrer Geburt noch nackt und haben die Augen geschlossen.

der Zugvogel Zu den Zugvögeln zählt z. B. der Weißstorch. Er lebt den Sommer über in Mitteleuropa und macht sich dann rechtzeitig vor dem Wintereinbruch auf den Weg in wärmere Gebiete wie Afrika. Dort verbringen die Zugvögel den Winter und kommen im Frühjahr zurückgeflogen.

das Nest Vogeleltern ziehen ihre Jungen in einem Nest auf. Das Nest bauen sie vor der Eiablage aus kleinen Ästen, Stroh und Moos.

der Vulkan

Auf der ganzen Welt gibt es etwa 1.500 aktive Vulkane. Aber keine Sorge: Das bedeutet nicht, dass diese Berge alle dauernd Feuer speien. Manche, etwa die Maare in Deutschland, sind schon lange erloschen.

das Magma
Magma ist glühend heißes, flüssiges Gestein. Dieses befindet sich an manchen Stellen unter der Erdoberfläche.

die Asche Ein Vulkanausbruch gleicht einer Explosion: mit viel Druck werden Lava und Gesteine aus dem Krater geschleudert. Dabei werden sie teilweise ganz fein zerkleinert. Diesen Staub nennt man Vulkanasche.

die Lava Tritt das flüssige Gestein aus dem Erdinneren an die Oberfläche, nennt man es Lava. Lava ist meist rot, da sie sehr heiß ist und glüht. Kühlt sie ab, wird sie fest und schwarz. Daher haben Vulkane oft eine schwarze Farbe.

der Krater
Der Krater ist eine Vertiefung an der Spitze eines Vulkanbergs. Hier treten Lava, Asche und Gase aus.

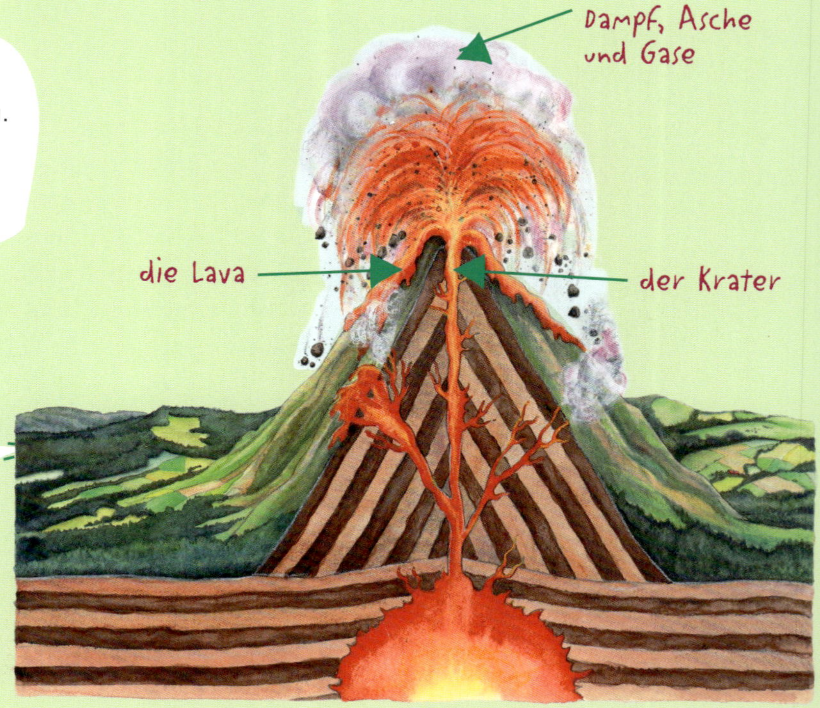

der Vulkan Manchmal kommt es dazu, dass sich das flüssige Gestein (Magma) im Erdinneren in Blasen sammelt. Diese Blasen stehen unter enormem Druck. Ist die Erdoberfläche brüchig oder hat sie Risse, kann die Lava explosionsartig herausschießen. Dies ist bei Vulkanausbrüchen der Fall.

Berg **20** Erde **52**

der Schildvulkan Schildvulkane sind flacher und größer als Schichtvulkane. Das liegt daran, dass hier besonders heiße und sehr flüssige Lava austritt. Sie fließt schnell vom Krater weg, bevor sie fest wird. So bekommt der Schildvulkan seine breite Form.

der Geysir Eine Quelle mit heißem Wasser, das ab und zu hochschießt wie ein Springbrunnen – das nennt man Geysir. Hier wird das Grundwasser von Magma aufgeheizt. Weil die Leitung nach oben eng ist, kann der heiße Wasserdampf nicht entweichen. Erst wenn das Wasser extrem heiß ist, steigt der Dampf auf und reißt Wasser mit sich. Es kann etwa 100 Meter hoch spritzen.

das Maar Ein Maar ist eine große, oft kreisrunde Mulde im Boden. Es entsteht, wenn Wasser auf heißes Magma trifft und explodiert. Heute sind Maare oft mit Wasser gefüllt und sehen aus wie normale Seen, etwa in der Eifel.

der Schichtvulkan Diese Vulkane haben die Form eines Kegels, das bedeutet: Sie sehen ein wenig aus wie eine umgedrehte Eistüte. Die Lava, die hier austritt, ist nicht sehr heiß. Sie ist dickflüssig und fließt langsam. Daher sammelt sich viel Lava nah am Krater. Bei jedem Ausbruch wächst der Vulkanberg ein Stück höher.

Pompeji Die Stadt Pompeji (heute Pompei) in Süditalien liegt in der Nähe des Vulkans Vesuv. Er brach im Jahr 79 aus und begrub die ganze Stadt unter einer bis zu sechs Meter dicken Schicht Asche. Viele Menschen kamen ums Leben. Heute ist die Stadt wieder ausgegraben und man kann dort viel über das Leben in früheren Zeiten lernen.

der Wal

Wale sind riesenhafte Wassertiere. Sie sehen zwar ähnlich aus wie Fische, sind aber Säugetiere: Sie bekommen lebende Junge und ernähren sie mit Milch.

der Blauwal Der Blauwal ist das größte Tier, das je auf der Erde gelebt hat. Ein erwachsener Blauwal kann 33 Meter lang und 200 Tonnen schwer werden. Das ist so lang wie ein Lkw mit Anhänger und fünfmal so schwer! Die Meeresriesen leben weit weg von den Küsten auf hoher See: im Sommer an den Polen, im Winter in wärmeren Meeren.

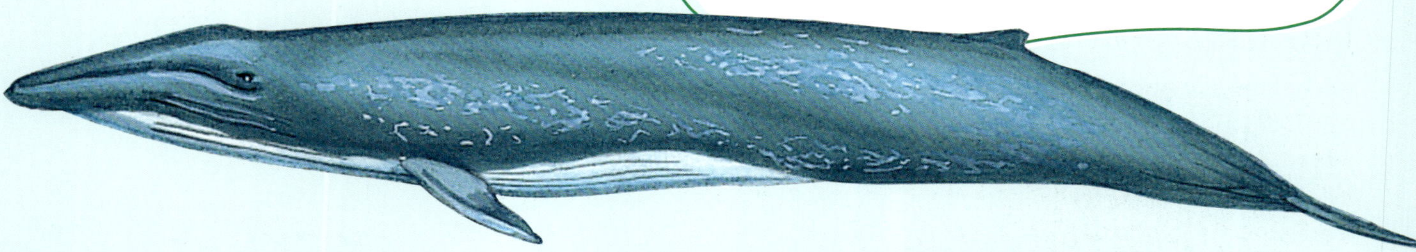

der Grönlandwal Diese Meeresriesen leben in der eisigen Kälte rund um den Nordpol. Mit ihrem starken Kopf durchbrechen sie das Eis, um zu atmen. Grönlandwale werden bis zu 18 Meter lang und unglaubliche 200 Jahre alt.

der Buckelwal Buckelwale werden etwa 15 Meter lang. Diese Wale singen besonders viel. Beim Abtauchen machen sie einen runden Buckel (daher ihr Name) und heben die Schwanzflosse aus dem Wasser.

der Bartenwal Der Bartenwal hat keine Zähne, sondern längliche Hornplatten im Oberkiefer. Zum Fressen nimmt er Meerwasser ins Maul, dann presst er es wieder hinaus. Wie in einem Sieb bleiben Krebse und andere Kleintiere an den Barten hängen.

→ Meer **130** Säugetier **168**

der Delfin Es gibt ungefähr 40 verschiedene Arten von Delfinen. Sie jagen kleinere Fische und machen gern kunstvolle Sprünge und Saltos. Einige Delfinarten leben nicht im Meer, sondern in Flüssen.

der Walgesang
Bartenwale unterhalten sich durch lang anhaltende tiefe Tonfolgen, die Hunderte von Kilometern weit zu hören sind. Zahnwale sind eher für ihre Pfeif- und Klicklaute bekannt, die auch zur Echoortung dienen, ähnlich wie bei Fledermäusen.

der Zahnwal Zahnwale haben Zähne und machen Jagd auf Fische, Tintenfische und Meeressäugetiere. Dazu gehören Pottwal, Schweinswal, Delfin und Schwertwal.

der Gewöhnliche Schweinswal
Schweinswale sind ziemlich kleine Wale, sie werden nicht mal zwei Meter lang. Sie leben bei uns in der Nord- und Ostsee.

der Pottwal Pottwale erkennst du leicht an ihrem riesigen, fast eckigen Kopf. Sie sind wahre Tauchkünstler: Sie können zwei Stunden unter Wasser bleiben und mehrere Tausend Meter tief absinken. Dort unten jagen sie Tintenfische, ihr Lieblingsfutter.

der Schwertwal Der Name dieser schwarz-weißen Meeressäuger kommt von ihrer langen, schmalen Rückenflosse. Sie kann fast zwei Meter hoch werden! Manchmal werden die Tiere auch Orcas genannt. Sie gehören zu den Delfinen und sind sehr geschickte Jäger. In Gruppen erbeuten sie zum Beispiel junge Wale und Robben.

der Wald

In einem Wald leben viele Bewohner und es gibt die unterschiedlichsten Pflanzen, Bäume und Sträucher. Je nach Zusammensetzung der Bäume spricht man von einem Laubwald, einem Nadelwald oder einem Mischwald.

das Eichhörnchen

Das Eichhörnchen lebt auf den Bäumen des Waldes. Mit seinen flinken Sprüngen kann es leicht von Baum zu Baum hüpfen. Dabei nutzt es den langen Schwanz zum Steuern. Vor dem Winter legt sich das Eichhörnchen einen Futtervorrat an und vergräbt an verschiedenen Stellen Nüsse und Samen.

der Fuchs

Füchse haben ein rötlichbraunes Fell. Sie leben tagsüber versteckt in Erdhöhlen und kommen erst zur Dämmerung aus ihrem Bau heraus. Sie fressen kleine Tiere, manchmal aber auch Eier oder Beeren.

die Eule

Eulen sind ausgezeichnete Jäger. Tagsüber schlafen sie, doch nachts gehen sie auf die Suche nach Beute. Ihre großen Augen lassen sie nachts sehr gut sehen und sie hören auch sehr gut. Durch die weichen Federn fliegt die Eule fast lautlos. So kann sie ihre Beute, meist kleine Mäuse, in der Dunkelheit überraschen.

das Wildschwein

Wildschweine gehören zu den größten Tieren, die in Europa in freier Wildbahn vorkommen. Zu sehen sind sie nur selten, da sie sich gut im Unterholz verstecken. Die Männchen heißen Keiler. Ihre Eckzähne ragen oben und unten aus dem Mund. Die Weibchen, die Bachen, haben kürzere Eckzähne als die Männchen.

Baum **16** Pilze **148**

die Spinne Spinnen besitzen immer acht Beine. Mit dem Seidenfaden, der aus ihrem Hinterteil herauskommt, weben sie sich ein Spinnennetz. Dieses ist klebrig, sodass Insekten in dem Netz hängen bleiben. Sind sie erst einmal im Netz, tötet die Spinne sie durch einen giftigen Biss.

die Beere Wilde Beeren findet man viele im Wald. Blaubeeren, Himbeeren und Brombeeren wachsen oft direkt am Wegesrand. Diese Beeren dienen auch den Tieren des Waldes als Nahrung.

der Hirsch Hirsche gehören zu den größten Tieren im Wald. Dem Männchen wächst jedes Jahr ein neues Geweih auf dem Kopf. Das alte fällt ab. Mit lauten Rufen versucht der Hirsch eine Hirschkuh für sich zu gewinnen. Das nennt man Röhren. Das Junge eines Hirsches und einer Hirschkuh wird Hirschkitz genannt. Auch das Reh gehört zur Familie der Hirsche.

der Förster
Ein Förster ist für den Wald verantwortlich. Er sorgt dafür, dass die Bäume nicht zu dicht stehen und dass es nicht zu viele Tiere in einem Revier gibt. Das wäre für den Wald schädlich. Deshalb gehen Förster auch auf die Jagd.

Hast du schon einmal im Wald **Tiere** gesehen?

der Hochsitz
Hochsitze sind für die Jagd gebaut worden. Auf ihnen sitzt ein Jäger, beobachtet einen Teil des Waldes und wartet darauf, dass ein Reh oder ein Hirsch auftaucht. Der Jäger darf die Tiere aber nur schießen, wenn gerade keine Schonzeit ist. In der Schonzeit ist das Töten und Fangen von Wild verboten.

das Wasser

Die Oberfläche der Erde besteht zu über 70 Prozent aus Wasser. Bis es allerdings bei uns aus der Leitung kommt, legt das Wasser einen langen Weg zurück.

der Wasserfall Auf dem Weg vom Gebirge ins Tal stürzt ein Bach auch mal eine kleine Felsspalte hinunter. Dieses hinunterstürzende Wasser nennt man Wasserfall. Wasserfälle können sehr klein, aber auch gewaltig groß werden.

der Schwan Der Höckerschwan gehört zu den größten flugfähigen Vögeln: Er wird etwa 150 Zentimeter lang und hat eine Flügelspannweite von 240 Zentimetern. An den Füßen haben die Schwäne Schwimmhäute, sodass sie schnell auf dem Wasser schwimmen können.

der Fluss Wenn einige kleine Bäche zusammenfließen, wird daraus ein großer Fluss. Je größer der Fluss ist, desto schneller fließt er. Jeder Fluss fließt in ein Meer.

die Brücke Eine Brücke ist eine Konstruktion, die z. B. über einen Bach oder einen Fluss führt. Dafür werden Holz oder Metall verbaut. Eine Brücke muss genügend Last aushalten können, sonst bricht sie zusammen. Die Wissenschaft, mit der man berechnet, ob die Brücke hält, nennt man Statik.

Meer 130 Pflanzen 146

der Wasserkreislauf Wenn Wasser erwärmt wird, verdunstet es: Es wird zu Wasserdampf. Das Meer und die Seen verdunsten genauso wie das Wasser auf der Erde. Aber auch Pflanzen geben das Wasser wieder an die Luft ab. Die Sonne treibt den Wasserkreislauf an. Sie erwärmt die Erdoberfläche. Dadurch erhitzt sich die Luft, die dann nach oben steigt. Da die Luft voll von Wassertröpfchen ist, bilden sich Wolken. Diese Wolken sind aus Wasserdampf. Nun steigen die Wolken noch weiter hinauf, kühlen dort ab und es beginnt zu regnen. So kommt das Wasser wieder zurück zur Erde.

die Ente Enten zählen zu den Vögeln. Sie haben zwischen ihren Zehen Schwimmhäute, mit denen sie gut paddeln können. Damit sie im Wasser nicht frieren, haben sie ihre Federn vorher mit dem Fett aus der eigenen Bürzeldrüse eingefettet.

das Leitungswasser Leitungswasser aus dem Wasserhahn können wir trinken. Daher nennt man es auch Trinkwasser. Bevor es aber aus dem Hahn kommt, legt es einen weiten Weg zurück: Aus einem See, Fluss oder dem Grundwasser kommt es in das Wasserwerk, wo es gereinigt und dann durch Leitungen in die Häuser geführt wird.

der See Seen liegen oft in Mulden oder Becken. Aus diesem Becken kann das Wasser nicht abfließen und nicht versickern. Seen können auch in erloschenen Vulkanen entstehen. Wasser erhält der See von einem Bach, einem Fluss oder einer Quelle.

der Teich Ein Teich ist – anders als der See – künstlich angelegt worden. Aber auch hier finden sich die typischen Wasserpflanzen und -tiere.

das Weltall

Das Weltall ist unvorstellbar groß. Die Planeten, wie z. B. die Erde, scheinen wie kleine Bälle im weiten Universum zu schweben und bewegen sich doch auf einer vorgegebenen Bahn.

die Sternschnuppe Sternschnuppen sehen aus wie schnelle kleine Blitze, die quer über den Himmel fliegen, bevor sie wieder verschwinden. Sternschnuppen sind kleine Steine, die im Weltall umherfliegen. Fliegt ein solcher Stein schnell auf die Erde zu und tritt in die Atmosphäre ein, die die Erde umgibt, wird er ganz heiß und verglüht. Diese leuchtende Spur sieht man dann am Himmel.

das Planetarium
Ein Planetarium kann man auch als Sternentheater bezeichnen: Ein riesiger Projektor wirft im Gebäude Planeten und Sterne auf die gewölbte Decke. Darunter sitzen die Zuschauer. Sie bekommen das Gefühl, sich mitten im Weltall zu befinden. Je nach Vorführung werden einzelne Planeten und Sterne erklärt.

Hast du schon einmal eine Sternschnuppe gesehen?

der Satellit Satelliten kreisen auf ihren Umlaufbahnen um die Erde. Sie werden ins All geschossen, um z. B. Telefongespräche rund um die Welt zu ermöglichen oder um das Wetter zu beobachten. Auch bei Navigationsgeräten im Auto wird die Position des Autos durch Satelliten aus dem Weltall bestimmt.

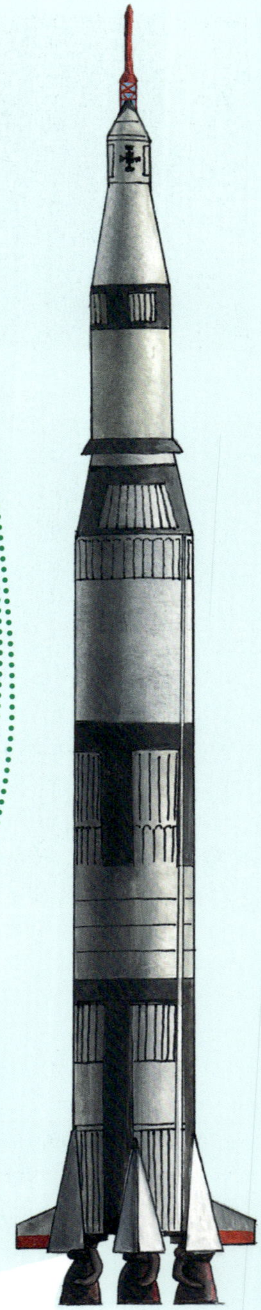

die Rakete Eine Rakete ist ein Fluggerät, mit dem Astronauten ins Weltall fliegen können. Raketen versorgen auch Raumstationen mit Nahrung und Ausrüstung. Ist der Treibstoff in den Raketen aufgebraucht, werden die überflüssigen Teile im Weltall abgeworfen und es kehrt nur eine kleine Raumkapsel auf die Erde zurück.

→ Weltall 212

die Milchstraße
Die Milchstraße ist eine Galaxie, ein riesiges Sternensystem. Zur Milchstraße gehören die Sonne, die Erde, die Planeten und etwa 200 Milliarden Sterne. Wenn nachts der Himmel klar ist, sieht man ein breites weißes Band am Himmel. Da es aussieht, als hätte jemand Milch ausgeschüttet, nennt man es auch Milchstraße.

der Astronaut Bevor ein Astronaut ins Weltall starten darf, muss er viele Tests überstehen. Nur gesunde Menschen dürfen ins All fliegen. Wenn Astronauten die Raumstation oder ihr Raumschiff einmal verlassen, tragen sie einen Raumanzug. Durch ihn bekommen sie Sauerstoff zum Atmen. Denn im Weltall gibt es keinen Sauerstoff.

der Stern Ein Stern ist eine glühende Kugel aus Gas. In der Nacht können wir am Himmel viele Sterne sehen. Wie viele Sterne es im Weltall gibt, kann niemand genau sagen, denn ständig werden neue geboren und andere sterben. Die Sonne ist auch ein Stern.

die Raumstation In einer Raumstation leben Astronauten und Wissenschaftler mitten im Weltall. Dort gibt es viele Messgeräte, mit denen die Astronauten das Leben im All erforschen können. Essen und Getränke erhalten sie regelmäßig durch Raketen, die zur Raumstation geschickt werden.

der Planet Die Erde ist ein Planet. Übersetzt bedeutet Planet „Wanderer". Denn Planeten wandern auf einer festgelegten Bahn um die Sonne. Insgesamt kreisen 8 Planeten um unsere Sonne: Merkur, Venus, Erde, Mars, Jupiter, Saturn, Uranus und Neptun.

das Weltall

das Sonnensystem Unser Sonnensystem heißt so, da sich alle Planeten um die Sonne drehen. Die Sonne ist das Zentrum. Durch die Schwerkraft hält sie die Planeten wie an unsichtbaren Fäden auf ihren Umlaufbahnen. Die vier Planeten, die am nächsten an der Sonne liegen, bestehen überwiegend aus Stein. Die vier äußeren Planeten bestehen vor allem aus Gasen.

die Umlaufbahn Jeder Planet hat seine eigene Umlaufbahn um die Sonne. Dies ist sein ganz eigener Rundweg. Da sich die Bahnen nicht kreuzen, stoßen die Planeten nie zusammen.

der Mars Der Mars heißt auch „Roter Planet". Denn auf seiner Oberfläche und in der Atmosphäre befindet sich Roststaub, der für eine rote Farbe sorgt.

der Jupiter Jupiter ist der größte Planet in unserem Sonnensystem. Er ist schwerer als alle anderen sieben Planeten zusammen. Jupiter ist ein Gasplanet.

der Neptun Neptun ist der äußerste Planet unseres Sonnensystems. Methangase an der Oberfläche lassen ihn bläulich schimmern. Er besitzt gefrorenes Eis im Inneren und ist daher ein Eisriese.

der Mond Die Erde hat einen Begleiter auf ihrem Weg durchs Weltall, den Mond. Er umkreist die Erde. Dafür braucht er ungefähr 27 Tage und 8 Stunden. Der Mond hat immer die gleiche Größe, auch wenn wir ihn am Himmel manchmal nur halb sehen. Er wird von der Sonne angestrahlt.

die Erde Die Erde ist der einzige Planet im Sonnensystem, auf dem Leben möglich ist. Das liegt vor allem an der Lufthülle, die rund um die Erde liegt, der Atmosphäre. Die Sonne spendet Licht und Wärme. Die Erde umrundet die Sonne auf ihrer Laufbahn. Dafür braucht sie etwa 365 Tage, also ein Jahr.

→ Weltall 210

die Sonne Unsere Sonne ist ein Stern, das bedeutet, sie ist ein heißer, leuchtender Gasball. Auf der Oberfläche der Sonne herrschen etwa unglaubliche 5.500 Grad Celsius. Die Wärme und das Licht der Sonne machen das Leben auf der Erde erst möglich.

die Venus Die Venus ist ein Steinplanet. Sie liegt immer unter einer dicken Wolkenschicht verborgen.

Welches ist der **größte Planet** des Sonnensystems?

der Merkur Der Merkur ist der kleinste Planet in unserem Sonnensystem und liegt am nächsten an der Sonne.

der Saturn Der Saturn ist der zweitgrößte Planet und besteht aus Gasen. Auffällig sind seine Ringe aus Eis, Staub und verschiedenen Monden.

der Uranus Der Uranus besteht zum großen Teil aus Gasen. In seinem Inneren findet sich jedoch Eis. Daher bezeichnet man ihn auch als Eisriesen.

das Werkzeug

Mit Werkzeugen kann man ganz leicht kleine Dinge im Haushalt reparieren. Handwerker benutzen ebenfalls Werkzeuge. Sie besitzen meist eine Profi-Ausrüstung.

der Akkuschrauber
Ein Akkuschrauber erleichtert das Schraubendrehen. Er sieht aus wie eine kleine Bohrmaschine und funktioniert mit einem Akku. Vorne wird der Aufsatz für die Schrauben eingesetzt und in wenigen Sekunden ist die Schraube hineingedreht.

die Feile Eine Feile besteht aus einem Griff und einer Reibe aus Stahl. Mit dieser Reibe kann man die unterschiedlichsten Materialien, wie z. B. Holz oder Metall, feilen, um sie zu glätten. Für jedes Material gibt es eine bestimmte Feile.

die Schere Eine Schere besteht aus zwei Klingen und einem Griff. Mit ihr kann man Papier, Stoff und Tapeten sehr gut mit einem geraden Schnitt durchschneiden. Andere Scheren haben z. B. eine Zickzack-klinge. Schneidet man damit ein Stück Papier, ist die Kante gezackt.

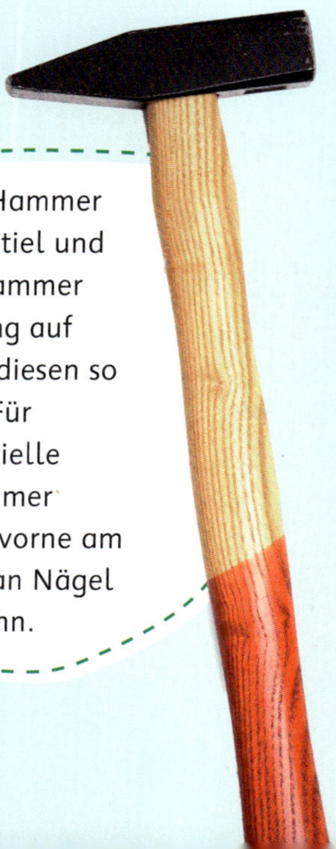

der Hammer Ein Hammer besteht aus einem Holzstiel und einem Kopf. Mit dem Hammer schlägt man mit Schwung auf einen Nagel und klopft diesen so in das Material hinein. Für Handwerker gibt es spezielle Anfertigungen: Der Hammer eines Zimmerers ist z. B. vorne am Kopf gebogen, damit man Nägel aus dem Holz ziehen kann.

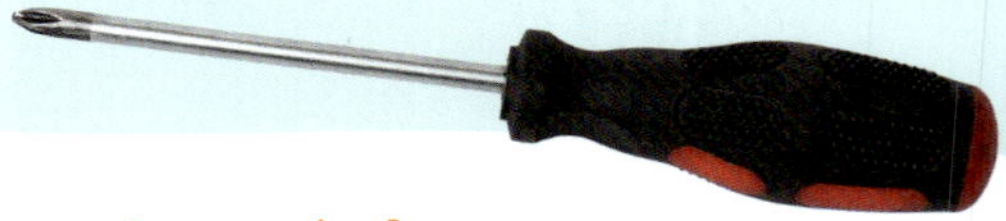

der Schraubenzieher Mit einem Schraubenzieher oder auch Schraubendreher schraubt man Schrauben in ein Material hinein oder heraus. Der Schraubenzieher besteht aus einem Griff und einer Klinge. Bevor man eine Schraube hineindrehen möchte, muss man sich versichern, dass die Klinge die richtige Form hat: z. B. eine Kreuzschlitz- oder ein Schlitzklinge.

→ Baustelle **18**

die Säge Eine Säge ist ein Werkzeug, mit dem man Holz, Metall, Steine oder Kunststoff trennen kann. Die Säge besteht aus einem Griff und einem Sägeblatt. Das Sägeblatt ist am Rand mit scharfen kleinen Zähnen versehen. Durch das Hin- und Herziehen des Sägeblattes schneiden sich die Zähne durch das Material.

die Bohrmaschine Eine Bohrmaschine ist ein elektrisches Gerät, mit dessen Hilfe man Löcher in Wände, Holz oder Metall bohren kann. Für jedes Material benötigt man einen entsprechenden Bohrer. Der Bohrer wird vorne am Gerät ausgetauscht. Je nach Lochgröße muss man einen dünnen oder dicken Bohrer verwenden.

die Wasserwaage Mit einer Wasserwaage kann man überprüfen, ob Gegenstände gerade hängen oder stehen. Dafür befindet sich in der Wasserwaage ein kleines Kästchen, die Libelle. Sie ist mit Flüssigkeit und einer Luft- bzw. Gasblase gefüllt. Befindet sich die Blase genau zwischen den beiden Strichen, ist der Gegenstand gerade.

die Zange Mit einer Zange lassen sich Nägel wieder aus der Wand oder dem Holz ziehen. Andere Zangen sind dafür gebaut, Schrauben festzuziehen oder Rohre gut festzuhalten.

der Werkzeugkasten In einem Werkzeugkasten werden alle Werkzeuge aufbewahrt. Meist besteht er aus Metall. Neben den Werkzeugen enthält er oft noch einen Zollstock zum Ausmessen, ein paar Nägel und Schrauben.

das Wetter

Hoch oben in der Luft entscheidet sich, wie das Wetter aussieht: Es kann regnen, schneien, stürmen, aber auch die Sonne scheinen. Beim Wetter spielen die Sonne, der Wind und auch die Wolken eine Rolle.

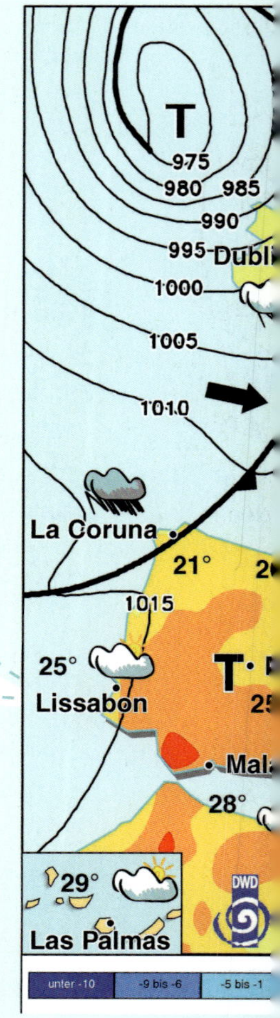

die Wolken Wolken gibt es in den unterschiedlichsten Formen und in allen Höhen am Himmel. Sie bestehen aus winzigen Wassertröpfchen. Dennoch tauchen manche Wolkentypen immer wieder auf.

der Wetterbericht Der Wetterbericht erklärt uns, wie das Wetter in den nächsten Tagen werden wird. Wissenschaftler beobachten dazu die Wolken und die Luftströme am Himmel und werten die Ergebnisse aus.

die Wetterstation In einer Wetterstation befinden sich verschiedene Messgeräte, die das Wetter auswerten: Die Lufttemperatur wird gemessen, die Menge des Regens, die Stärke des Windes, die Windrichtung und viele andere Dinge.

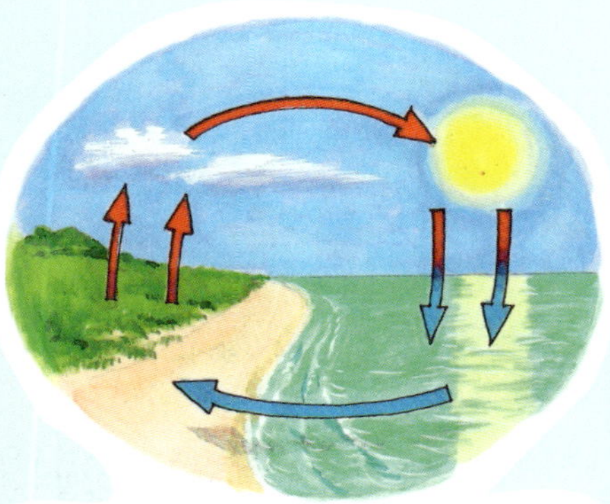

der Wind Die Luft um uns herum bewegt sich ständig. Warme Luft ist leichter als kalte Luft und steigt daher nach oben. Kalte Luft strömt nach. So bewegt sich die Luft. Wetterforscher haben den Wind nach Geschwindigkeiten in verschiedene Kategorien eingeteilt.

Wie ist das Wetter heute?

der Schnee Im Winter ist es so kalt, dass die Wassertropfen in den Wolken gefrieren. Diese Eiskristalle verbinden sich und fallen als Schneeflocken zur Erde. Schneeflocken sehen (unter einer Lupe) wie kleine Schneesterne aus.

Klima 106 Luft 120

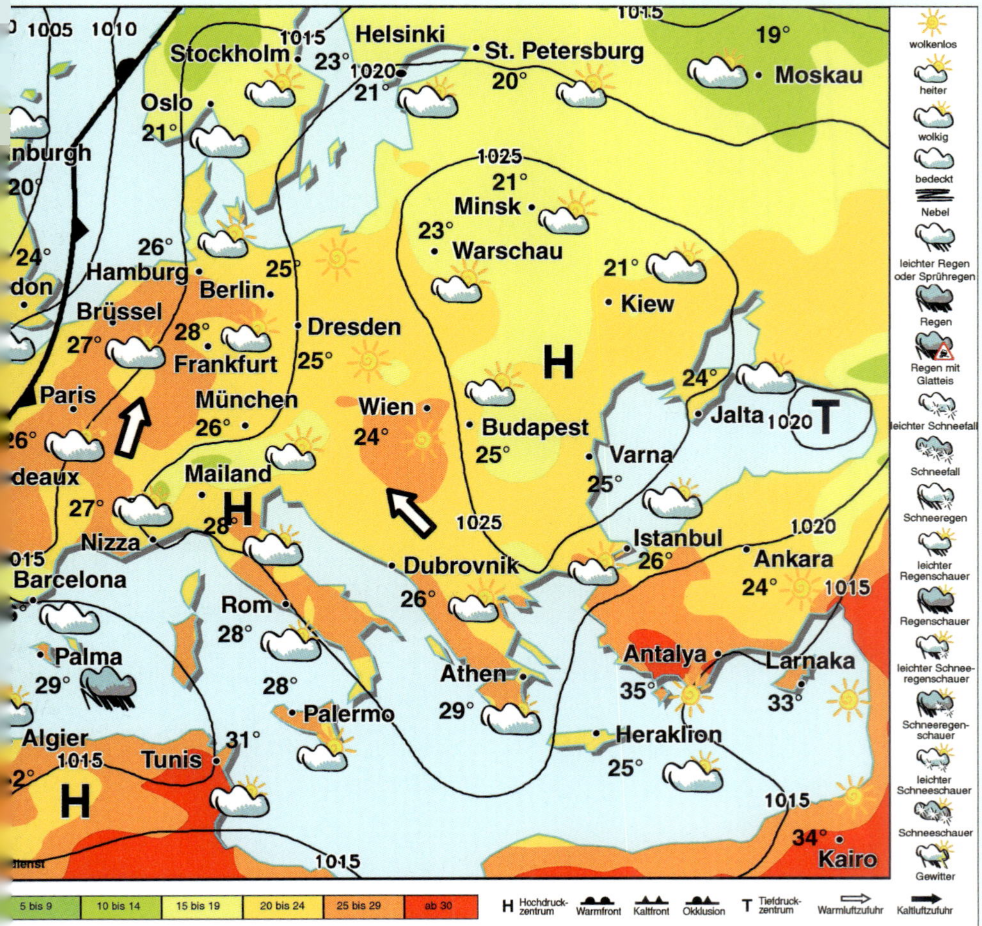

die Sonne Die Sonne kann man auch als „Motor" für das Wetter bezeichnen. Sie steht den ganzen Tag am Himmel und erwärmt die Erde und damit auch die Luft.

der Nebel Ist es morgens kalt und feucht, entsteht Nebel. Man kann ihn sich wie eine Wolke ganz dicht über dem Boden vorstellen. Sobald die Sonne scheint, erwärmt sich die Luft und der Nebel löst sich auf.

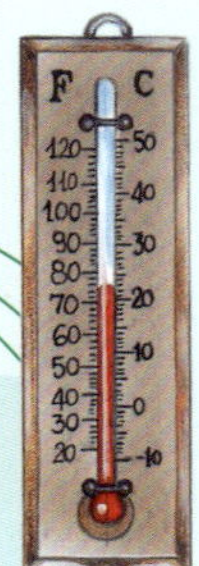

das Thermometer Mit einem Thermometer misst man, wie warm oder kalt es ist. Man nennt das Ergebnis Temperatur.

das Gewitter Bei einem Gewitter prallen am Himmel kalte und warme Luft aufeinander. In den riesigen Gewitterwolken gibt es Wassertropfen und Eiskristalle, die Blitze entstehen lassen. Ein Blitz ist elektrisch und kann daher sehr gefährlich sein.

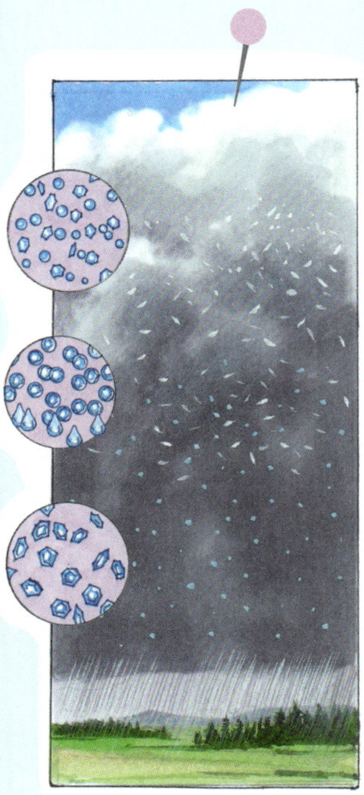

der Regen Wird es um eine Wolke kühl, verbinden sich die winzigen Wassertröpfchen in ihr miteinander. Die Tropfen werden für die Wolke zu schwer und fallen als Regen hinab auf die Erde.

die Wüste

Manche Wüsten sind sehr heiß und trocken, andere eisig kalt. Aber eins ist immer gleich: Hier gibt es kaum Pflanzen. Mensch und Tier haben es in dieser Umgebung sehr schwer.

die Wanderdüne

Von manchen Sanddünen weht der Wind ständig Sandkörner hinunter und legt sie ein Stück weiter wieder ab. Auf diese Art wandert die ganze Düne.

die Sandwüste

Gelblicher und rötlicher Sand, so weit das Auge reicht, dazu Dünen, also Berge aus Sand – so sieht die Sandwüste aus. Die größte Sandwüste der Welt liegt in Saudi-Arabien und heißt Rub al-Chali.

die Fels- und Geröllwüste

Diese Wüsten sind mit Steinen, Felsblöcken und Schutt bedeckt. Mit dem Auto kann man kaum hindurchkommen. Der größte Teil der Sahara in Nordafrika ist Fels- und Steinwüste.

die Salzwüste

Die Oberfläche dieser Wüste ist von einer dünnen Schicht Salz bedeckt. Sie entsteht in heißen Gegenden, wo salziges Wasser verdunstet. Mehrere Salzwüsten liegen in der Atacama in Südamerika. Sie ist die trockenste Wüste der Erde.

die Oase

Ein grüner Fleck mitten in der Wüste? Das muss eine Oase sein. Hier liegt ein Brunnen oder eine Quelle. Dank des Wassers gedeihen Schatten spendende Bäume und Pflanzen mit essbaren Früchten. So können Mensch und Tier überleben.

Erde 52 Klima 106

der Nebeltrinkerkäfer

Dieser Käfer lebt nur in der Wüste Namib, im südwestlichen Afrika. Seinen Namen trägt er zu Recht: Wenn vom Meer her Nebel über die Wüste treibt, stellt sich der Käfer in den Wind und fängt winzige Wassertröpfchen mit dem Körper auf.

die Oryxantilope

Sie lebt in den Wüsten Afrikas und auf der Arabischen Halbinsel. Die Tiere mit den schwarzen Gesichtsflecken können es lange Zeit ohne Wasser aushalten und sie ertragen große Hitze. Mit ihren langen Hörnern wehren sie Raubtiere ab.

die Wüstenpflanze

Pflanzen in der Wüste müssen mit extrem wenig Wasser auskommen. Manche, zum Beispiel Kakteen, speichern nach dem Regen Wasser im Stamm oder in den Blättern. Andere überleben die Trockenzeit als Samen im Boden. Wenn es einmal regnet, erblüht innerhalb weniger Tage die ganze Wüste.

die Wüstenspringmaus

Diese Mäuse, die in Nordafrika und Asien leben, haben lange, kräftige Hinterbeine. Obwohl die kleinen Nager nur rund 10 cm groß sind, können sie einen Meter hoch und mehrere Meter weit springen. Das ist ungefähr so, als würdest du über ein Haus hüpfen!

Habt ihr zu Hause Kakteen?

das Erdmännchen

Die Säugetiere aus dem südlichen Afrika leben in Gruppen von bis zu 30 Tieren in einem unterirdischen Bau. Ein oder zwei Erdmännchen halten stets Wache: Sie beobachten die Umgebung. Nähert sich ein Feind (zum Beispiel ein Raubvogel), warnen sie die Kollegen mit ihrem Ruf. Dann verschwinden alle rasch in ihrem Bau.

Das X kommt am Anfang eines Wortes nur selten vor. Daher muss man schon ganz genau nachdenken, um Worte zu finden.

die X-Beine X-Beine sind das Gegenteil von O-Beinen. Sie werden so genannt, weil beide Knie sich zueinander hin neigen und die Form der Beine dadurch aussieht wie ein X.

das Xenon Xenon ist ein Gas, das in ganz geringen Mengen in der Luft vorkommt. Es wird z. B. in Autoscheinwerfern eingesetzt. In den Scheinwerfern sorgt das Xenon dafür, dass sie so hell brennen.

das X Die alten Römer haben für ihre Zahlen keine Ziffern verwendet, sondern Buchstaben. Das X steht für die römische Zahl Zehn.

der Xaver Xaver ist ein männlicher Vorname, der eher im Süden Deutschlands, in Österreich und in der Schweiz verwendet wird.

das Xylofon Das Xylofon ist ein Schlaginstrument, welches auch in Orchestern eingesetzt wird. Der Ursprung dieses Instruments liegt in Asien und in Afrika. Die einzelnen Reihen bestehen bei einem Xylofon aus Holz. Mit zwei Schlägeln bringt man die Töne zum Klingen.

Es gibt nur wenige Worte, die mit Y beginnen. Hier findest du einige Beispiele.

der Yeti Der Yeti ist ein Schneemensch, den schon viele Menschen gesehen haben wollen. Es gibt aber bislang keine Beweise dafür, dass es ihn wirklich gibt. Am häufigsten berichten Menschen aus dem Himalaya von Begegnungen mit Yetis.

das Yard Das Yard ist ein englisches Längenmaß. 1 Yard entspricht etwa 0,9144 Meter. Früher wurden alle Fußballmaße in Yard angegeben. Daher erscheinen die umgerechneten Werte in Meter oft ein wenig ungerade.

das Yak Ein Yak ist ein tibetischer Grunzochse. Mit seinem langen, zotteligen Fell ist diese Rinderart bestens an das Leben in den kalten, schneereichen Hochlagen angepasst. Ein Yak liefert Fleisch, Milch, Leder, Haar und Wolle.

der Yen Der Yen ist seit 1870 die Währungseinheit in Japan. Es gibt verschiedene Münzen und auch Scheine. 1 Euro sind ungefähr 134 Yen.

die Yacht Eine Yacht ist ein Boot, das für Sport- oder Freizeitzwecke eingesetzt werden kann. Je nachdem wie das Boot angetrieben wird, unterteilt man in Segelyacht und Motoryacht.

das Yoga Yoga ist eine fernöstliche Lehre, die sowohl körperliche als auch geistige Übungen mit einschließt. Übersetzt kann Yoga sowohl „Vereinigung“ bedeuten als auch „Anspannen“.

die Zahl

Zahlen geben dir eine bestimmte Menge vor: „Eine Dose, zwei Dosen, drei Dosen …“ Kennst du schon die Zahlen und ihren Wert?

→ Buchstaben **32**

6

7

8

9

10

die Zeit

Zeit lässt sich in verschiedenen Einheiten messen. Obwohl die Zeit immer gleich schnell vergeht, fühlt sich ein und dieselbe Zeitspanne manchmal sehr unterschiedlich lang an. Im Urlaub scheint die Zeit nur so zu rennen, während sie an anderen Tagen nicht vorüberzugehen scheint.

die Sekunde Eine Minute besteht aus 60 Sekunden. Sekunden sind wichtig, wenn man Wettrennen oder kurzfristige Ereignisse stoppen möchte. Auf manchen Uhren gibt es hierfür einen extra Sekundenzeiger. Digitaluhren haben dafür eine extra Stopp-Funktion.

der Kalender Ein Kalender ist ein Verzeichnis aller Monate, Wochen und Tage eines Jahres. Hier kann man nachschlagen, an welchem Tag man Geburtstag hat, und wichtige Termine eintragen.

das Jahr Ein Jahr hat genau 365 Tage. In einem Schaltjahr, also alle vier Jahre, sind es 366. Diese 365 Tage verteilen sich auf 12 Monate mit ihren jeweiligen Tagen.

In welchem Monat hast du Geburtstag?

die Minute Eine Minute dauert genau 60 Sekunden. Der große Zeiger einer Uhr muss sich dafür genau um eine Stelle weiter bewegen. Das ist eine Minute. Da der große Zeiger die Minuten anzeigt, wird er auch Minutenzeiger genannt.

die Stunde Eine Stunde dauert genau 60 Minuten. Auf dem Ziffernblatt einer Uhr sind 12 Stunden aufgezeichnet. Der kleine Zeiger weist auf die jeweilige Stunde hin. Da ein Tag 24 Stunden hat, also doppelt so viele wie auf dem Ziffernblatt sind, dreht der kleine Zeiger an einem Tag zwei Runden.

Uhr 194

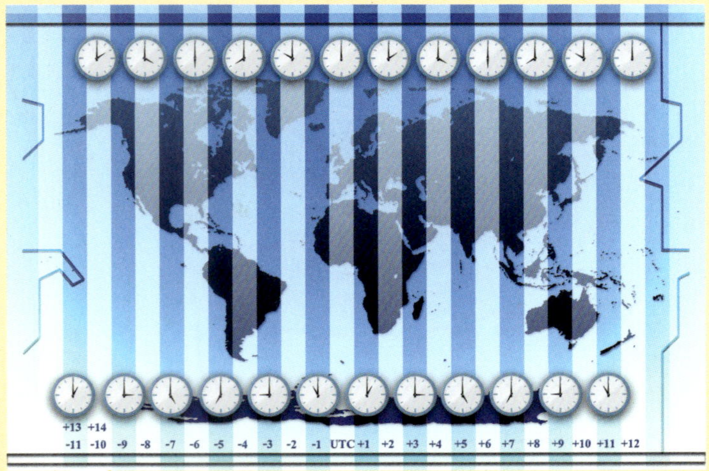

die Zeitzonen Auf der Erde ist es nicht überall gleich spät. Da die Erde sich dreht und eine Hälfte nur etwa 12 Stunden mit Sonne beschienen wird, hat man die Erde in 24 Zeitzonen eingeteilt. Verlässt man eine Zeitzone und kommt in die nächste, muss man die Uhr um eine Stunde vor oder zurück stellen.

die Tageszeit Tag und Nacht entstehen, weil sich die Erde in 24 Stunden einmal um sich selbst dreht. Die Sonne bestrahlt die Erde den ganzen Tag lang, aber nicht immer an derselben Stelle. Durch das Drehen der Erde scheint es, als ob die Sonne am Abend untergeht und erst 12 Stunden später wieder aufgeht. Dabei ist sie die ganze Zeit da. Sie ist nur nicht zu sehen, da sich die Seite der Erde im Schatten befindet.

der Tag Das Licht der Sonne fällt auf diesen Teil der Erdkugel. Hier ist es Tag.

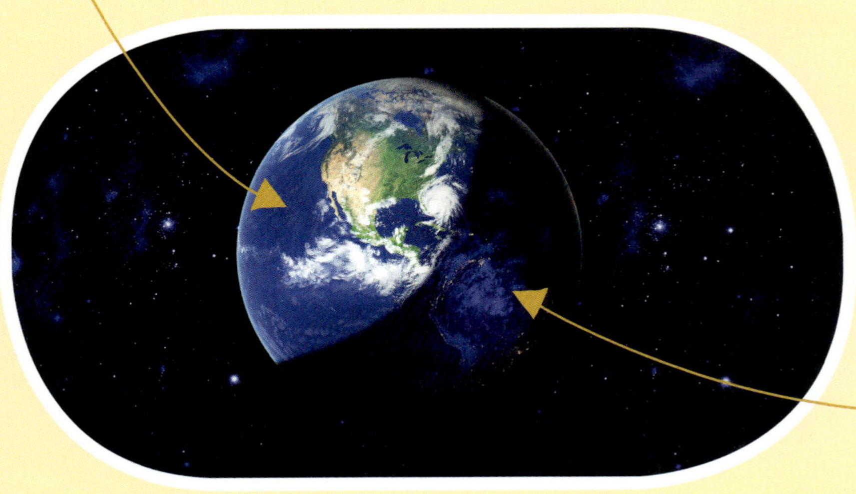

die Nacht Diese Hälfte ist der Sonne abgewandt und es ist dunkel. Hier ist Nacht.

der Zirkus

Unter dem Dach des bunten Zirkuszelts zeigen geschickte Artisten die erstaunlichsten, sportlichsten und spannendsten Darbietungen.

das Zelt Ohne ein Zelt, in dem die Zuschauer und die Manege Platz haben, wäre ein Zirkus kein richtiger Zirkus. Meist hat es ein spitzes Dach, ist bunt gestreift oder mit Wimpeln geschmückt. Das Zirkuszelt wird an jedem Ort aus Stangen und Planen neu aufgebaut.

der Zirkuswagen
Die Zirkusleute wohnen nicht an einem Ort, sondern reisen umher. Ihr Wagen ist ihr rollendes Zuhause, mit Betten, Tisch und Kochstelle. In anderen Zirkuswagen sind das Zelt, die Zirkustiere oder die Kasse untergebracht.

Warst du schon mal im Zirkus?

die Manege Die runde Fläche in der Mitte des Zirkuszelts, auf die sich alle Augen richten, heißt Manege. (Das g sprichst du als weiches sch wie in „Garage".) Hier führen die Artisten, Clowns und Tiere ihre Zirkusnummern vor.

der Akrobat Akrobaten zeigen sportliche Leistungen, die normale Menschen niemals vollbringen könnten: Arme und Beine verbiegen, in luftigen Höhen oder auf wackeligen Gestellen balancieren, Sprünge, Drehungen und Saltos hoch in der Luft wagen.

der Artist Es gibt ganz verschiedene Artisten, also Künstler, im Zirkus: Akrobaten bieten sportliche Kunststücke dar, Clowns machen Späße, Reiter turnen auf dem Pferderücken, Zauberer zaubern und Dompteure arbeiten mit Tieren.

der Feuerspucker, der Feuerschlucker Wenn Feuerkünstler auftreten, wird es spannend! Der Feuerspucker nimmt eine brennbare Flüssigkeit in den Mund und spuckt sie auf eine Fackel. Eine riesige, helle Flamme lodert auf. Der Feuerschlucker nimmt eine brennende Fackel in den Mund und löscht sie damit. Ein sehr gefährlicher Beruf!

der Clown Clowns sind die Spaßmacher im Zirkus. Sie benehmen sich oft ungeschickt oder dumm und das macht ihre Vorstellung so lustig. Zum Clownskostüm gehören riesige Schuhe, bunte Hosen und Hemden, eine dicke rote Nase, ein geschminktes Gesicht und wilde Haare.

das Zirkustier Viele Zirkusse haben Nummern mit Tigern, Nashörnern, Elefanten und anderen exotischen Tieren im Programm. Für die Tiere sind die Auftritte und das Herumreisen aber eine enorme Belastung. Darum verzichten immer mehr Zirkusse auf große Tiernummern und setzen mehr auf Akrobatik und Unterhaltung.

das Trapez Das Trapez ist eine Art Riesenschaukel unter dem Zeltdach. Daran schwingen die Akrobaten hin und her, sie hängen nur an einem Bein daran oder springen von einem Trapez zum anderen. Damit sich die Turner bei einem Sturz nicht verletzen, sind unter dem Trapez weiche Matten oder Netze angebracht.

der Jongleur Er wirft mehrere Bälle, Messer, Fackeln oder Ringe gleichzeitig in die Luft und fängt sie geschickt wieder auf.

der Zoo

Im Zoo, Tiergarten oder Tierpark kann man Tiere anschauen. Das ist so spannend, weil man nah an die Tiere herankommt oder sie aus fremden Ländern kommen! Die Leute im Zoo tun alles dafür, dass es den Wildtieren in ihren Gehegen gut geht.

das Zootier Zootiere kann man im Gehege prima aus der Nähe beobachten. So lernen wir eine Menge über sie. Ein Zoo kann also helfen, die Natur besser zu verstehen und zu schützen. Manche Tiere sind auch in der freien Natur ausgestorben und konnten nur in Zoos überleben, zum Beispiel der Wisent.

das Kassenhaus
Wer in den Zoo möchte, muss Eintritt bezahlen. Am Kassenhaus, direkt am Eingang, kaufst du deine Eintrittskarte und bekommst einen Plan des Zoos. Darin steht, welche Tiere wo zu sehen sind und wann die Fütterungen stattfinden.

die Fütterung Die Tiere im Zoo bekommen möglichst genau das Futter, das sie sich auch in der freien Natur aussuchen würden: Raubtiere bekommen Fleisch, Giraffen Blätter und Frösche Insekten. Oft findet die Fütterung zu einer festen Zeit statt. Die Besucher können die Tiere beim Fressen in Ruhe beobachten. Tierpfleger erklären ihnen Spannendes über die Tiere.

der Tierarzt Jeder Zoo braucht einen Tierarzt, der sich mit wilden Tieren auskennt. Natürlich gehen Wildtiere nicht freiwillig ins Behandlungszimmer. Da müssen manchmal schon mehrere Tierpfleger mithelfen! Gefährliche Tiere wie Tiger werden betäubt, bevor der Tierarzt sie untersuchen kann. Medikamente mischt er den Tieren ins Futter.

→ Säugetiere **168** Tiere **192**

das Affenhaus

Affen sind in den warmen Gegenden der Welt zu Hause. Damit sie bei uns nicht frieren, leben sie oft im beheizten Affenhaus. Drinnen ist es warm und feucht, und es wachsen viele Pflanzen, sogar große Bäume.

das Meeresaquarium

Das Aquarium ist ein Gebäude mit kleineren und größeren Wasserbecken (Aquarien) darin. Hier leben verschiedene Meerestiere wie in ihrer Heimat: tropische Fische im hellen, warmen Wasser; größere Fische aus der Nordsee in kühlerem, dunklen Wasser. Es gibt Aquarien mit Quallen oder Krebsen.

Welche Tiere würdest du gerne mal streicheln?

der Tierpfleger Tierpfleger und Tierpflegerinnen machen die Gehege sauber, füttern und pflegen die Tiere, versorgen kleinere Verletzungen oder kümmern sich um die Jungen. Oft werden die Tierpfleger und ihre tierischen Schützlinge richtig dicke Freunde.

der Streichelzoo Wildtiere im Zoo darf man leider nicht anfassen. Viele sind zu scheu dafür, andere könnten dich beißen. Zum Glück gibt es den Streichelzoo! Hier kannst du liebe Haustiere wie Ziegen und Kaninchen aus der Nähe ansehen, füttern und sogar streicheln.

Register

L

M

S

T

U

V

W

Bildverzeichnis

o = oben, u = unten, M = Mitte, l = links, r = rechts

Umschlag Vorderseite: fotolia/jeremyculpdesign (Erde), fotolia/Eisenhans (Radlader), fotolia/Simon Guerney (Tutanchamun), Christine Henkel (Fuchs), Stefan Lohr (Rakete); Rückseite: fotolia/Olga Galashko (Igel), fotolia/mpanch (Münze), Adobe Stock/by-studio (Leuchtturm), fotolia/missty (Erdbeeren), fotolia/smileus (Blatt).

Adobe Stock Michael Shake (10 o.l., 11 u.), Konstantinos Moraiti (10 o.r. und u.r.), Foto Zihmann (10 u.l.), Thérèse GUIHAL (11 o.r.), Olympixel (11 o.l.), Eisenhans (11 M.), Andriy Bezuglov (12 o.), maratr (12 M.), Oscar Brunet (12 u.l.), Alexander (12 u.r.), Dean Drobot (13 o.l.), Mat Hayward (13 o.r.), Lev (13 M.l.), anoli (13 M.M.), vetkit (13 M.r.), rotesbyte (13 u.l.), MARIMA (24 o.), lichtpinzel (25 u.l.), AJORON (25 u.r.), Jonathan Stutz (28 o.M.), Aggi Schmid (28 o.r.), andifink (28 u.l.), contrastwerkstatt (28 u.r., 100 M.), PeJo (29 o.l.), eyewave (29 o.r.), HLPhoto (29 M.l.), Michael Stotter (29 M.r.), tashka 2000 (29 u l.), Butch (29 u.r.), Mumpitz (30 o.l.), Drobot Dean (30 o.M.), Juulijs (30 u.l.), danimages (31 u.l.), RAM (31 u.r.), ewolff (38 o.), spuno (38 M.), refresh (PIX) (38 u.r.), Andrey Kuzmin (39 o.l.), eyewave (39 o.r.), Udo Kruse (39 M.l.), motivjaegerin1 (39 u.l.), Uwe Naumann (39 u.r.), Juulijs (50 o.l., 51 M.l., 51 M.r.), b201735 (50 u.l.), olly (56), Scheppers Photography (57 o.r.), Maksym Yemelyanov (57 M.l.), phive2015 (57 M.r.), michaelkloot (58 u.l.), photo 5000 (59 u.), Christoph Hähnel (61 o.), lassedesignen (61 u.), Gerhard Wanzenböck (63 o.), Pixelpower (63 M.), Schwoab (63 u.l.), eyalg 115 (65 o.), highwaystarz (78 o.r.), Nebojsa (78 o.l.), Cornelia Pithart (79 M.), mirpic (79 u.), by studio (90 o.l.), geniuskp (90 o.r.), svetography (90 u.l.), Syda Productions (90 u.r. und 91 o.r.), georgejmclittle (91 o.l.), Eric Isselée (94 o.l.), AnnaFortyma (94 o.r.), jagodka (94 M.), Azaliya (94 u.l.), yevgeniy11 (95 o.), Volodymyr Khodaryev (95 M.l.), absolutimages (95 M.r.), Timmary (95 u.r.), sinhyu (100 o.), Igor Dutina (101 o.l.), Richard Villalo (101 M.l.), Brent Hofacker (101 M.M.), womue (101 M.r.), spherique (101 u.l.), M.studio (101 u.r.), THP Stock (105 o.r.), sonne fleckl (105 u.l.), virojp (105 u.r.), Björn Wylezich (118 o. und 119 M.l.), Valentin Valkov (118 u.l.), countrypixel (118f. u.), industrieblick (119 o.), refresh (PIX) (119 M.r.), Okea (122 o.), joern gebhardt (122 u.l.), Udo Ingber (122 u.r.(, 14ktgold (123 o.). beatuerk (123 M.), pico (126 o.l.), babimu (126 o.r.), Jaren Wicklund (126 u.), luanateutzi (127 u.), bnorbert3 (132 o.), Reinhard Opalka (132 M.), eyetronic (132 u.), nfrPictures (133 o.l.), petovarga (133 o.r.), airborne77 (133 u.r.), pico (140 o.r.), Peter Hermes Furian (140 M.), JFL Photography (140 u.), VRD (141 o.), Gerhard Wanzenböck (141 M.), rsooll (141 u.l.), atrophie (141 u.l.), hemlep (142 o.), Stefan (142 M.), Nadine Haase (142 u.), Olena (143 o.l.), Christoph Hähnel (143 o.M.), Martina Berg (143 o.r.), virgonira (143 M.l.), Vladimir Wrangel (143 M.r.), pizutti pics (143 u.), Cornelia Pretzsch (144 o.l. und M.r.), rupbilder (144 o.r.), ‚CSschmuck (144 u.l.), Flowman 7 (145 o.l.), lichtfeflexe (145 o.r.), Dreant (145 u.l.), ARochau (145 u.r.), Friedberg (147 o.r.), chachechache (147 o.l.), Kamol (147 u.l.), Michael Tieck (147 u.r.), womue (149 o.l.), M.Dörr & M.Frommherz (149 o.r.), lichtreflexe (149 u.l.), Birgit Reitz-Hofmann (149 u.r.), Michael Rogner (152 u.l.), Chester McGullogh (153 o.l.), alessandrozocc (155 o.r.), Rémi BORNET (155 M.o.l.), dd (155 M.o.r.), Rostislav (155 M.u.l.), photocrew (155 M.u.r.), by studio (155 u.r.), Fotos593 (156f. M.), Eric Isselée (156 u.l.), rcfotostock (157 o.r.), photographee2000 (157 o.l.) Colette (157 u.r.), leesle (164 o.l.), benjaminnolte (164 o.r.), flashpics (164 M.), GordonGrand (164 u.l.), tai111 (165 o.), markobe (165 M.), Horst Schmidt (165 u.), terraformer (166 o.l.), Master Video (166 o.r.), industrieblick (166 u.), ecker corporation (167 o.l.), gizmocat (167 o.r.), phonlamaiphoto (167 u.r.), chamnan phanthong (169 o.M.), djama (174 o.l. und u.r.), svenrudinsky (174 o.r.), grafikplusfoto (174 u.l.), Iuliia Sokolovska (175 o.r.), JFL Photography (175 M.l.), Anthony Brown (175 u.r.), elxeneize (177 M.l.), photophonie (184 M.l.), Dmitry Evs (188 o.l.), vlabo (188 o.r.), akiyoko (188 M.), Denys Rudyi (188 u.), Birgit Reitz-Hofmann (189 o.l.), sveta (189 o.r.), gkr photo (189 M.l.), Eisenhans (189 u.r.), andrys lukowski (190 o.r.), ivanukh (191 o.l.), Maksym Yemelyanov (191 o.r.), bertys30 (191 M.r.), Radarani (191 u.l.), dimedrol68 (194), Alekandr Volkov (195 o.), imagedb (195 M.l.), Klaus Eppele (195 M.r.), Britta Laser (195 u.r.), Nada Sertic (197 o.), by-studio (198 o.), DOC RABE Media (198 M.l.), myfoto7 (198 M.r.), Kara (198 u.l.), detailfoto (198 u. M. und 199 o.l.), Ralf Gosch (198 u.r.), Clara Nila (199 o.r.), kalpis (199 M.l.), Hans und Christa Ede (199 M.r.), blende11.photo (199 u.l.), eyewave (199 u.r.), jesuschurion57 (202 o.), siimsepp (202 M.), Jacky Jeannet (203 o.), Puripat (203 M.l.), RalfenByte (203 M.r.), Tony Northrup (203 u.l.), Sergii Figurnyi (203 u.r.), Tho Pics (204), Dunkan Noakes (205 o.), Christian Musat (205 M.l. und M.r.), globetrotter1 (218 o.), weixx (218 M.l.), vadim_petrakov (218 M.r.), Oliver Klimek (218 u.l.), mg photo (219 o.l.) Gerhard Bittner (219 o.r.), Friedemeier (219 M.l.), DIGIBILD (219 u.), SkyLine (225 u.), Fotohaus 43 (226 o.l.), egonzitter (226 o.r.), Pavel Losevsky (226 M.), like13vvs (226 u.l.), radarreklama (227 o.l.), von Lieres (227 o.r.), Yanchenko (225 M.M.), SADIA (227 M.r.), Fabian Erika (227 u.), Billion-Photos.com (228f. o.), ALIAKSANDR (228 M.), Anke van Wyk (228 u.), famveldman (229 o.r.), Tim Aßmann (229 M.l.), Africa Studio 229 (u.r.).

Fotolia deusexplus (8 M.), Gewoldi (8 u.r.), nagydodo (9 o.M.), Gudellaphoto (9 M.r.), Andrey Bandurenko (14 o.), womue (14 M.l. und M.M.), s.kobold (14 M.r.), photo 5000 (14 u.l.), Jan Jansen (15 o.l.), motivation1965 (15 o.r.), Taiga (15 M.M.), lightpoet (15 M.r.), Alexander Potapov (16 l.), motivation1965 (18 o.l.), Mixage (18 M.M.), girodijl (18 M.r.), Jackin (18 u.l.), Kadmy (19 o.l.), Eisenhans (19 o.r.), Anterovium (19 o.r. Schubkarre), B. Wylezich (19 M.r.), Gina Sanders (19 u.r.), thomasp24 (20 o. l.), apfelweile (20 o.r.), Peter Wey (20 u.l.), Kilhan (20 u.r.), Spidi1981 (21 o. l. und o. r.), minicel73 (21 u.l.), Hanze (21 u.r.), micromonkey (23 M.), Nikolai Sorokin (36 M.M.), Karelnoppe (36 u.l.), believeinme33 (37 M.M.), .shock (43 o.l.), Africa Studio (43 o.r.), Minerva Studio (43 M.r.), maho (43 u.r.), benjaminnolte (44 M.l.), Thaut Images (44 M.M.), Kameraauge (44f.o.), Henlisatho (45 o.r.), lagom (45 M.l.), Anton Gvozdikov (46 o.r.), Markus Mainka (47 u.l.), Pink Blue (48 o.l.), ktinte (48 o.r.), Pekchar (48 M.M. und 55 o.l.), Lucky Dragon (49 o.), Anatolii (49 u.r.), jeremyculpdesign (53 M.r.), Vladimir Melnik (54 o.r.), Clearviewstock (54 M.l.), IndianSummer (54f. M), Klaas Köhne (54 u.l.), MyWorld (55 o.r.), Perry (55 u.r.), DDRockstar (62 M.l.), v_falkenberg (63 u.r.), Kameraauge (64 M.r.), womue (64 u.M.), olly (65 u.l.), cliffhanger 105 (65 u.r.), alisseja (66 u.M.), playstuff (67 o.l.), iconshow (67 o.r.), minzpeter (67 M.l.), Kzenon (67 u.r.), Andrey Armyagov (68 o.l.), andrey7777777 (68 o.r.), Eric Isselée (68 M.l. Clownfisch), lunamarina (68 M.l. Thunfisch), antje_2000 (69 o.r.), Richard Carey (69 M.r.), Ktinte (70f.), B. Wylezich (74 M.r. Verkehrsschild), Maceo (74 M.l. Tafel), Steschum (74 M.r. Tor), Carola Schubbel (74 u.r.), askaja (75 o.M.), Diverser (75 o.r.), dimedrol68 (75 M.l. Uhr), mpanch (75 M.u. Euro), Kebay (75 u.M.),

Khvost (75 u.r.), Olaf Wandruschka (76 o.l.), Vlad Ivantcov (76 o.r.), adisa (77 o.r.), dudek (77 M.l.), wolf1984 (77 u.r.), Taffi (81 o.l.), Irina Ukrainets (81 M.l.), jogyx (81 M.r.),Dionisvera (83 o.r.), mbongo (83 u.l.), Patrick Poendl (84 o.r.), Daniel Fleck (85 o.r.), simon gurney (85 u.l.), rysp (85 u.r.), Gazon (86 u.l.), Grischa Georgiew (87 M. Burg), Schipkova Elena (87 M. Indianer), Jackin (87 u.l.), rimglow (87 u.r.), Kornienko (88 o.r.), Harald07 (92 M.l.), Fotohaus43 (92 u.), JSB (93 o.l.), dieter76 (93 M.r.), jogyx (93 u.r.), fotoknips (96 o.r.), Alekss (96 M.), pp77 (96 u.r.), heinteh (104 o.M.), harryimweb (104 o.r.), Jacek Chabraszewski (104 M.M.), erwinf (108 u.r.), vencav (109 o.r.), JackF (109 M.l.), Wolfgang Kruck (109 M.r.), christian –colista (109 u.r.), Africa Studio (111 M.l.), Neobrain (111 M.r.), Stefanie B. (114 u.r.), IrisArt (116 M.M.), lucato (116 u.l.), Sam Spiro (117 o.r.), danimages (117 M.M.), Increa (117 u.r.), claffra (120 o.r.), martenfoto (121 M.r.), M.R. Swadzba (124 M.l.), Flarotof (124 u.r.), jojje11 (128 u.l.), Artem Furman (129 o.l.), Stephanie Kretz (130 o.l.), borisoff (131 M.r.), Andrey Armyagov (134 o.l.), Joachim Wendler (134 M.M.), dimedrol68 (134 M.r.), cut (136 M.M.), rdnzl (136 u.l.), shahrohani (136 u.r.), monticellllo (137 o.r.), Marius Graf (137 M.r. Süßigkeiten), volff (137 M.l. Kohlenhydrate), Multiart (137 u.r.), Natika (138 o.r. und 139 M. Melone), valeriy555 (138 M.M. und 139 o. Beerenobst), volff (138 u.l. Quitte), atoss (138 u.l. Birne und 139 M.r.), African Studio (139 u. Schalenfrüchte), wiktor bubniak (146 M.r.), Alexandr Blinov (148 o.l.), ixvor (148 o.M.), Valentina R. (148 o.r.), Marcel Schauer (148 M.l.), Alexander Potapov (148 u.M.), venediger (150 o.l.), Katja Xenikis (150 o.r.), gianliguori (151 M.l.), MaxWo (151 u.r.), benjaminnolte (152 o.r. und M.u.), Lukas Sembera (152 M.r.), Jjizamora (152 M.l.), SunnyS (154 M.l.), eyewave (158 o.r.), Robert Kneschke (158 M.l.), arsdigital (158 M.r.), sborisov (159 o.l. Eiffelturm), Jenifoto (159 o.l. Kolosseum), DavidArts (159 o.r. Tower Bridge), Tyler Loco (159, o.r. Freiheitsstatue), HLPhoto (159 M.l.), arthush (159 M.r.), lipowski (162 o.r.), mirkofotori (162 M.l.), marcoap1974 (162 M.M.), omika (162 M.r.), Kseniya Savina (162 u.), Wild (163 M.l.), Smileus (163 M.r. Schildkröte), mattjeppson (163 M.r. Klapperschlange), petra b. (163 (u.l.), morelia1983 (163 u.r.), redley (168 M.M.), hotshotsworldwide (168 u. l.; u.M.), Olga Galushko (168 u.r.), paul hampton (169 o.l.), yevgeniy11 (169 o.r.), Eric Isselée (169 u.l.), angelikaseubert (169 u.r.), Flyinger (170 o.l.), Edler von Rabenstein (170 o.M.), B. Wylezich (170 o.r.), Ralf Gosch (170 M.l.), 1stGallery 170 M.M.), Gudellaphoto (170 M.r.), nomisg (170 u.l.), embeki (171 o.l.), davis (171 o.r.), Nightman1965 (171 u.l.), WestPic (172 o.l.), Danu (172 o.r.), contrastwerkstatt (173 o.r. und M. l.), Henry Schmitt (176 o.r.), kristall (176 u.l.), babimu (176 u.r.), Monkey Business (177 o.l.), st-fotograf (177 M.r. Kuscheltier), Anna Kowolik (177 M.r. Auto), Stefano Neri (177 u.r.), Sergey Peterman (178 o.l.), Christian Schwier (178 o.r.), ilcondor (178 M.l. Wasserball), arahan (178 M.l. Pfeife), fhmedien_de (178 M.M.), RobertNyholm (178 M.r.), jogyx (178 u.M.), ARochau (178 u.r.), Mike D. (179 o.l. Fußball), dechevm (179 o.l. Volleyball), Africa Studio (179 o.r.), Stefan Schurr (179 M.l. und u.r. und u.l.), Kadmy (180 M.l.), rangizzz (180 u.r.), SyB (181 M.r.), germanskydive110 (181 u.r.), KB3 (182 M.M.), ivanukh (182 M.r.), Mat Hayward (183 o.r.), Ignatius Wooster (183 M.l.), PictureP. (183 M.M.), Piet_Oberau (183 u.l.), dechevm (184 o.l.), markus_marb (184 u.l.), Chlorophylle (184 u.r.), Neiromobile (185 o.l.), Daniel Hohlfeld (185 u.r.), Gresei (186 o.r.), Piotr Pawinski (186 M.r.), beermedia (186 u.l.), Black Jack (187 o.), Konstantin Kulikov (187 M.r.), J.Y. (187 M.l.), usbfco (192 o.l.), Peter Wey (192 o.r. Bär), Eric Isselée (192 o.r. Katze; M.l. und M.M.), coffeemill (192 M.r.), dule964 (192 (u.l.), Jürgen Fälchle (192 u.r.), Witold Krasowski (193 o.l. Aal), Kletr (193 o.l. Forelle), RbbrDcKyBK (193 o.r.), Kurapy (193 M.l.), Kitty (193 M.r. Schildkröte), petra b. (M.r. Kreuzotter), Alekss (193 u.l. und u.r.), kzww (193 u.M.), Sergiy Serdyuk (196 o.r.), Thomas Hansen (196 u.l.), Steve Byland (200 M.l.), Aron Amat (200 M.r.), Nicole Steinbichler (200 u.l.), pauws99 (200 u.r.), Eric Isselée (201 o.M.), Glaser (206 u.r.), fotogestoeber (207 o.l.), veneratio (207 M.M.), Wissmann Design (207 u.r.), CCat82 (208 o.l.), Knetschkedesign (208 M.r.), asikkk (208 u.l.), TTstudio (209 u.l.), Klaus Offermann (209 u.r.), Mechanik (210 u.l.), Apart Foto (214 o.l.), Kuzmick (214 o.r.), Rynio Productions (214 M.l.), PRILL Mediendesign (214 M.r.), Schwoab (214 u.l.), ratatosk (214 u.r.), Anterovium (215 o.r.), Rynio Productions (215, M.l.), Eddi (215 M.r.), donatas1205 (215 u.r.), travelpeter (216 M.M.), Carola Vahldiek (216 u.r.), rangizzz (217 o.r.), yevgeniy11 (217 u.r.), mrks_v (220 o.r.), Klaus Eppele (220 u.l.), Piotr Pawinski (221 M.l.), Shmel (221 u.l.), De Visu (221 u.r.), martanfoto (222 M.l.), Denis Dryashkin (222 M.r.), Andrey Armyagov (222 u.l.), Silberkorn73 (222 u.r.), Marco Uliana (223 o.l.), atoss (223 o.r.), Valentina R. (223 M.l.), Taffi (223 M.r.), Smileus (223 u.), rangizzz (224 o.l.), WoGi (224 u.l.), dimedrol68 (224 u.r.), suppakij1017 (225 o.r).

Colourbox Roberto Cuacino (24 M.), 24 u.l., Iurii Konoval (24 u.r.), David Acosta Allely (73 Löschflugzeug), 91 u., Ruslan Kudrin (105 o.l.).

Istock damircudic (6 M.r.), DarrenMower (6 u.l.), Kontrec (7 M.l.), NesAn92 (18f.), 97 (42 u.l.), 1001nights (52 M.l.), mozcann (73 o.l.), Grafissimo (73 M.l., ssuaphoto (73 M.r.), stockcreations (75 M.l. Pizza), Serengeti130 (93 M.M.), MoreenBlackthorne (104 u.l.), francisblack (114 o.l.), joeciak (117 o.l.), Asia_Images (117 u.l.), mevans (121 o.l.), Adshooter (135 M.l.), hsvrs (148 M.r.), AndreasWeber (150 u.l.), code6d (152 o.l.), vora (154 u.l.), JohnCarnemolla (168 o.r.), bobey100 (170 u.r. und 222 o.), GlobalP (221 M.r.).

Shutterstock Lehrer (25 o.), auremar 44 M.r.), ET1972 (69 u.l.).

Wikimedia Commons Drone von Waugsberg/cc-by-sa 3.0 (25 M.), 51 u., Kaldari/public domain (57 u.l.), 116 o., Glg/cc-by-sa 2.0 (109 o.r.), Dcoetzee (116 o.r.).

picture alliance dpa (79 o.), dpa (153 o.r.), picture alliance/Sueddeutsche Zeitung Photo (167 u.l.), picture alliance/APA/picturedesk.com (190 o.l.), picture alliance ZB (190 u.).

Sonstige Ministerium für Inneres, Digitalisierung und Migration Baden-Württemberg, - Abteilung 3 - Landespolizeipräsidium - Referat 35 – Öffentlichkeitsarbeit der Polizei (153 u.l.).

Illustrationen Alessandro Baldanzi (87 o.l.), Johann Brandstetter (106f. u.M.; 209 o.l.; 216 u.M. ; 216f. o.; 217 u.l.), Melanie Brockamp (22; 42f. u.; 43 M.M.; 47 u.M.; 48f. u.; 62 o.l.; 64 o.l und o.r. und M.l.; 65 o.l.; 74 o.r.;84 o.l.; 85 o.l.; 86 o.r.; 92 o.r. und M.M.; 93 u.l. ; 129 u.r.; 135 u.r.; 139 M.r. Banane; 159 u.M.; 160f.; 172 u.l. und r.; 173 u.r.; 176 M.M.; 177 u.l.; 202 u., 224f. o.), Anna-Luisa und Marina Durante (52 o.r.; 53 o.l.; 84 u.r.; 108 o.r.; 109 o.M.; 120 u.l.; 121 u.l.; 130 o.r.; 216 l.; 217 u.M.), Anne Ebert (27 o.l Löwenzahn; 108 o.l; 146 u.l.), Elisabetta Ferrero (40f. alle außer Versteinerung; 52 u.l.; 68 u.l., 109 u.r. Kamel), Christine Henkel (16 M.r.; 17; 21 M.r.; 27 Wiesenklee, Mohn, Wegwarte, Butterblume, Margerite, Samen; 82f. Kartoffel, Radieschen, Karotte, Kohlrabi, Salat, Kräuter, Tomate; 97 M.M; 98; 125 o.; 146 o. Strauch, Blume, Baum; 206 alle Tiere; 207 o.r.; 208 o.r.; 209 o.r.), Mario Kessler (26 M.; 108 u.l..; 131 u.l.;200 o.r.), Joachim Krause (7 o.M.; 60; 110; 111 o.l.; 113 M.l.), Milada Krautmann (111 o.r. und u.; 112 o.r.; 113 o.r.), Gudrun Lenz (20 M.M.; 62 u.l.; 96 u.l.; 97o.r.; 130 u.l.; 138 Pflaume und Apfel; 200 M. Rotkehlchen, Amsel und Spatz; 201 M.r. und u.l.), Stefan Lohr (Character), Wolfgang Metzger (23 o.r.; 37 o.l; 44 o.l. und u.l; 45 M.r.; 66; 81 u.r.; 115 o.r.; 185 o.r.), Peter Nieländer (46 u.; 76 u.l.; 171 M.l. und r.; 176 o.l.), Lorenzo Orlandi (72 o.r.; 123 u.r., 158 u.l., 201 M. Feder; 211 alle außer Milchstraße; 212 u.l.), Filippo Pietrobon (72 u.r.; 73 o.r. Frachtflugzeug), Stefan Seidel (15 M. Getreide; 23 u.r.; 26 u.r.; 27 u.M. und u.r.; 37 u.r.; 42 o.; 47 u.r.; 68 Karpfen, Hecht und Rochen; 97 u.r.; 108f. M.; 124 o. und M.; 128; 129 o.r. und M.M.; 130 o.M.; 131 o.r.; 159 u.l.; 176 u.M.; 180f. o.; 182 o.l. und o.r.; 184 o.l.; 186 M.l., 187 o.l, M.M. und u.r. ; 197 u.), Thomas Thiemeyer 40 M.l.; 131 M.l.; 210 o.l. und M.r.; 211 o.l.; 212f. M.), Kyrima Trapp (80; 88f., 112 o.l. und u.l.; 113 o.M. und u.r.; 182 u.l.), Angelika Weinhold (6 o.l. und M.l.; 7 M.M. Otoskop und u.r.; 15 u.l.; 45 u.r.; 46 o.l.; 47 o.; 77 M.M. Mikroskop; 82 u.l.; 115 o.l. und u.l.), Jochen Windecker (31 o., 50 o.r., 56, 58f., 99, 102f.).

MIX
Papier aus verantwortungsvollen Quellen
FSC® C114500

Bibliografische Information der Deutschen Nationalbibliothek:
Die Deutsche Nationalbibliothek verzeichnet diese Publikation in der Deutschen Nationalbibliografie. Detaillierte bibliografische Daten sind im Internet über http://dnb.d-nb.de abrufbar.

5 4 3 2 1 E D C B A

Text Christina Braun und Dr. Anne Scheller
Gestaltung und Satz Katrin Kleinschrot
Umschlag Maria Seidel, atelier-seidel.de

ISBN 978-3-473-55088-3

www.ravensburger.de